Richard Taylor

STADTBILDER ZEICHNEN

Gebäude, Strukturen und Details

stiebner

Erschienen 2022 unter dem Titel
»Drawing Architecture« von Richard Taylor
bei David & Charles Ltd.

Text und Illustrationen der englischen Originalausgabe: Richard Taylor, 2005
Layout der englischen Originalausgabe: David and Charles Ltd, 2022

Übersetzung aus dem Englischen:
Robert Fischer (www.vrb-muenchen.de)
Lektorat und Satz der deutschen Ausgabe:
Robert Fischer (www.vrb-muenchen.de)

Coverdesign: Danai Afrati, München

Gedruckt in China

Bibliografische Information der Deutschen Nationalbibliothek:
Die Deutsche Nationalbibliothek verzeichnet diese Publikation in der Deutschen Nationalbibliografie; detaillierte bibliografische Daten sind im Internet über http://dnb.dnb.de abrufbar.

ISBN 978-3-8307-1460-6

Wir produzieren unsere Bücher mit großer Sorgfalt und Genauigkeit. Trotzdem lässt es sich nicht ausschließen, dass uns in Einzelfällen Fehler passieren. Auf unserer Webseite finden Sie bei dem jeweiligen Titel eventuelle Hinweise und Korrekturen. Sollten Sie in diesem Buch einen Fehler finden, so bitten wir um einen Hinweis an verlag@stiebner.com. Für solche Hinweise sind wir sehrdankbar, denn sie helfen uns, besser zu werden.

www.stiebner.com

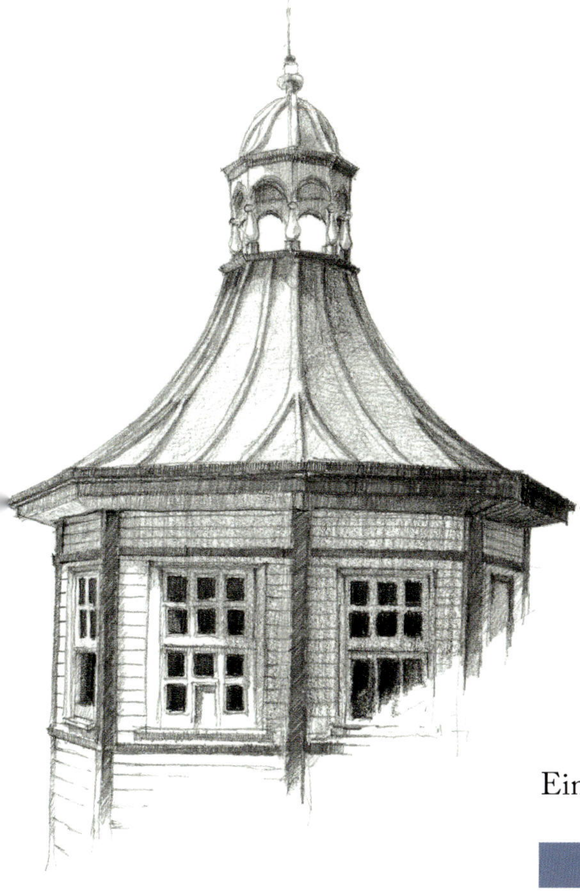

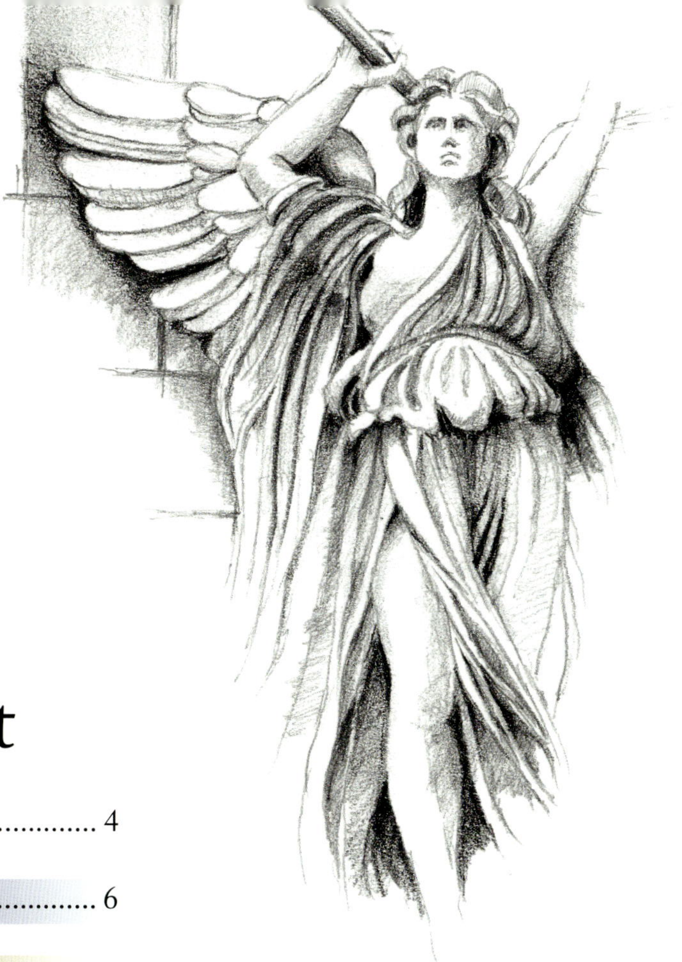

Inhalt

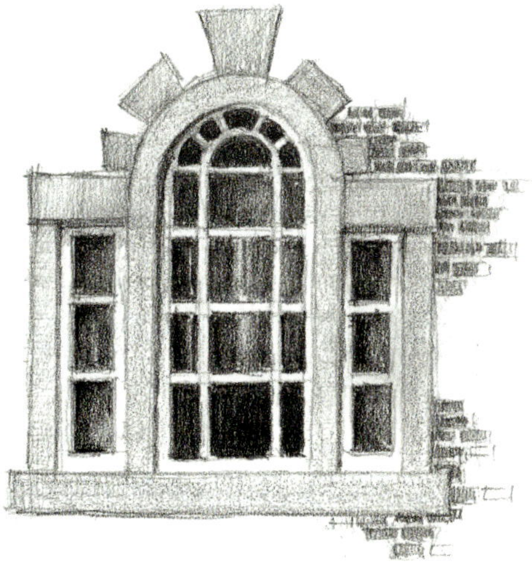

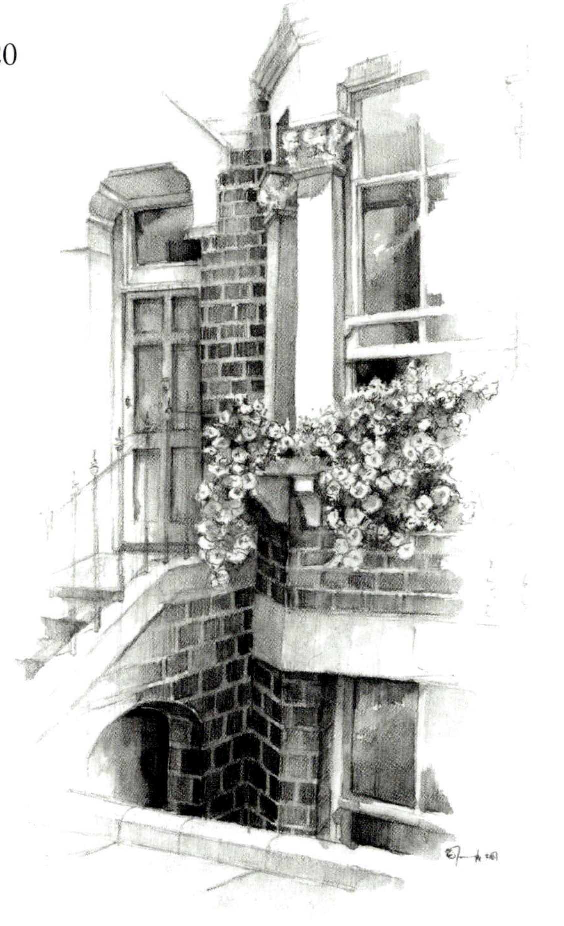

Einleitung

Das Wunderbare am Zeichnen von Stadtbildern ist, dass es Ihnen auf Ihren Reisen rund um den Globus nie an inspirierenden Motiven mangeln wird. Von der kunstvollsten Renaissance-Kathedrale bis zum bescheidensten Gartenhäuschen werden Sie immer die Möglichkeit haben, Ihre Fertigkeiten zu üben und dabei auch noch einige Techniken zu lernen.

Da es in diesem Buch in erster Linie um das Zeichnen selbst geht, habe ich mich nicht eingehender mit Fragen der Architekturgeschichte befasst, obwohl dieser Aspekt durchaus nicht zu vernachlässigen ist. Die Architektur eines Stadtteils zeugt von seiner Vergangenheit, und viele moderne Gebäude verweisen in ihrer Gestalt auch auf zukünftige Entwicklungen. Sicher werden Sie, wenn Sie erst einmal das nötige Vertrauen entwickelt haben, vor Ort zu skizzieren, auch einiges von dem architektonischen Erbe spüren, das dann in den von Ihnen gezeichneten Gebäuden zum Ausdruck kommen wird.

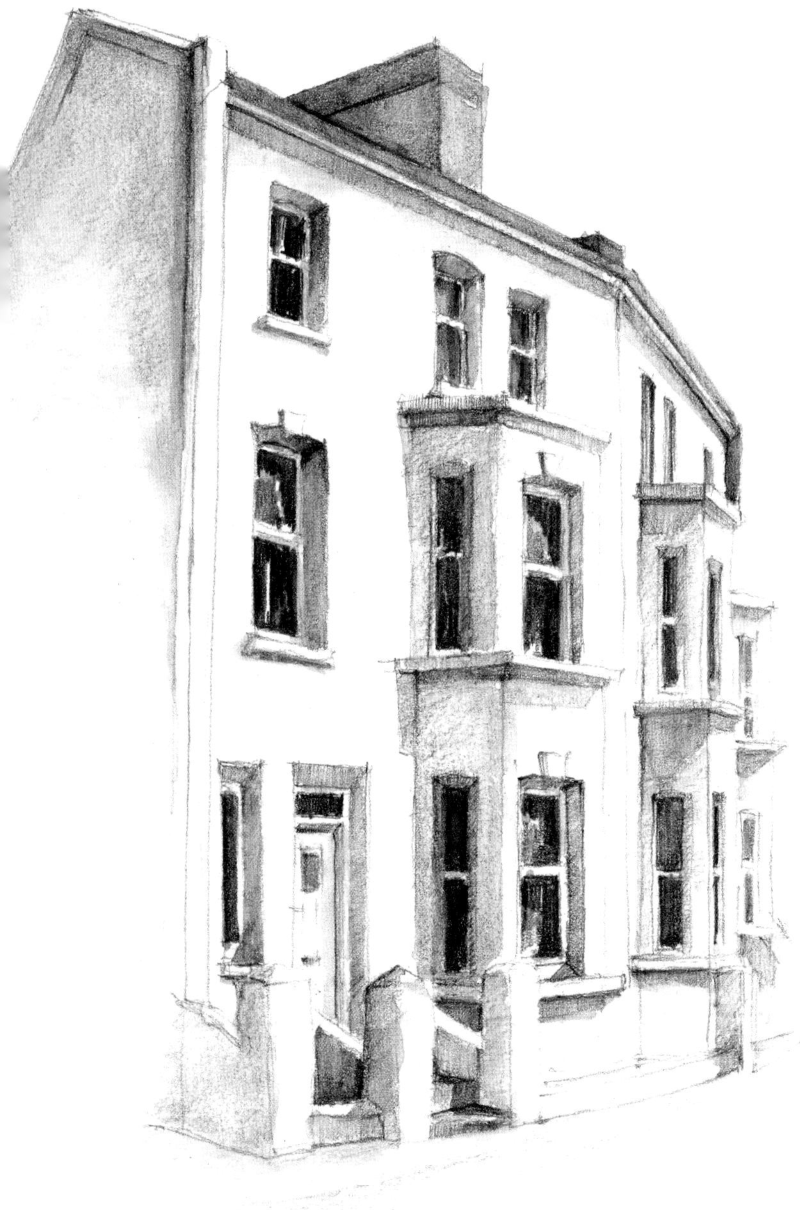

Wie Sie dieses Buch verwenden

Jede Doppelseite in diesem Buch habe ich einem bestimmten Thema gewidmet. Zu Beginn gehe ich auf die Materialien und ihre Eigenschaften ein, um dann zu erkunden, wie man diese Materialien beim Zeichnen bestimmter Gebäudetypen am besten einsetzt. Die Übungen bauen im Schwierigkeitsgrad aufeinander auf – einer schwierigeren Übung geht immer eine einfachere voraus.

Da das Buch in einzelne Abschnitte unterteilt ist, können Sie sich mit jeder Art von Gebäude befassen, das Sie zeichnen möchten, und die bereitgestellten Informationen und Illustrationen nutzen. Die einzeln Projekte sind eher als erweiterte Lehrübungen zu verstehen, die Ihnen nicht nur zeigen sollen, wie ich an eine Architekturzeichnung herangehe, sondern auch, was ich über die Arbeit daran denke.

Größe und Maßstab

Die meisten Abbildungen in diesem Buch entsprechen der wirklichen Größe meiner Zeichnungen. Ich verwende in der Regel einen A3-Skizzenblock, der nicht viel größer ist als die aufgeschlagenen Doppelseiten dieses Buches. Ich glaube, dass Ihnen die Zeichnungen in ihrer relativ originalen Größe einen guten Eindruck davon vermitteln können, wie ich zeichne und wie Sie die Übungen am besten nachmachen können, indem Sie die vorgeschlagenen Materialien in einem ähnlichen Maßstab einsetzen.

Fotos

Ich habe auf einigen wenigen Seiten Fotos verwendet, um zu zeigen, wie nützlich sie als visuelle Stütze sein können. Viele Künstler arbeiten nach Fotos –

aber nur wenige tun das ausschließlich. Das »sklavische« Kopieren von Fotografien ist auch wirklich nicht zu empfehlen. Schließlich besteht ein großer Teil des Vergnügens beim Architekturzeichen ja genau darin, ein Gebäude zu finden, das so interessant ist, dass Sie es gleich vor Ort zeichnen wollen.

Die Aufregung, wenn man die erste Markierung auf einem leeren Blatt Papier macht, die intensive Konzentration, wenn man die Linien der Dächer mit dem Auge nachzeichnet, und das Gefühl, beim Zeichnen vor Ort die Welt um sich herum (wenn auch nur vorübergehend) völlig zu vergessen, kann niemals durch einen einfachen Klick auf den Auslöser einer Kamera ersetzt werden.

Übrigens glaube ich fest daran, dass man das Zeichnen lernen kann: vielleicht nicht an einem Tag, aber es ist machbar. Zeichnen ist eine sehr fesselnde Tätigkeit, und mit der regelmäßigen Praxis verbessert sich auch die Technik.

Ich empfehlen Ihnen, möglichst jeden Tag mindestens zehn Minuten lang zu zeichnen, um den dafür nötigen Blick zu schärfen und sich darin zu üben, die dreidimensionale Umwelt um uns herum in faszinierende zweidimensionale Skizzen zu übersetzen.

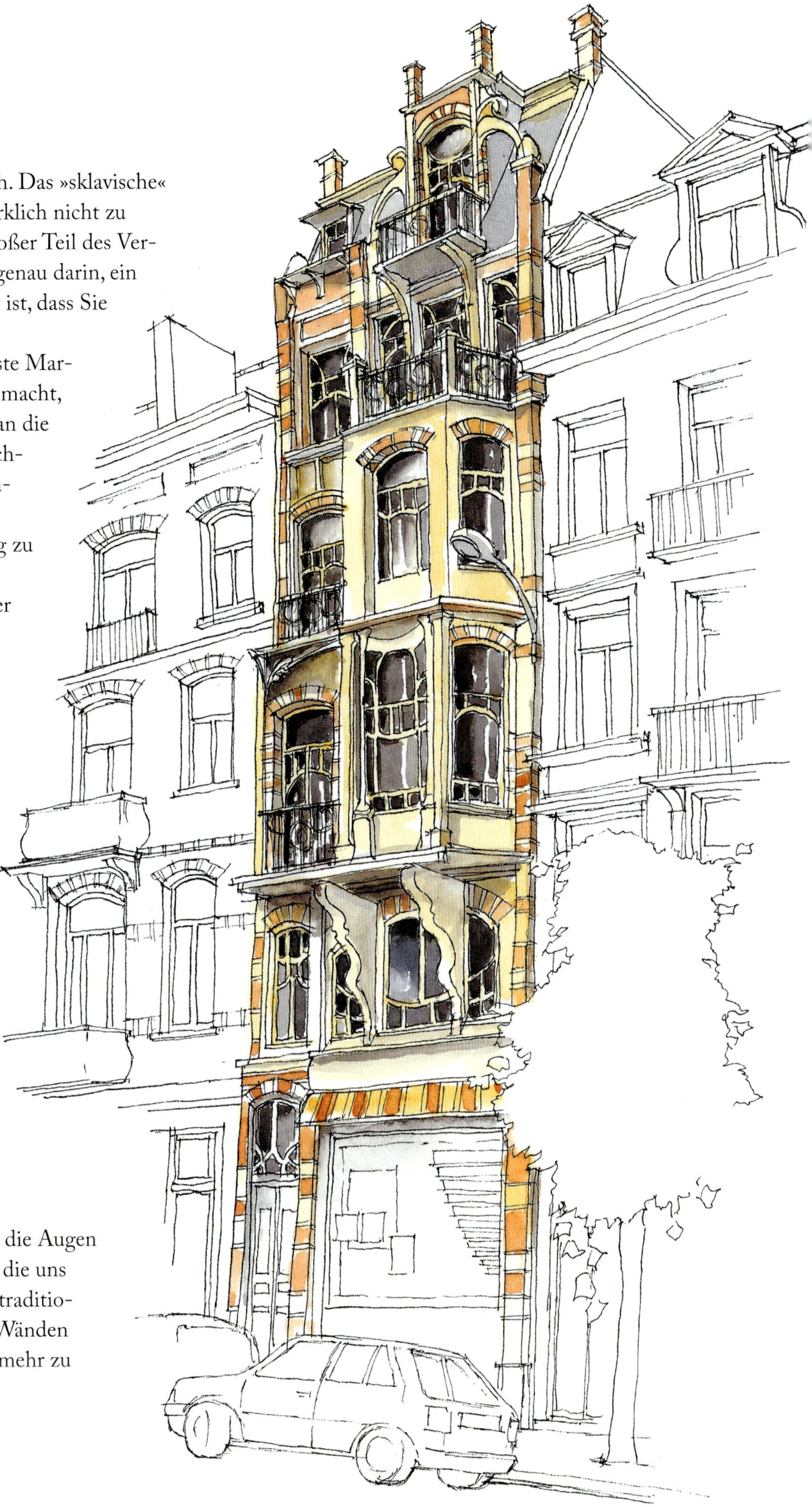

Zu guter Letzt …

… hoffe ich, dass dieses Buch Ihnen die Augen öffnen kann, um in den Stadtbildern, die uns umgeben, noch viel mehr als nur das traditionelle Dach, die Türen, Fenstern und Wänden zu sehen. Denn: Es gibt noch so viel mehr zu entdecken!

MATERIALIEN

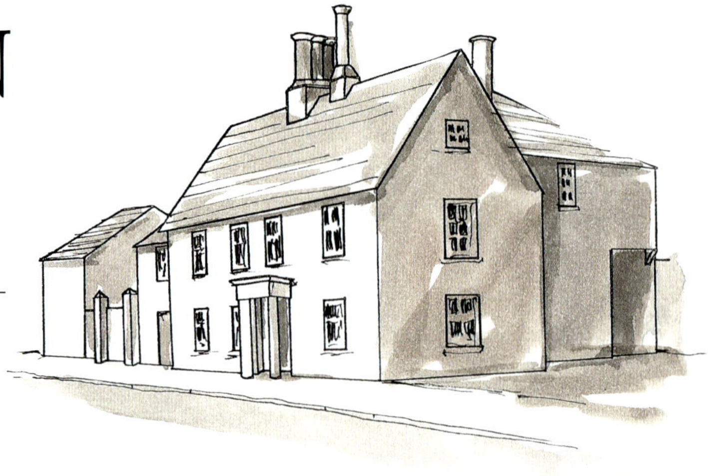

Ich verwende eine begrenzte Anzahl von Zeichenutensilien und habe keine Vorliebe für bestimmte Marken. Meine wichtigsten Werkzeuge für Skizzierreisen sind Bleistifte. Dabei nehme ich immer ein kleines Set B-Bleistifte (2B, 4B, 6B und 8B) mit. Damit lassen sich die meisten Schattierungen abstufen, die man in der bebauten Umwelt antreffen kann. Ich verwende zudem wasserlösliche Graphitstifte, weil diese einige Qualitäten von Pinselstrichen bieten können, während sie doch immer noch wie ein Bleistift zeichnen.

Hinzu kommen ein Filzstift (je billiger, desto besser) und ein Tuschestift. Die Farbe von Filzstiften (auch: Marker/Fasermaler) ist meist nicht wasserfest und verläuft im Gegensatz zu den Tuschestiften. Beide Arten haben ihre Berechtigung und sind in verschiedenen Größen und Farben erhältlich. Ich habe immer ein kleines Fläschchen Tusche bei mir, auch Wasser zum Verdünnen der Tusche. Zudem nehme ich noch kleine (Größe 1) und mittlere (Größe 8) weiche Aquarellpinsel zum Kolorieren von Zeichnungen mit.

Das Angebot an Skizzenblöcken ist riesig. Ich persönlich bevorzuge einen A3–Skizzenblock mit festem Einband. Auf gutem Kartuschenpapier bzw. Zeichenkarton kann man mit allen Materialien arbeiten. Es ist in der Regel robust genug, um mehrere leichte Lavierungen mit verdünnter Tinte oder Aquarellfarbe zu ermöglichen.

Auf meinen Skizzierreisen nehme ich auch immer eine kleine Kompaktkamera mit. Sie kann mir ein wertvolles Hilfsmittel sein, um die komplexeren Facetten von Gebäuden oder solche Ansichten festzuhalten, die zu groß sind, um sie in einer Sitzung zu skizzieren.

Wenn ich ein Atelierbild anfertige, möchte ich gelegentlich in einem größeren Maßstab zeichnen, aber ich verwende immer noch starkes Kartuschenpapier. Es ist nicht so strukturiert wie Aquarellpapier, hat aber eine gewisse »Zähigkeit«, um Graphit zu fixieren.

Manchmal verwende ich Graphitpulver auf großen Papierbögen. Graphitpulver ist im Fachhandel erhältlich. Die Freude an der Verwendung von Graphitpulver liegt in seiner physischen Handhabung.

Je regelmäßiger Sie verschiedene Gebäude zeichnen, desto mehr werden Sie eine Vorliebe für bestimmte Utensilien entwickeln und sich schließlich ihre eigenen Materialien zusammenstellen. Doch bis es so weit ist, braucht es gar nicht viel: Ein Bleistift und ein Blatt Papier genügen, um loslegen zu können.

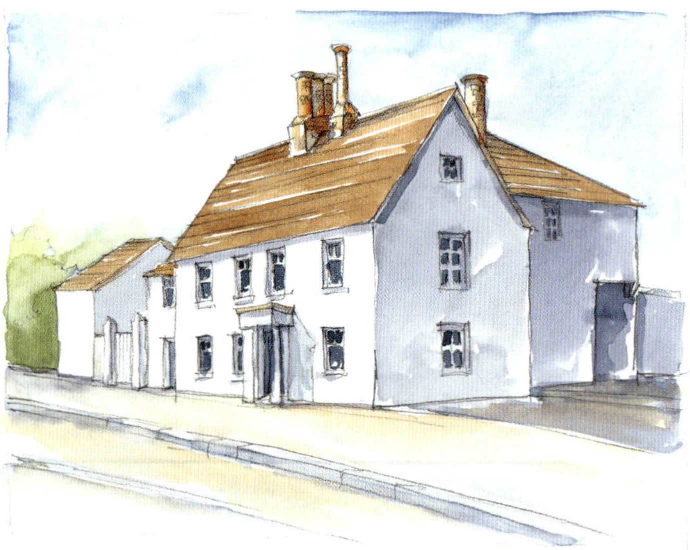

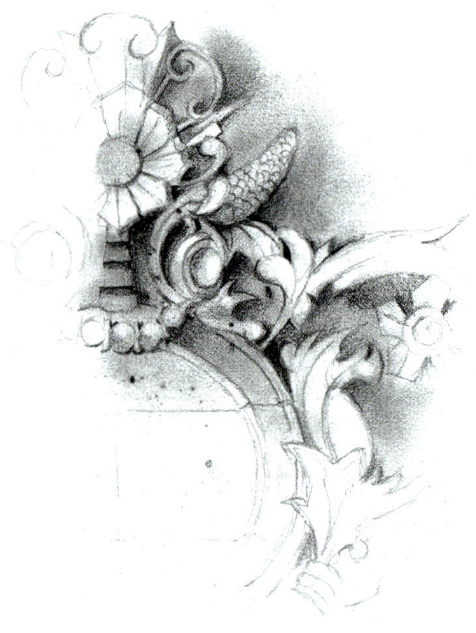

BLEISTIFTE

Bleistifte sind das Utensil, das man am häufigsten mit dem Zeichnen in Verbindung bringt. Darunter versteht man ein Schreib- bzw. Zeichengerät mit einer in einen Schaft eingebetteten, im Wesentlichen aus Graphit bestehenden Mine (deshalb auch: Graphitstift). In der Regel ist dieser Schaft aus Holz. Es gibt aber auch Druckbleistifte und Fallminenstifte: Diese haben als Schaft einen Kunststoff- oder Metallmantel. Zudem unterscheidet man verschiedene Härtegrade: von extrem hart (9H) bis sehr weich (9B). Je weicher der Bleistift, den Sie verwenden, desto leichter fällt es Ihnen, kräftige, tiefe Schatten zu zeichnen, ohne die Oberfläche Ihres Papiers durch zu starken Druck zu beschädigen. Beim Zeichnen mit Bleistiften gibt es zwei grundlegende Techniken. Wenn Sie nur mit der Bleistiftspitze auf dem Papier zeichnen, erhalten Sie eine klare, dünne Linie. Diese Technik eignet sich gut für Skizzen und Umrissbilder. Sie kann auch verfeinert werden, um Schattierungen zu entwickeln wie z. B. Kreuzschraffuren (siehe unten). Als Nächstes können Sie den Bleistift so schräg halten, dass die Seite der Bleistiftmine mit dem Papier in Kontakt ist. Mit dieser Technik können Sie weichkantige Schattierungen erzeugen, die sich ideal zum schnellen Ausfüllen von Flächen oder zum Erzeugen bestimmter Schatten eignen.

Bleistifthärten

Wahrscheinlich ist es am besten, mit einem 2B-Bleistift zu beginnen, um die grundlegenden Umrisse eines Gebäudes zu zeichnen. Anschließend können Sie die mittleren Töne mit einem 4B-Bleistift festlegen, bevor Sie das Bild durch Hinzufügen der tiefen, dunklen Bereiche mit einem 6B-Bleistift vervollständigen. Mit zunehmender Sicherheit im Umgang mit Bleistiftschattierungen können Sie zu einem 8B-Bleistift für Schattierungen übergehen.

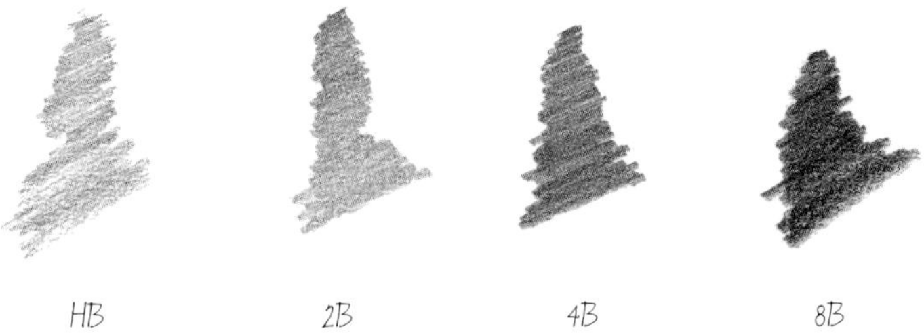

Techniken

Diese Bleistifttechniken lassen sich am besten auf Kartuschenpapier ausführen, das nicht strukturiert ist, sondern eine leichte »Verzahnung« aufweist, an der das Graphit haften bleibt.

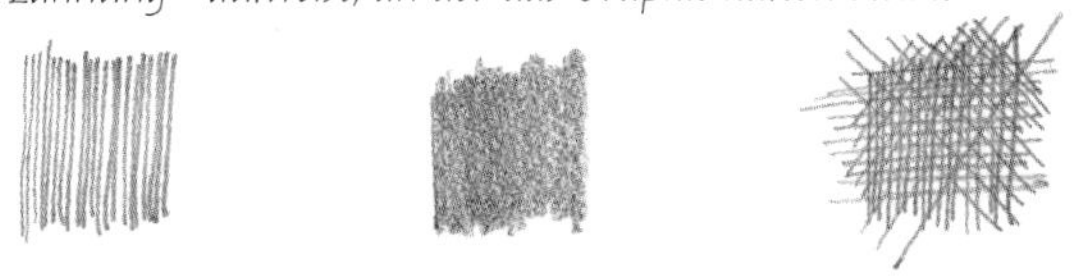

Linien schattieren mit der Spitze des Bleistifts.

Weiche Schattierung mit der Kante der Bleistiftmine.

Kreuzschraffuren.

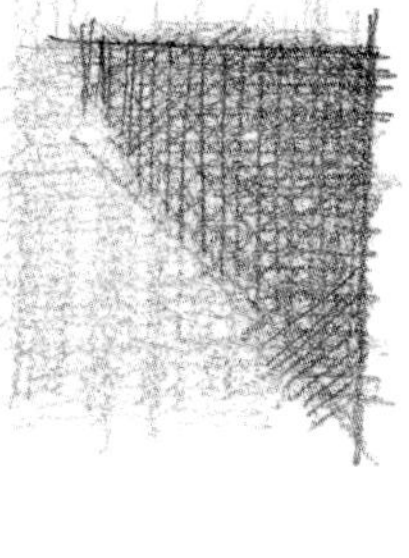

Die Kreuzschraffur über weichen Schattierungen ist eine gute Technik, um harte Schatten zu erzeugen.

Das Ziegelmauerwerk wurde mit einer Linie über einer weichen Schattierung erstellt.

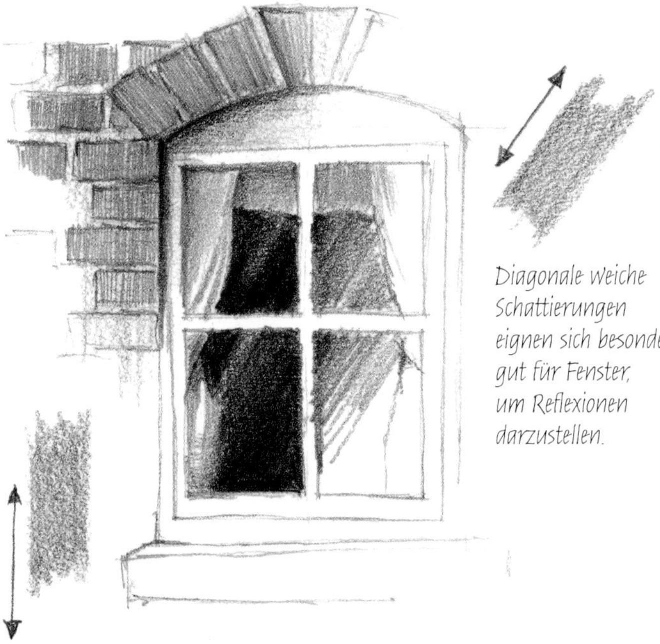

Diagonale weiche Schattierungen eignen sich besonders gut für Fenster, um Reflexionen darzustellen.

Vertikale weiche Schattierungen wirken an Wänden sehr effektiv.

Stadthaus in Boston

Die kantigen Umrisse dieses Gebäudes werden durch die Schattierung hervorgehoben. Diese können wirkungsvoll dargestellt werden, indem man diagonal über das Papier zeichnet, um die Lichtstimmung zu verstärken.

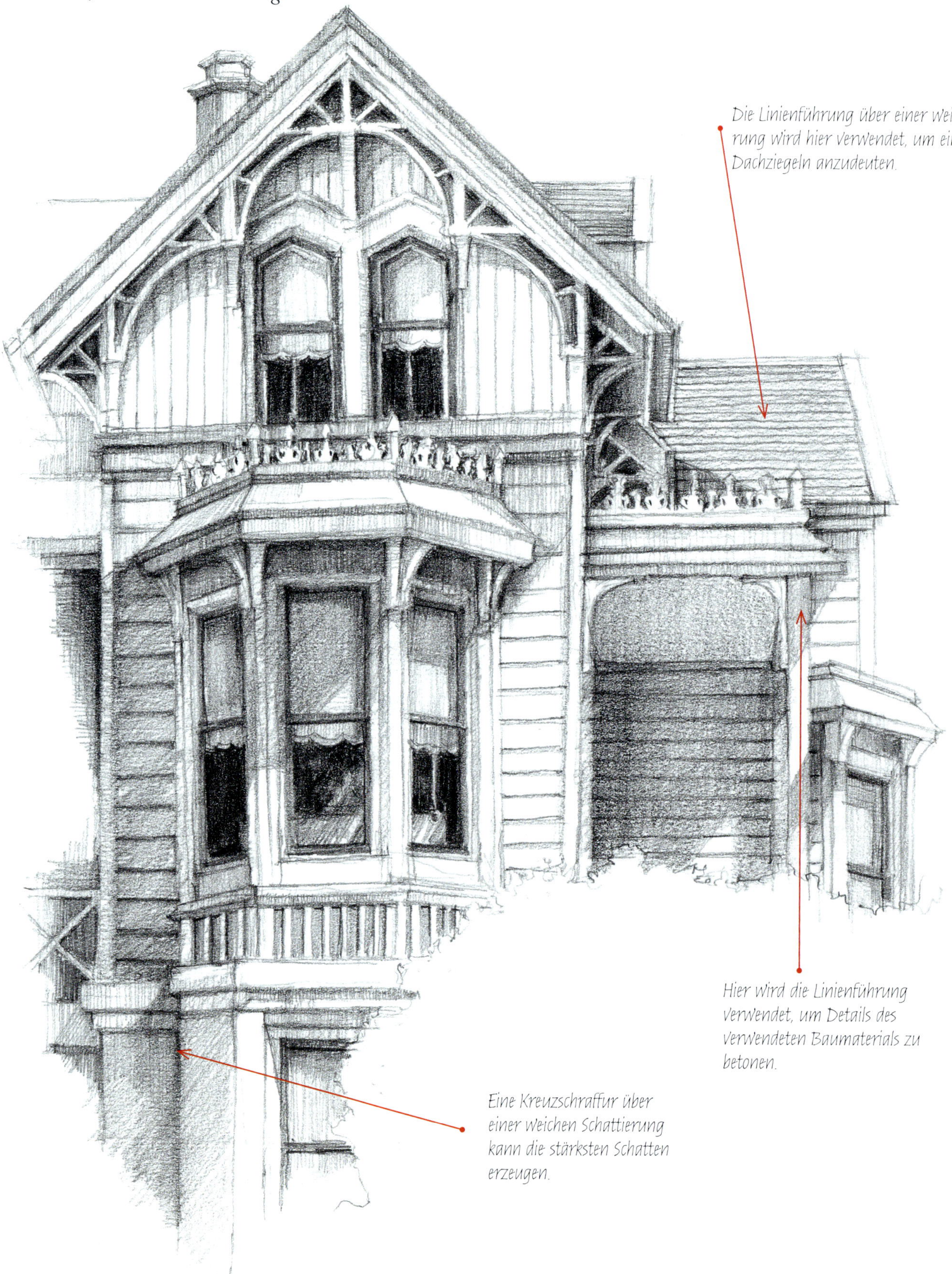

GRAPHITPULVER

Graphitpulver ist ein weiches, samtiges Pulver mit wenig Textur. Letztere kann durch die Verwendung eines Papiers mit leicht angerauter Oberfläche erzeugt werden. Graphitpulver nimmt man, um größere Flächen schnell zu verdunkeln und beispielsweise einen Eindruck von weichem Gips oder Stein zu erzeugen.

Sobald das Graphitpulver auf dem Papier ist, können Sie den Farbton mit einem sehr weichen Bleistift (6B oder 8B) verändern. Dies hat zwei Vorteile. Erstens können Sie auch noch über das Graphitpulver zeichnen und so die Tiefe der Zeichnung beträchtlich verstärken, insbesondere wenn Sie die Kante eines 8B-Bleistifts verwenden. Zweitens werden Sie feststellen, dass das Auftragen von Graphitpulver mit den Fingern dazu führt, dass die äußeren Ränder unscharf werden. Das mag für die Darstellung von Schatten ganz gut sein, nicht aber für die Wiedergabe von Strukturen – dekorativen Schnitzereien etwa. Wenn Sie zusätzlich zum Graphitpulver einen Bleistift verwenden, können Sie damit die Kanten schärfen und bestimmte Formen definieren, ohne die Zartheit des Haupttons zu beeinträchtigen.

Eine weitere nützliche Technik ist das Streuen von Graphitpulver. Damit können Sie eine verwitterte Textur erzeugen. Streuen Sie einfach eine kleine Menge des Pulvers auf einen bestimmten Bereich des Papiers und besprühen Sie diesen sofort mit Fixiermittel, um die losen Partikel auf der Oberfläche des Papiers zu halten.

Techniken

Graphitpulver lässt sich am besten mit den Fingern auftragen, direkt aus dem Behältnis. Tauchen Sie einfach Ihren Finger in das Pulver und genießen Sie das taktile Erlebnis, es in die Oberfläche des Kartuschenpapiers zu reiben. Sie müssen es ziemlich kräftig in die Fasern des Papiers einarbeiten, da das Pulver anderenfalls verwehen oder abfallen kann. Anschließend können Sie einen oder mehrere zusätzliche Aufträge machen, um den Ton noch zu verstärken, oder Sie tragen etwas mit der Spitze eines Radier- oder Gummispachtels bzw. mit einem Knetradiergummi ab, wenn Sie einen Abschnitt aufhellen wollen.

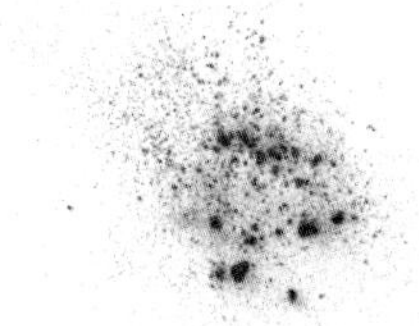

Streuen Sie Graphitpulver aus, um Strukturen zu erzeugen, und besprühen Sie es dann mit Fixiermittel, um das Pulver auf dem Papier zu fixieren.

Mit Künstlerbleistiften (6B oder 8B) kann man gut über das Graphitpulver zeichnen. Das hilft, die Konturen zu definieren.

Wenn Sie Graphitpulver verwenden, müssen Sie sich die Hände schmutzig machen. Tauchen Sie Ihre Finger in das samtige Pulver und verreiben Sie es auf dem Papier.

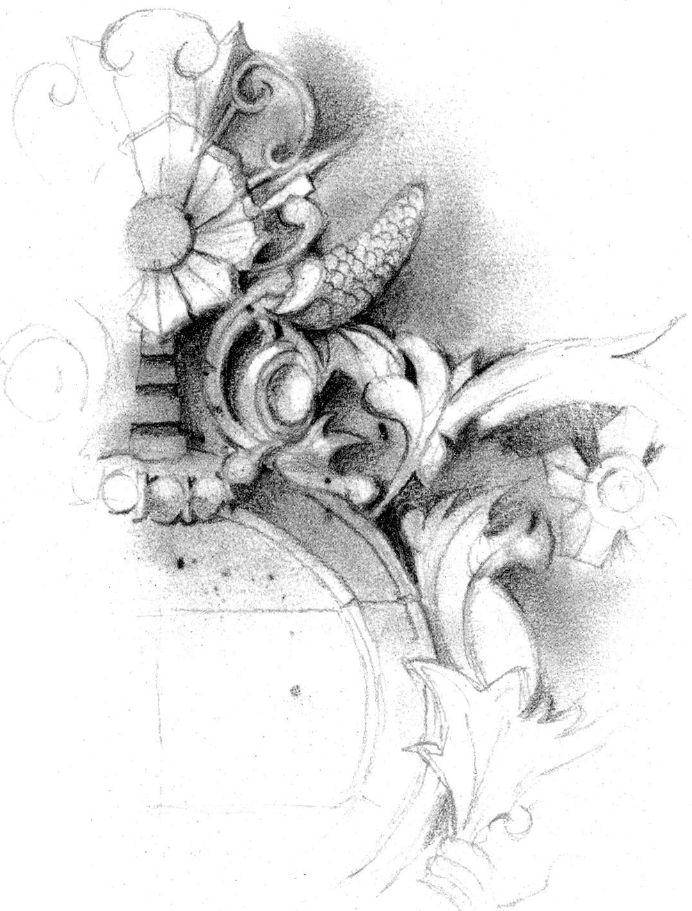

Bei dieser Studie kommen Bleistift und Graphitpulver zum Einsatz. Der Bleistift kann sowohl zum Verteilen des Pulvers als auch zum Verstärken schattierter Bereiche verwendet werden.

WASSERLÖSLICHE BLEISTIFTE

Blei- bzw. Graphitstifte gibt es auch wasserlöslich (wie Aquarellstifte). Diese haben den Vorteil, dass man das Gezeichnete mit einem Pinsel verwaschen (lavieren) kann. Man behält so die Genauigkeit und Festigkeit eines Bleistifts bei und kann gleichzeitig die Weichheit und Flüssigkeit eines Aquarells vermitteln – wenn auch nur in Grautönen.

Bei der Arbeit mit wasserlöslichen Bleistiften ist zu beachten, dass sie meist viel dunkler erscheinen, so lange sie nass sind. Das bedeutet zugleich, dass sie beim Trocknen heller werden. Wie immer beim Zeichnen ist es auch mit diesem Utensil am wahrscheinlichsten, dass Sie durch eine Kombination verschiedener Techniken die zufriedenstellendsten Ergebnisse erzielen.

Techniken

Wasserlösliche Bleistifte sind sehr flexible Zeichenwerkzeuge, die auf vielfältige Weise verwendet werden können. Es gibt sie auch in verschiedenen Qualitäten. Die gebräuchlichste Technik besteht darin, wie gewohnt zu zeichnen, indem man mit der Bleistiftspitze die Grundform vorgibt und mit dem Rand der Mine die Schattierung festlegt. Dann laviert man mit einem nassen Pinsel vorsichtig über die gesamte Zeichnung. Dadurch wird das Graphitpigment ins Wasser abgegeben und es entsteht ein monochromer Aquarelleffekt.

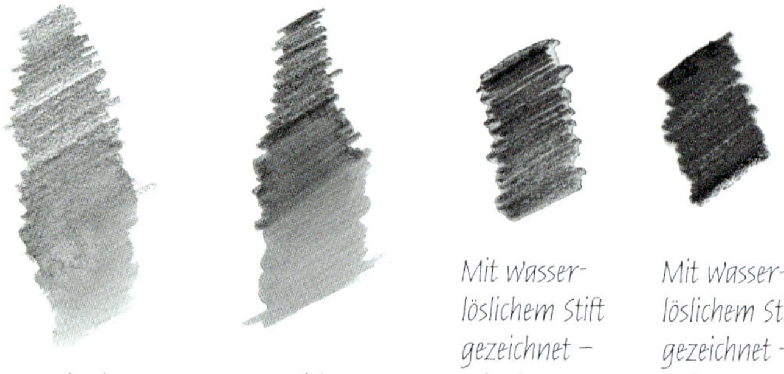

Mittel – *Weich* – *Mit wasserlöslichem Stift gezeichnet – mittel* – *Mit wasserlöslichem Stift gezeichnet – weich*

Leuchtturm

Die Art und Weise, wie sich dieser Leuchtturm gegen den Himmel abhebt, macht ihn zu einem idealen Objekt für die Darstellung mit einem Zeichenutensil, das laviert (verwaschen) werden kann.

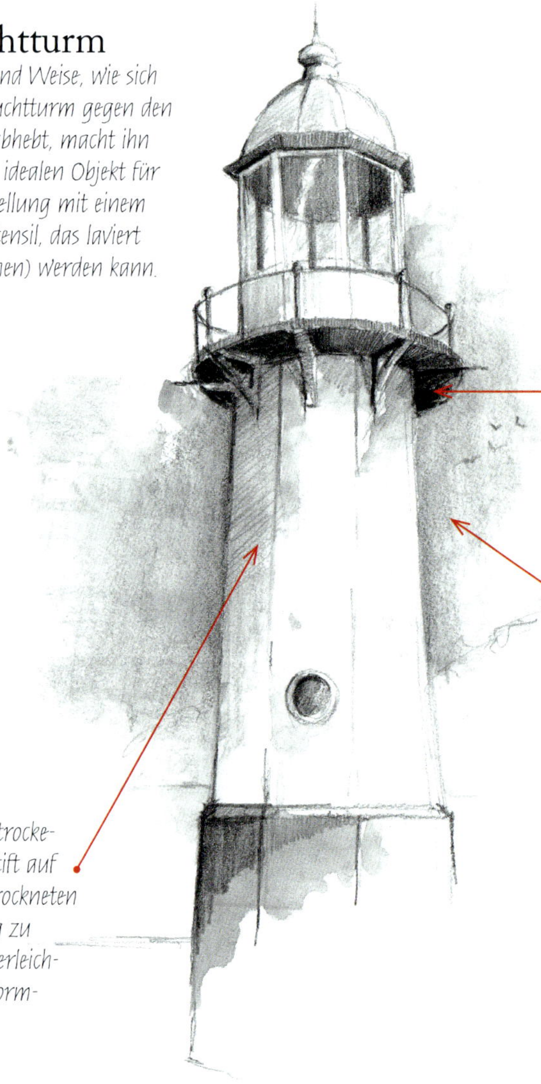

Um einen besonders tiefen, dunklen, schwarzen Ton zu erzeugen, sollten Sie die Spitze des Bleistifts in Wasser eintauchen und direkt zeichnen. Obwohl diese Technik nicht häufig für große Bereiche einer Zeichnung verwendet wird, ist sie nützlich, um in bestimmten Abschnitten eine echte Tiefe zu erzeugen.

Kräftiges Lavieren über eine weiche Schattierung sorgt für einen gleichmäßigen Ton. Weiße Gebäude heben sich hiervon gut ab.

Mit dem trockenen Bleistift auf einer getrockneten Lavierung zu zeichnen erleichtert die Formgebung.

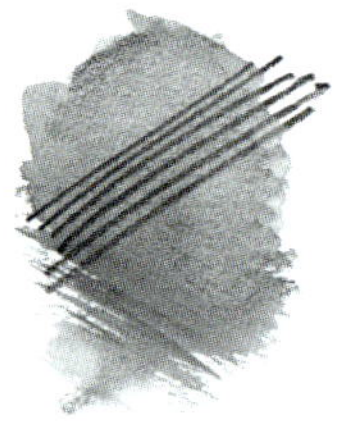

Zeichnen mit einem trockenen Bleistift über lavierte Schattierungen. Wenn eine Zeichnung getrocknet ist, können Sie mit der Spitze eines trockenen Bleistifts nachzeichnen, um Linien oder Formen zu verstärken, die durch das Lavieren zu sehr verwässert wurden.

Östliches Tor

Der Schlüssel zum Erfolg dieser Zeichnung war die Idee, das Gebäude in einen starken Kontrast zwischen Himmel und Vordergrund zu bringen. Die Verwendung wasserlöslicher Bleistifte verstärkt den Effekt.

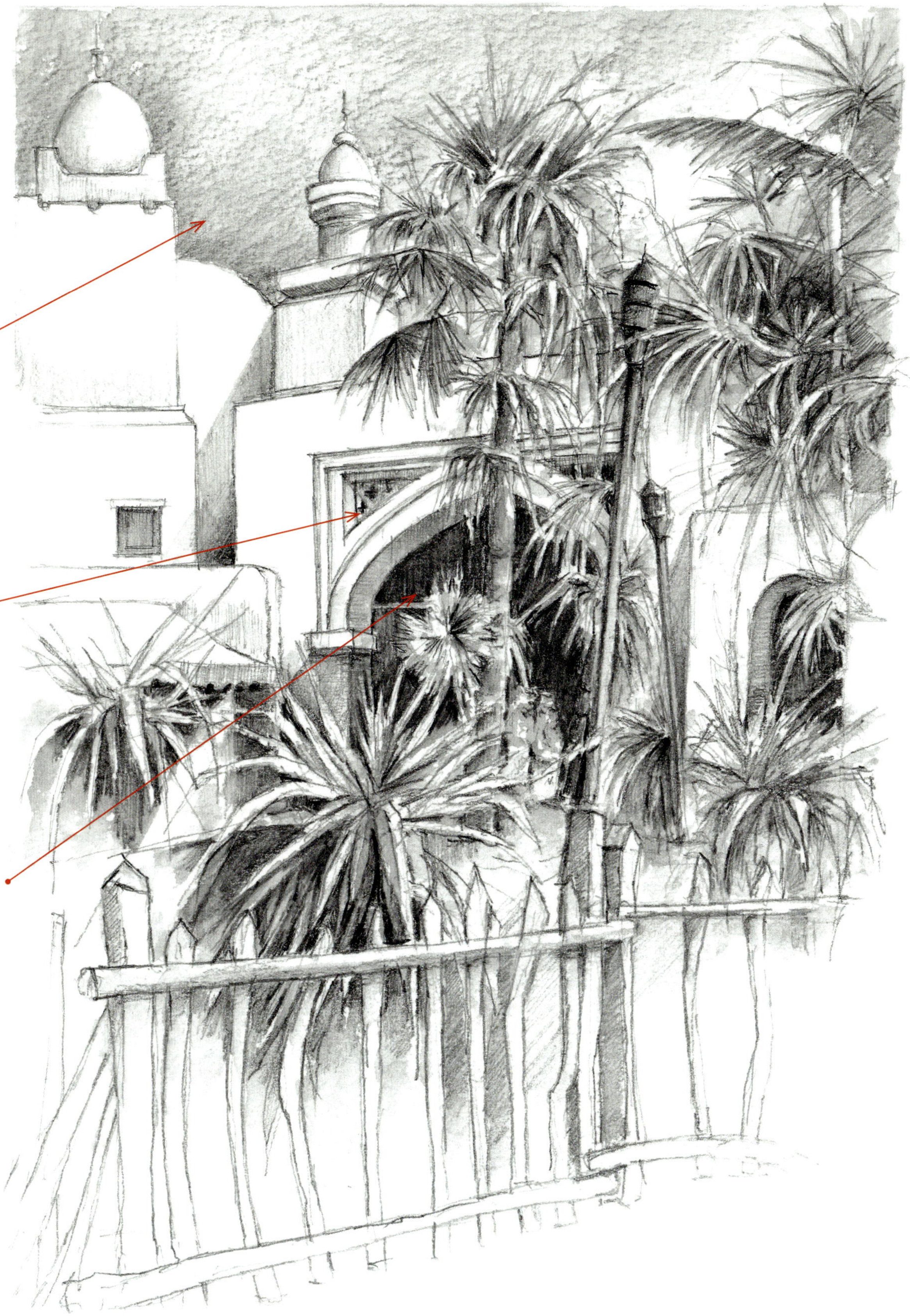

Durch die Lavierung des Hintergrunds wird die Architektur im Vordergrund betont.

Auf das Gebäude gezeichnete Details werden nicht durch übermäßiges Lavieren zerstört, sondern nur etwas weicher gezeichnet.

Die dunkelsten Schatten werden durch intensives Zeichnen (mit erhöhtem Druck) vor dem Lavieren erzeugt.

WASSERLÖSLICHE BUNTSTIFTE

Wasserlösliche Buntstifte funktionieren nach dem gleichen Prinzip wie wasserlösliche Bleistifte, nur dass man hier mit Farben arbeiten kann. Indem man mehrere Stifte miteinander kombiniert, lässt sich eine Vielzahl von Farbtönen erreichen. Sie werden feststellen, dass die verschiedenen Buntstifte unterschiedlich aufeinander reagieren, wenn sie laviert werden, sodass es sich zu experimentieren lohnt, um zu sehen, wie sie reagieren.

Dieses flexible Material kann für eine Vielzahl von Themen eingesetzt werden. Am besten eignet es sich aber wohl für die detailliertere Darstellung architektonischer Aspekte. Einzelne Details wie Ziegel und Dachziegel, Mauerwerk, Schnitzereien, Kopfsteinpflaster oder Eisenbeschläge erfordern zarte Schattierungen und klare Linien, die beim Zeichnen mit wasserlöslichen Buntstiften gut gestaltet werden können.

Grundfarben zum Zeichnen von Gebäuden

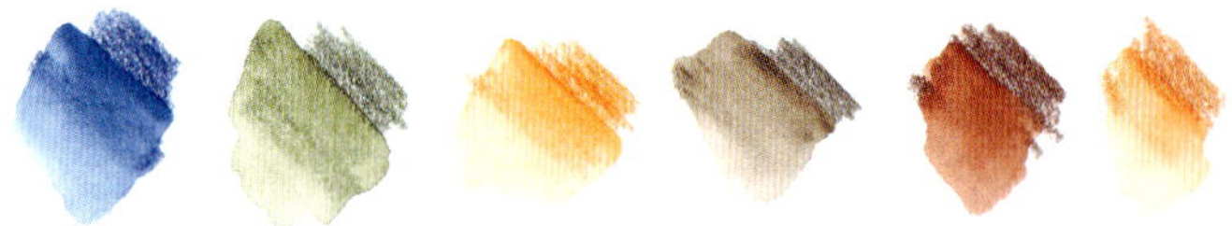

Ultramarin | Saftgrün | Orange | Umbra gebrannt | Siena gebrannt | Siena natur

Techniken

Zeichnen Sie Farbflächen mit der breiten Kante der Mine: Sie können die Farbe abdunkeln oder den Ton verändern, indem Sie eine weitere Farbschicht darüber zeichnen. Wenn Sie zufrieden sind, lavieren Sie mit einem weichen, nassen Aquarellpinsel darüber. Dadurch wird das Farbpigment angehoben und aufgelöst, sodass der Effekt eines Aquarells entsteht, das nach dem Trocknen einen helleren Ton hat als die ursprüngliche Zeichnung. Um noch mehr Augenmerk auf Farben und Details zu legen, zeichnen Sie auf die getrocknete Farbe und lavieren erneut darüber. Die Farben bleiben zwar durchscheinend, aber das Bild wird dadurch dunkler und intensiver.

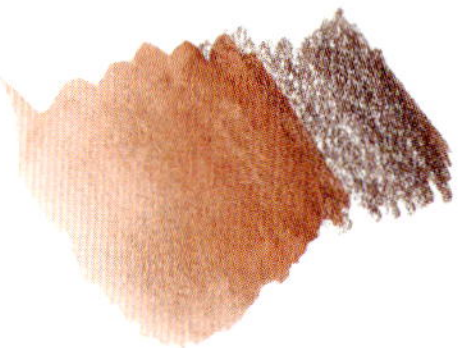

Wischen Sie mit einem weichen Pinsel über trockene Bleistiftstriche, um einen farbähnlichen Effekt zu erzielen.

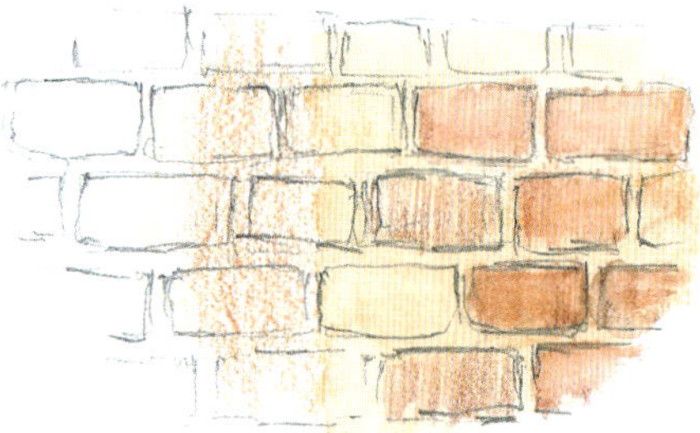

Um diesen Backsteineffekt zu erzielen, wurde eine Buntstiftfarbe über eine andere gelegt und dann mit klarem Wasser laviert.

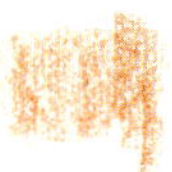

Als Grundfarbe wurde Siena natur verwendet.

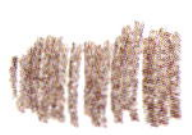

Siena gebrannt wurde hinzugefügt, um die Farbanmutung des Ziegelsteins zu erreichen.

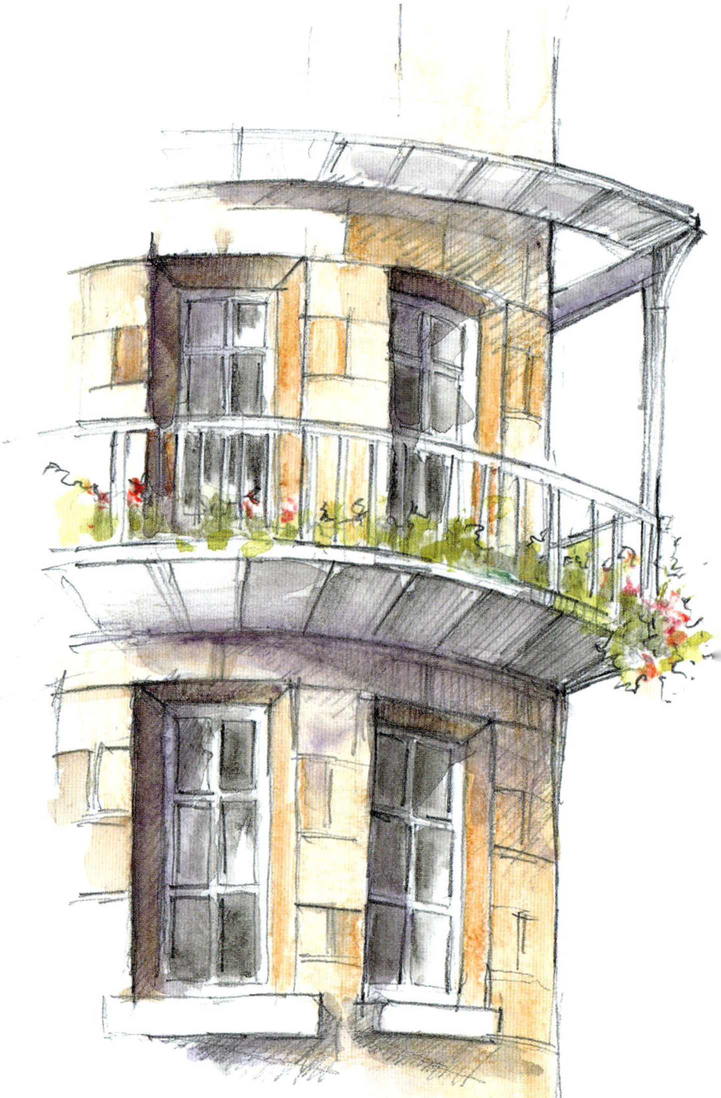

In dieser Skizze wurden Erdfarben für den Stein verwendet und ein wenig Violett für die Schattierung hinzugefügt.

Ruhiger Platz

Dieser ruhige Platz eignet sich wegen seiner Detailgenauigkeit hervorragend für die Darstellung mit wasserlöslichen Buntstiften. Die wichtigen Einzelheiten konnten vorgezeichnet und dann laviert werden, um einen lockeren, malerischen Effekt zu erzielen.

Wenn man mit einem Buntstift über eine trockene Lavierung zeichnet, entstehen dunklere Töne, die Schatten erzeugen.

Details werden mit Buntstift gezeichnet und übermalt, um einen malerischen Effekt zu erzielen.

Nicht alle Teile der Komposition müssen bunt sein. Papierweiße Flächen geben einer Zeichnung mehr Dynamik.

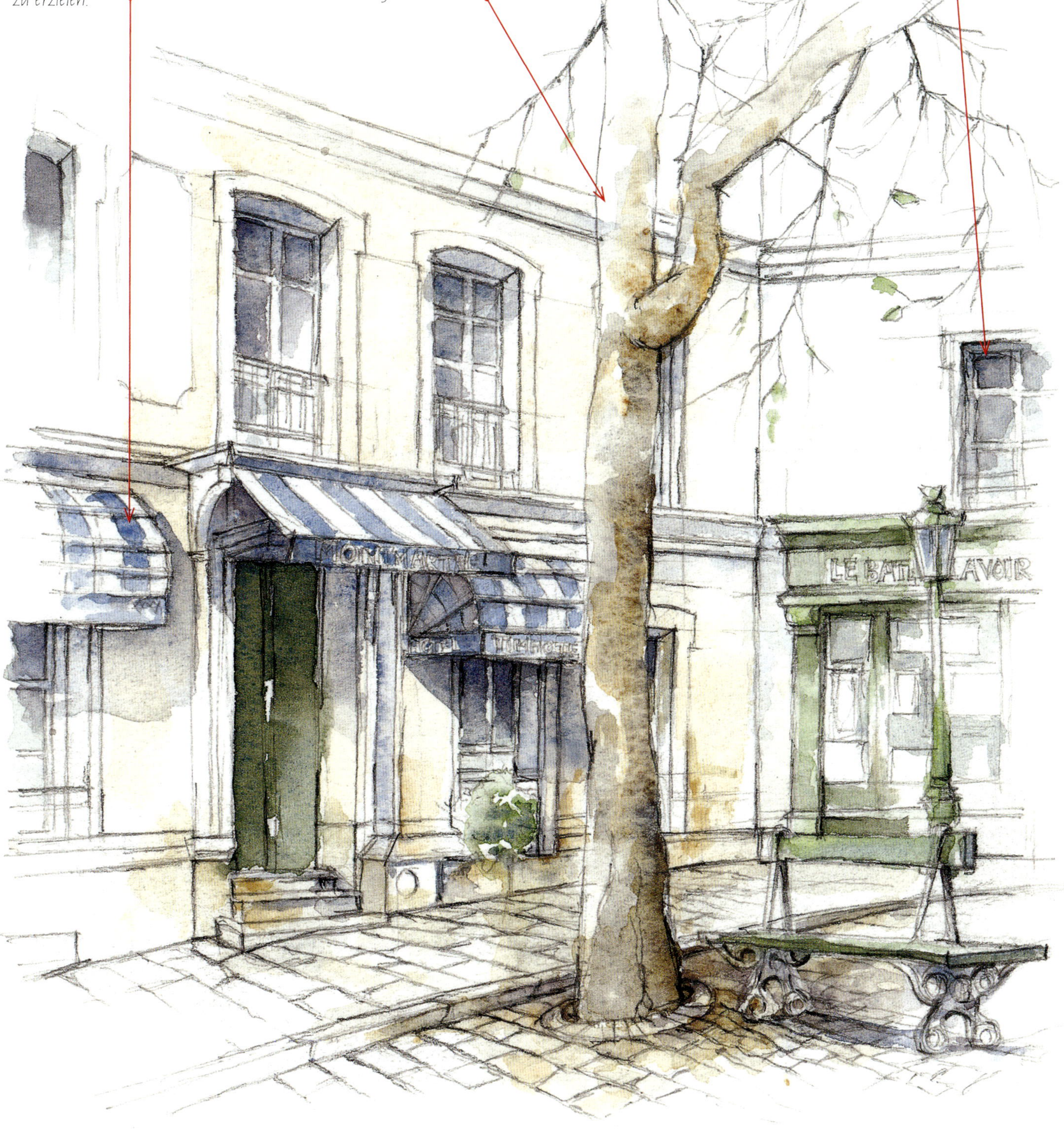

AQUARELLFARBEN

Aquarellfarben können auf verschiedene Weise zur Verschönerung einer Bleistiftzeichnung verwendet werden. Erstens ergibt ein nasser Abstrich mit vorab gemischter Farbe auf trockenem Papier ein scharfkantiges Bild. Das kann nützlich sein, um klar definierte Schatten zu erzeugen, die zum Beispiel die Intensität der mediterranen Sonne andeuten sollen. Für ein weicheres Erscheinungsbild können Sie die Nass-in-Nass-Technik verwenden. Dabei wird die zu bemalende Fläche des Papiers angefeuchtet und mit nasser Farbe bestrichen. Die Farbe wird diffus und weich, wenn sie langsam trocknet. Das können sie nutzen, um Farben auf dem Papier zu mischen. Bestimmte Farben granulieren auch – so ergibt sich eine körnige Oberflächenstruktur. Einen zarteren Ton erzielen Sie, indem Sie Ihre Farben auf dem Papier mischen. Wenn Sie zwei oder mehr nasse Farben nebeneinander auf das trockene Papier auftragen, verlaufen sie ineinander und vermischen sich langsam. Diese Technik ist eher unberechenbar, aber sie garantiert spektakuläre Texturen.

Techniken

Aquarellfarben lassen sich gut mit einer Bleistiftzeichnung kombinieren, vor allem wenn das Motiv sehr hell ist und keine besonderen Details aufweist. Aquarellfarben eignen sich gut etwa für die Darstellung der weiß getünchten Gebäude auf den griechischen Inseln oder der Fischerhütten in vielen Küstenstädten. Das Wichtigste beim Auftragen von Aquarellfarbe auf eine Bleistiftzeichnung ist, sie verlaufen zu lassen. Machen Sie sich keine Sorgen über unkontrollierte Farbverläufe und Kleckse – sie verleihen Ihren Zeichnungen einen spontaneren Charakter.

Auf trockenem Papier auswaschen.

Auswaschen auf nassem Papier.

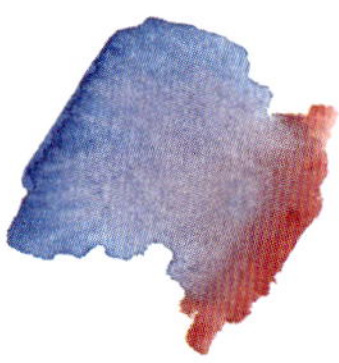

Vermischen von nassen Farben auf trockenem Papier.

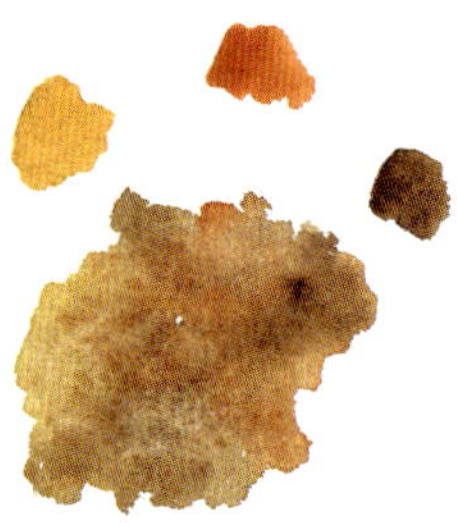

Erzeugen von Texturen durch Mischen mehrerer Farben auf nassem Papier.

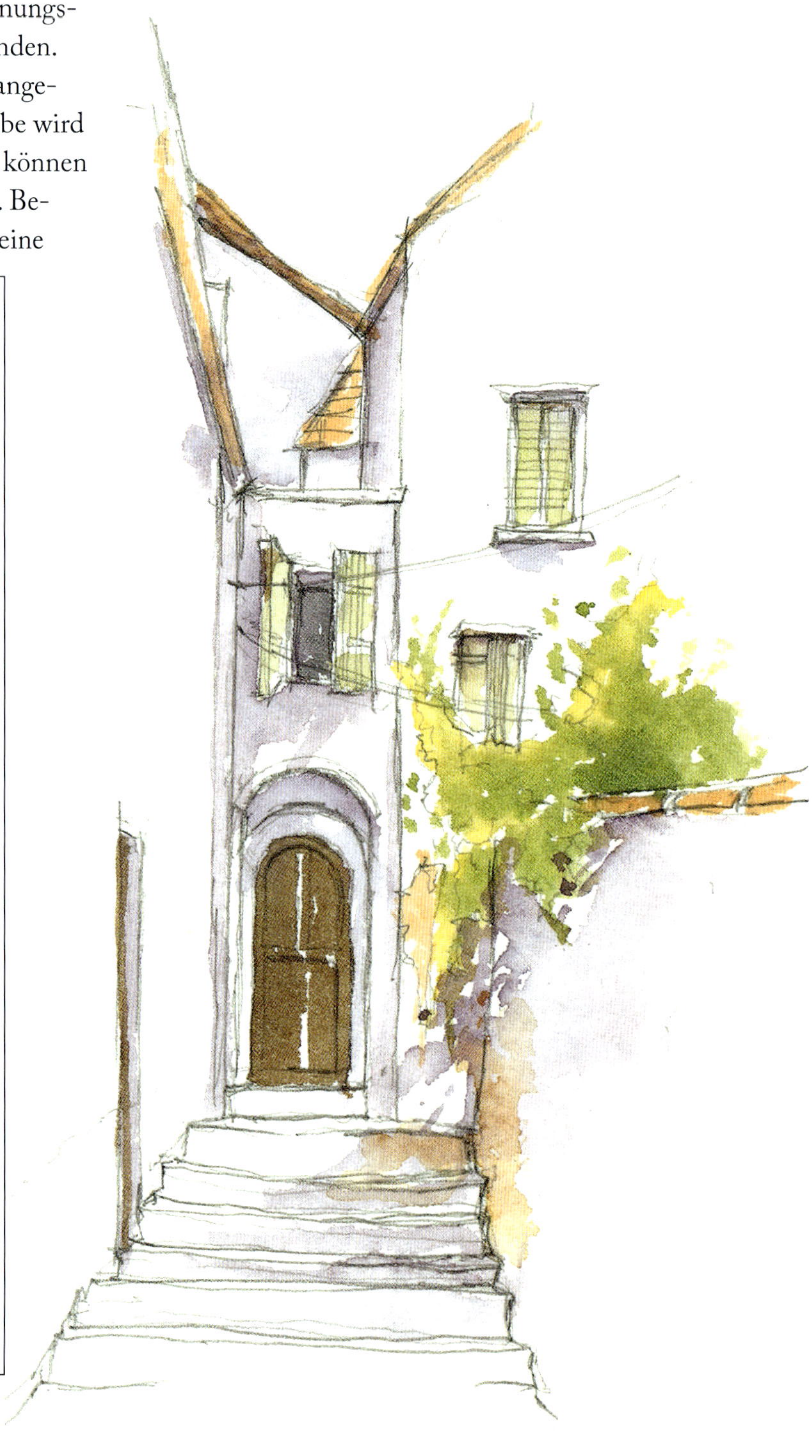

In dieser Miniaturskizze wurden warme Farben (Violett und Siena gebrannt) verwendet, um eine gewisse Lichtstimmung einzufangen.

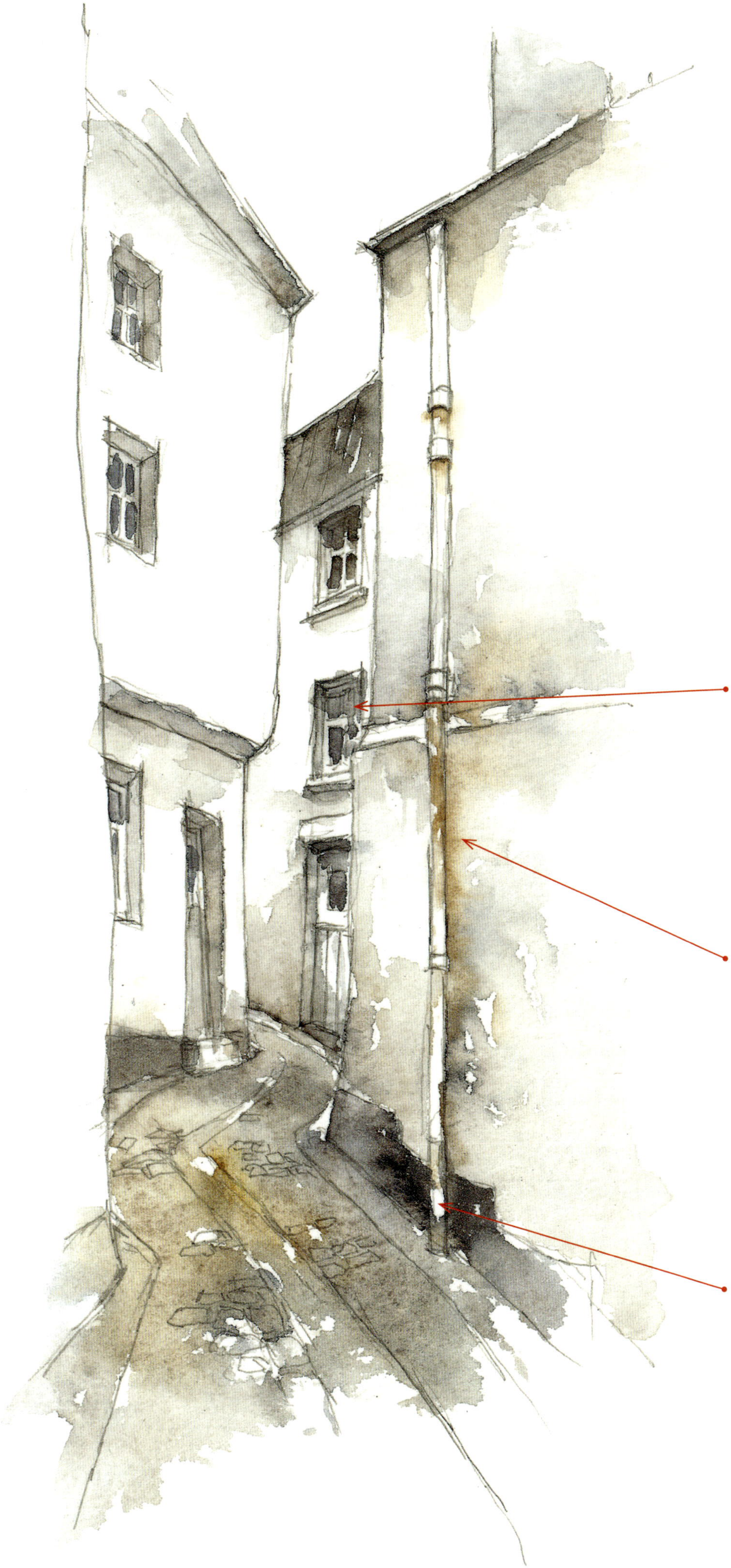

Gepflasterte Gasse

Die Grautöne in diesem regennassen Fischereihafen wurden durch das Mischen von blauer und brauner Farbe in unterschiedlichen Mengen erzeugt.

Achten Sie beim Auftragen der Farbe nicht darauf, Bleistiftlinien nachziehen, da das einen vorgestanzten Eindruck erwecken würde.

Lassen Sie stattdessen die Farbe frei fließen, um Ihrer Zeichnung Leben einzuhauchen.

Lassen Sie zudem ein paar weiße Flecken auf dem Papier, die beim Lavieren sichtbar werden, um Glanzpunkte zu setzen.

STIFTSTRICH UND LAVIERUNG

Wie bereits erwähnt, eignen sich Filzstifte (auch: Faserschreiber) gut für das Zeichnen von Gebäuden. Sie gleiten sanft über das Papier, und die Qualität der Linie ändert sich nicht, egal wie viel Druck Sie ausüben. Tuschezeichner (auch Tuschefüller oder Tuschestifte) eignen sich ebenfalls gut, erfordern aber eine andere Vorgehensweise.

Zeichnen Sie zunächst wie gewohnt und erstellen Sie die Struktur mit Linien und Schattierungen, die Sie einfügen möchten. Geben Sie dann ein paar Tropfen Tusche in einen kleinen Wasserbehälter. Mit einem weichen Pinsel können Sie diese Lösung über Ihre Zeichnung verteilen, ohne befürchten zu müssen, dass Ihre zuvor angefertigte Linienzeichnung verläuft.

Wenn Sie eine Umrisszeichnung erstellt haben, bieten Ihnen diese Stifte mehrere Möglichkeiten. Erstens können Sie mit einem weichen, feuchten Pinsel über die Linien wischen. Das führt dazu, dass die Tinte ausläuft, sodass Sie sofort Ton und Schatten erhalten, aber die Stärke der Linie verwässert wird. Nach dem Trocknen können Sie dann einen Teil des Gebäudes nachzeichnen. Sie können natürlich auch ganz auf Wasser verzichten und die Struktur des Gebäudes durch Linienschattierungen und Kreuzschraffuren erzeugen. Man kann auch auf ein Blatt Papier kritzeln, die Tinte mit einem nassen Pinsel abnehmen und schnell auf Ihre Zeichnung übertragen, um eine sehr subtile Tönung zu erreichen.

Techniken

Für Künstler gibt es viele verschiedene Arten von Tuschestiften, die alle ihren Zweck erfüllen. Sie können sogar mit einem Kugelschreiber zeichnen, wenn Sie möchten! Zum Zeichnen von Gebäuden eignen sich vor allem Filzstifte und Tuschezeichner. Der Hauptunterschied besteht darin, dass Filzstifte oft wasserlöslich sind, während Tuschestifte wasserfest sind.

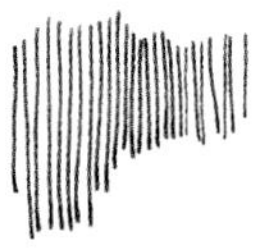

Linie

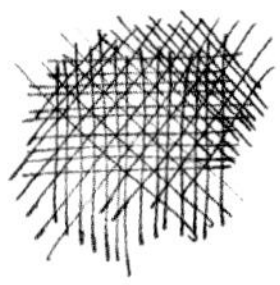

Kreuzschraffur

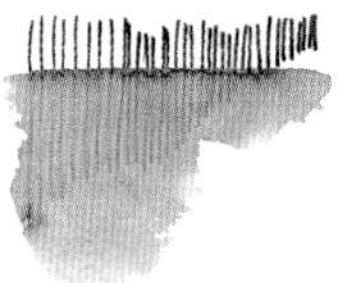

Klares Wasser, das über einen nicht wasserfesten Filzstift gespült wird, weicht die Linie auf, sodass ein Tusche-Effekt entsteht.

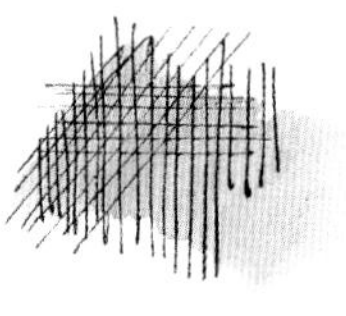

Das Zeichnen auf der lavierten Tinte lässt die Linien schärfer erscheinen.

Kritzeln Sie auf ein Blatt Papier und nehmen Sie die Tinte mit einem nassen Pinsel auf.

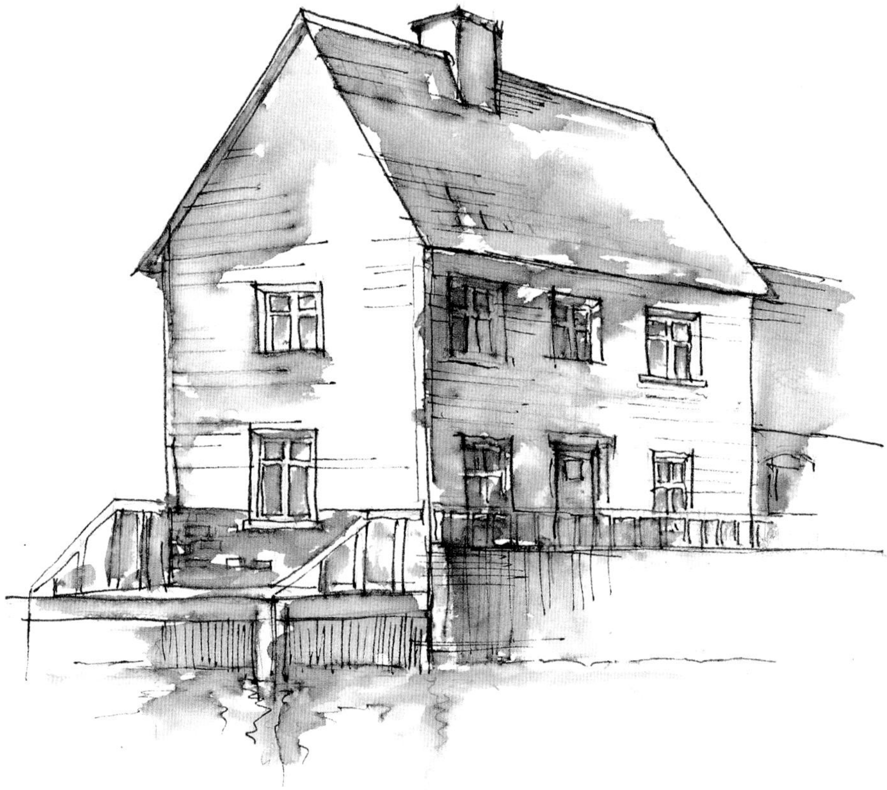

Eine schnelle Skizze mit einem Filzstift kann durch gezieltes Lavieren Substanz erhalten. Aber vergessen Sie nicht, einige Bereiche des Papiers trocken zu lassen.

Gepflasterte Gasse

Tuschestriche können durch eine leichte Lavierung verschönert werden. Der Vordergrundbereich lässt sich mit einer dunkleren, intensiveren Tuschemischung bearbeiten.

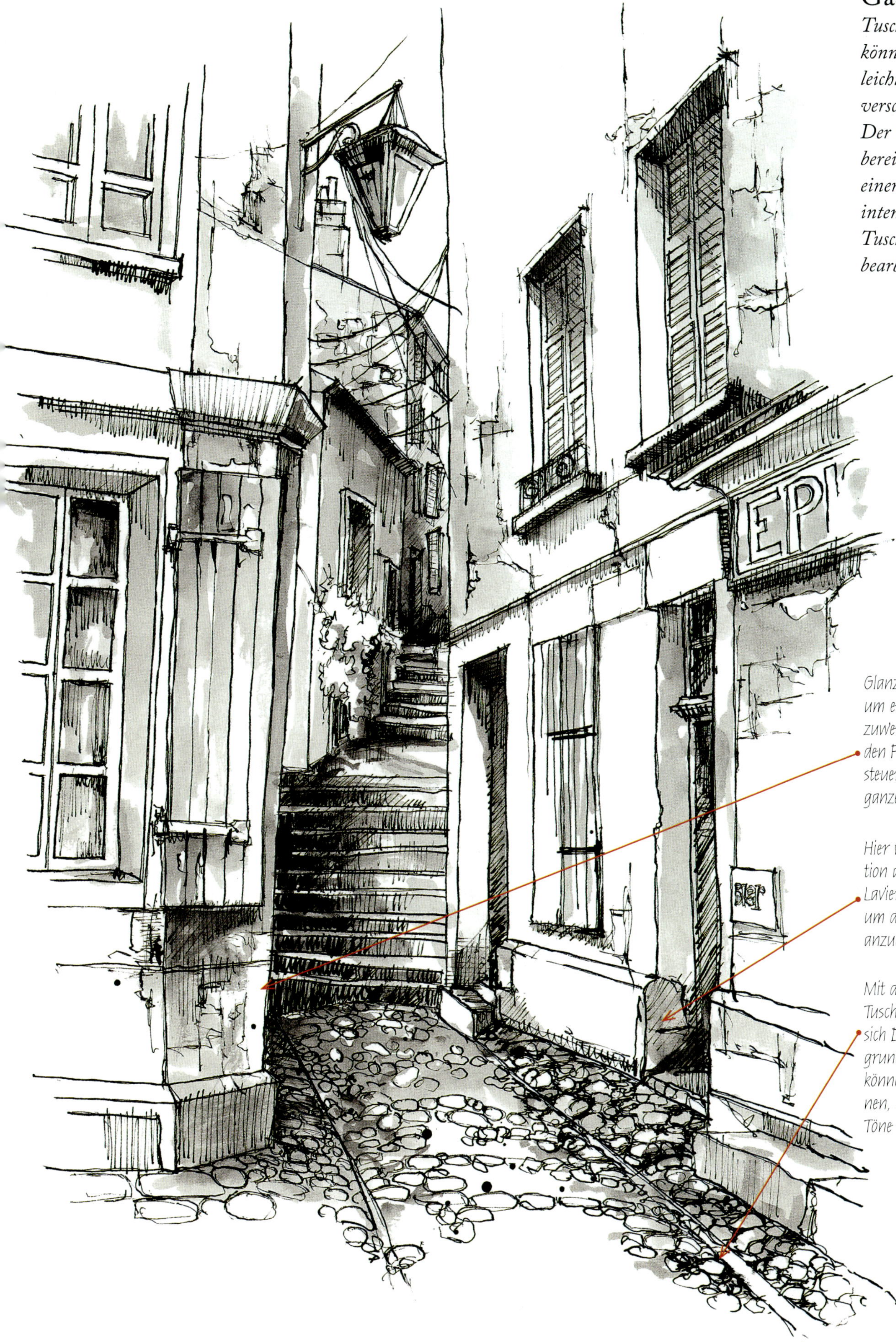

Glanzlichter sind wichtig, um eine Zeichnung aufzuwerten. Versuchen Sie, den Farbauftrag so zu steuern, dass Sie nicht das ganze Papier bedecken.

Hier wird eine Kombination aus Stiftstrich und Lavierung verwendet, um dunkle Schatten anzudeuten.

Mit der, intensiveren Tuschemischung lassen sich Details im Vordergrund andeuten. Sie können darüber zeichnen, um noch dunklere Töne zu erzeugen.

STIFT UND FARBE

Wenn Sie sich entschließen, eine Strichzeichnung mit Farbe zu ergänzen, müssen Sie mit nicht wasserlöslichen Stiften arbeiten. Filzstifte verschmieren und verändern die Farben einer Lavierung erheblich.

Das gebräuchlichste Gestaltungsmittel, um eine Stiftzeichnung zu kolorieren, ist das Aquarell. Es ist lichtdurchlässig und lässt eine Tuschezeichnung durch eine beliebige Anzahl von Lavierungen hindurchscheinen. Allerdings kann die Zeichnung diffus erscheinen, wenn zu viele Lavierungen über sie gelegt werden. Dies lässt sich korrigieren, indem man einige Striche verstärkt: Dazu übermalen Sie diese nach dem Trocknen der Aquarellfarbe. Aber lassen Sie einige Striche weniger stark, damit auch Details im Hintergrund bleiben.

Bei der Entscheidung für ein bestimmtes Zeichenmaterial sollten Sie die Art und Weise berücksichtigen, wie Farben und Striche zusammenwirken. Beides sollte sich ergänzen, nicht miteinander konkurrieren. Bei einer einfachen Strichzeichnung können Sie es sich leisten, eine Auswahl an Farben hinzuzufügen und diese für die Ausgestaltung der Zeichnung zu verwenden. Wenn Ihre Strichzeichnung jedoch bereits voller Linien und Formen ist, sollten Sie die Farbe lediglich zur Veredelung der Zeichnung verwenden.

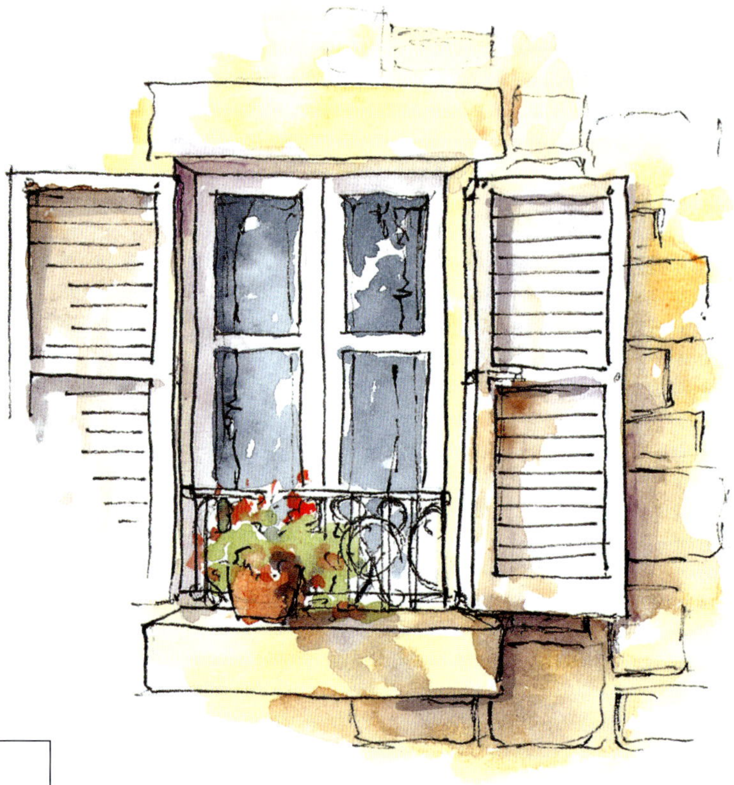

Eine kräftige Tuschestrichzeichnung auf Kartuschenpapier wird in der Regel nicht durch ein leichtes Aquarellieren verwischt.

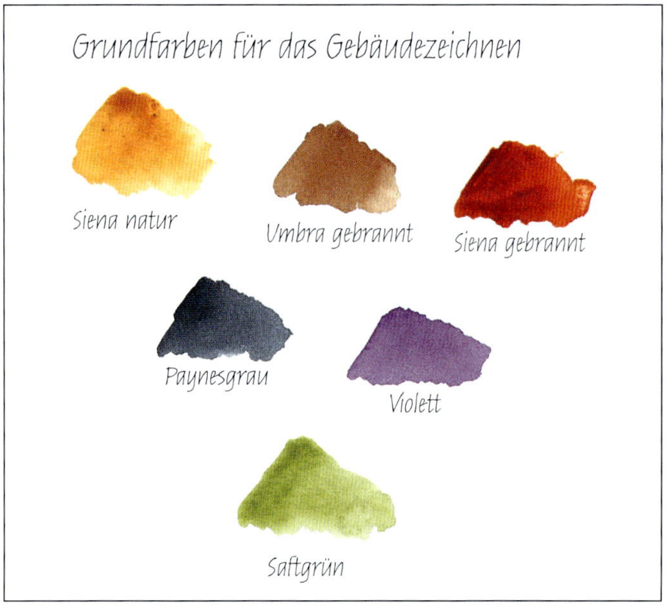

Technik

Die Farbe wird am besten mit einem mittelgroßen Aquarellpinsel auf das trockene Papier aufgetragen. Mischen Sie Ihre Farben und Lavierungen in der Palette, bevor Sie sie auftragen, und versuchen Sie, einen einzigen Lavierungsstrich zu verwenden. Dies trägt zur Schlichtheit des Endergebnisses bei und lässt die Linienführung in den Vordergrund treten.

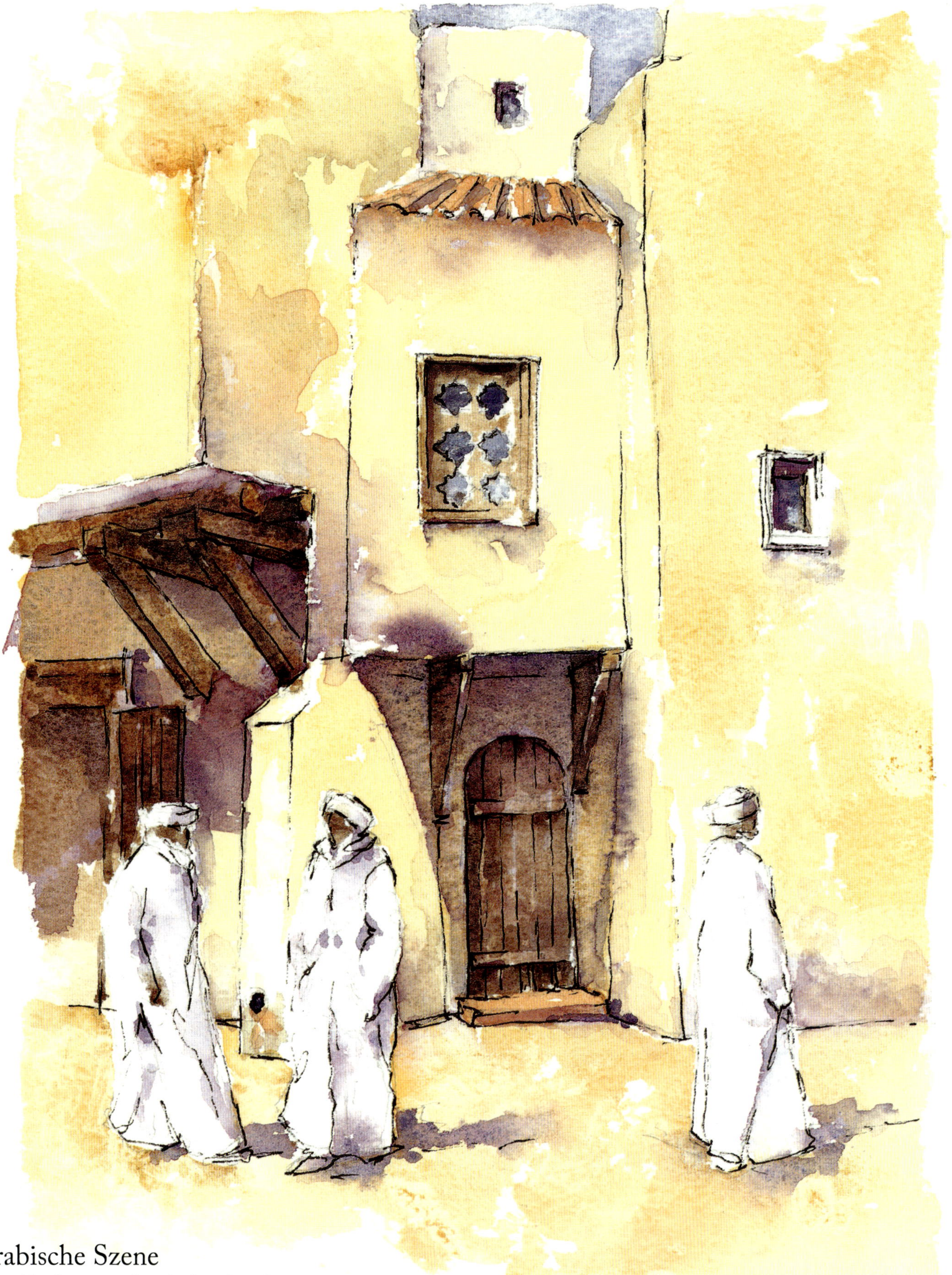

Arabische Szene

Beim Zeichnen mit dem Stift auf strukturiertem Aquarellpapier entstehen gebrochene Linien, die es der Farbe ermöglichen, das Bild zu formen.

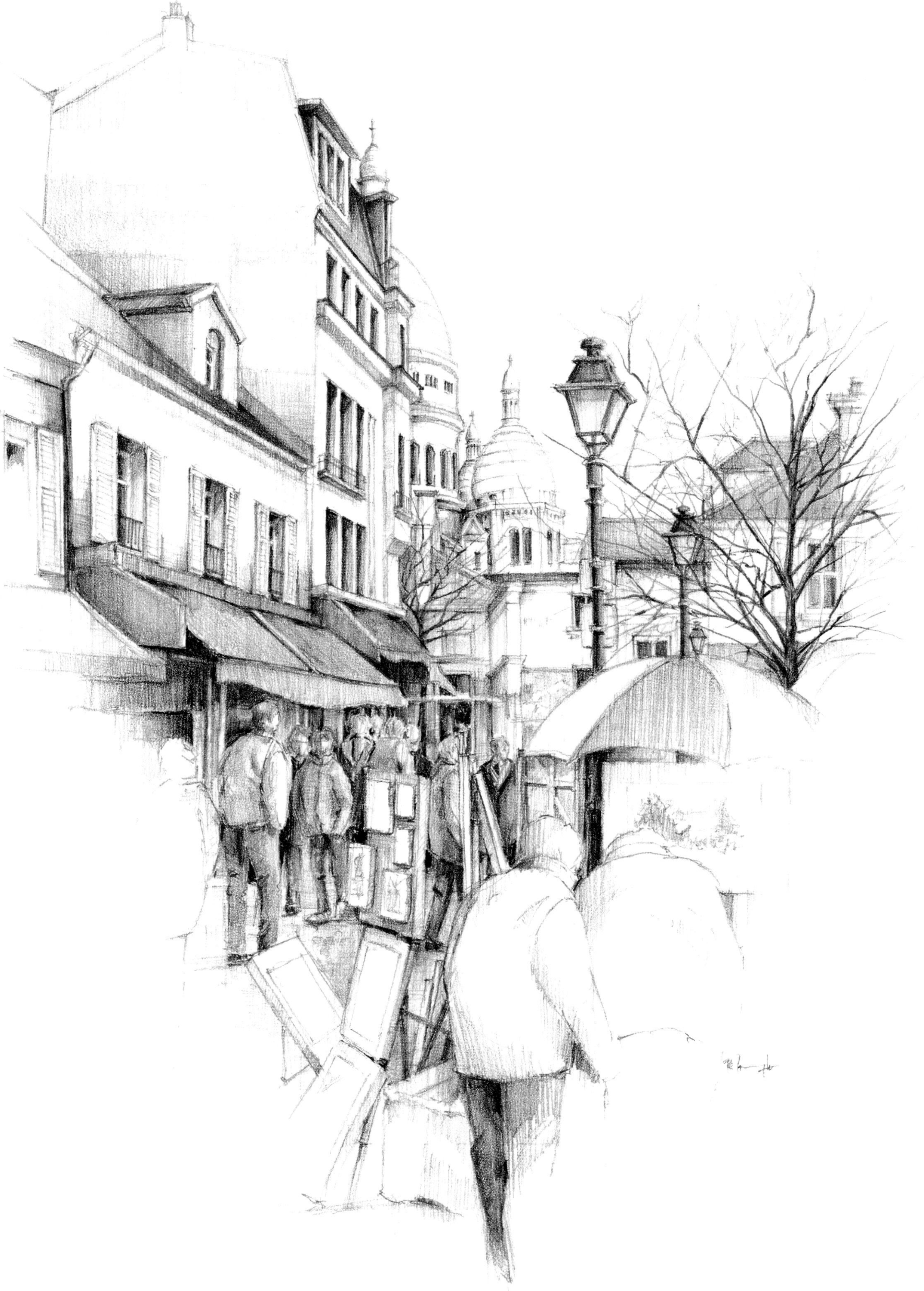

GRUNDLAGEN

In diesem Kapitel geht es um die Grundlagen des Zeichenprozesses – um jene Elemente, die eine Bildkomposition ausmachen. Die Perspektive ist das erste zentrale Thema, und oft haben die Lehrer vor diesem mehr Ehrfurcht als die Schüler: Wie genau erklärt man das? Dabei ist die Antwort ganz einfach: Gebäude scheinen kleiner zu werden, je weiter man sich von ihnen entfernt. Das ist das Wesen der Perspektive, und natürlich handelt es sich dabei um eine Illusion. Denn die Gebäude werden ja nicht wirklich kleiner – es sieht nur so aus. Auf den Seiten 22 bis 27 finden Sie einige Hinweise, wie Sie diese optische (dreidimensionale) Täuschung auf einem flachen (zweidimensionalen) Blatt Papier nachbilden können.

Es wäre leicht, sich vorzustellen, es gäbe feste »Regeln« in der Kunst, wenn es um die Perspektive oder um andere wesentliche Aufgabenstellungen der Bildkomposition geht. Tatsächlich gibt es solche »Regeln« auch, aber diese sind nicht als allgemeingültig oder gar verbindlich zu verstehen, sondern eher als Vorschläge, wie Sie Ihre Bilder besser wirken lassen können. Diese »Regeln« wurden von Künstlern formuliert, um die Kunst zu fördern. Sie müssen nicht immer strikt befolgt werden, aber es kann sehr hilfreich sein, sie zu beachten, weil sie oft auf einer großen Erfahrung in der Praxis basieren.

Das scheint mir nun der richtige Ort zu sein, um über die Frage nachzudenken, wann genau eine Zeichnung fertig ist. Auch hier ist die Antwort einfacher, als man vielleicht zunächst annehmen würde: Die Zeichnung ist dann fertig, wenn Sie es für richtig halten.

So kommt es bei mir zum Beispiel nur gelegentlich vor, dass ich ein Format vollständig ausfülle. Ich persönlich mag es, wenn meine Zeichnungen und Skizzen von weißem Raum umgeben sind, ohne dass eine harte Linie sie begrenzt. Andere füllen dagegen alles lieber mit Linien, Farbtönen und Details aus. Mir wäre das »zu voll« – meine Skizzen sind anderen vielleicht »zu leer«. Und keiner von uns hat »Recht«: Wann ein Bild fertig ist und in welcher – offeneren, geschlosseneren oder einer anderen – Form, ist keine Frage von richtig oder falsch, sondern von persönlichen Vorlieben.

Ich werde Ihnen also in diesem Kapitel ein paar »Regeln« zeigen, die sich bewährt haben. Aber mehr noch kommt es mir darauf an, Sie zu ermutigen, diese »Regeln« auch mal bis an ihre Grenzen und vielleicht sogar darüber hinaus auszureizen. Betrachten Sie sie als ein Grundgerüst, das Sie beständig weiterentwickeln und an Ihre eigenen Bedürfnisse anpassen sollten, um schließlich zu Ihren eigenen »Regeln« – zu kommen. Denken Sie daran: Nichts in der Kunst ist unumstößlich, und nur wenn Sie Grenzen überschreiten, können Sie sich verbessern und ein eigenes Verständnis für sich und Ihren Stil entwickeln.

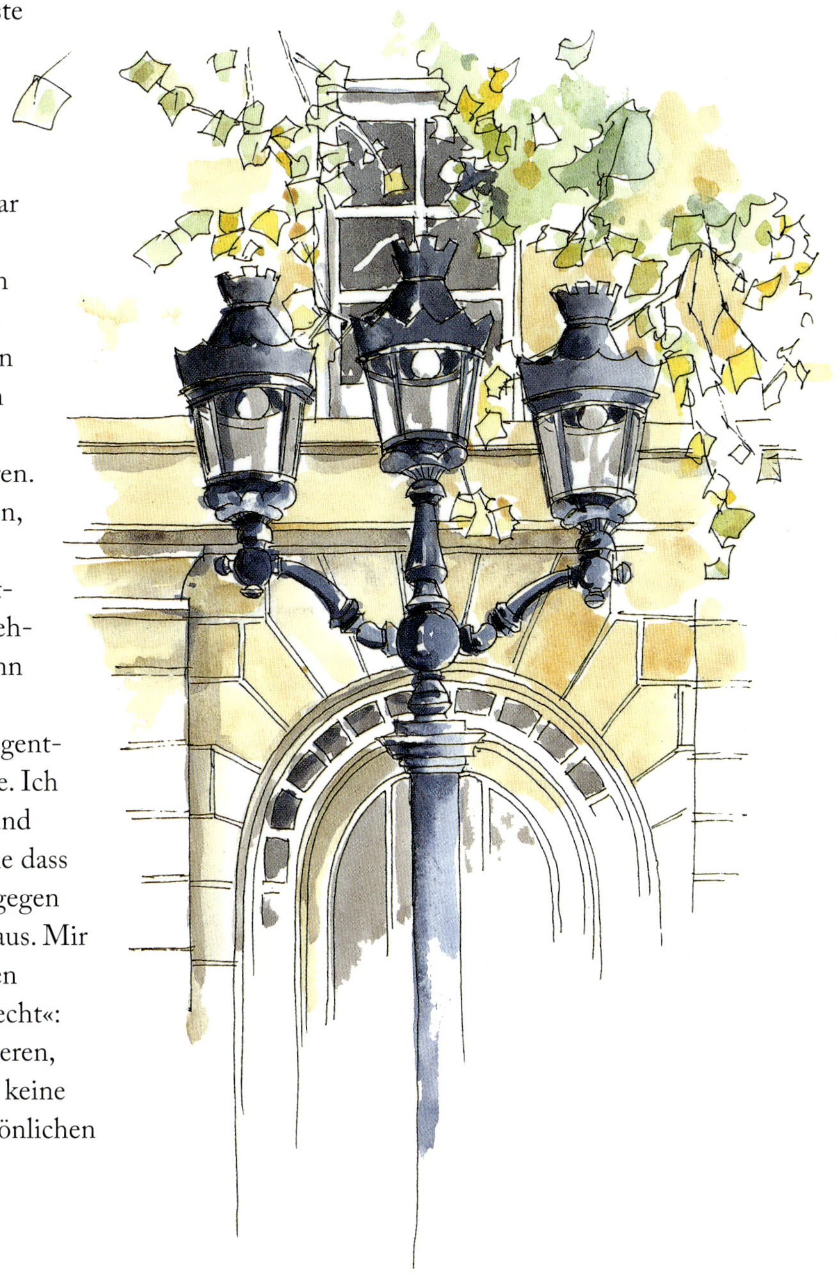

Ein-Punkt-Perspektive

In der realen urbanen Welt der Hauptstraßen, Terrassen und Gassen ist es unwahrscheinlich, dass Sie jemals auf eine Szene stoßen werden, in der Sie nur die Ein-Punkt-Perspektive verwenden müssen. Sie werden fast immer in der Lage sein, mindestens zwei Seiten eines Bauwerks zu sehen. Es gibt aber viele Ansichten, bei denen die Ein-Punkt-Perspektive die vornehmlich anzuwendende Technik ist.

Zunächst müssen Sie den Horizont festlegen – jene Linie, die Himmel und Erde voneinander abgrenzt. Diese Horizontlinie wird oftmals – anders als beim freien Blick aufs Meer – verdeckt ein. Sie müssen sich diese Linie also vorstellen. Grundsätzlich befindet sich die Horizontlinie immer auf Augenhöhe des Betrachters. Betrachten Sie nun die oberste Linie der Gebäude, die sich von Ihnen zu entfernen scheinen. Stellen Sie sich einen Punkt vor, an dem diese Linie auf die Horizontlinie treffen würde, und markieren Sie ihn auf dem Papier. Dieser Punkt wird als Fluchtpunkt (Vanishing Point, VP) bezeichnet. Nun können Sie damit beginnen, eine Reihe von Flucht- oder Hilfslinien zu erstellen, die Ihnen helfen, ein Gefühl für die Proportionen und Formen Ihrer Gebäude zu bekommen. In der Ein-Punkt-Perspektive führen alle Fluchtlinien zu einem zentralen (Flucht-)Punkt (wie bei Bahngleisen, die sich in der Ferne am Horizont an einem Punkt zu vereinen scheinen). Der nächste Schritt besteht darin, die Details zu skizzieren, die ein Gebäude so attraktiv machen – Türöffnungen und Fenster zum Beispiel. Beginnen Sie mit einigen schwachen Markierungen, die die Höhe der Ihnen am nächsten liegenden Fenster darstellen. Ziehen Sie dann eine Linie von oben und unten bis zum Fluchtpunkt. Alle anderen Fenster werden zwischen diesen Linien liegen, sodass Sie ein gutes Gefühl für die Proportionen bekommen. Wenden Sie diese Technik auf die Türen und andere Details an, und schon bald haben Sie ein Grundgerüst, das Sie zu einer fertigen Zeichnung erweitern können.

Technik

Alle Konstruktionslinien laufen in einem einzigen (zentralen) Fluchtpunkt zusammen (deshalb nennt man die Ein-Punkt-Perspektive auch Zentralperspektive). Dies gewährleistet die Gleichmäßigkeit der hinzugefügten Strukturen und sorgt für die richtigen Proportionen.

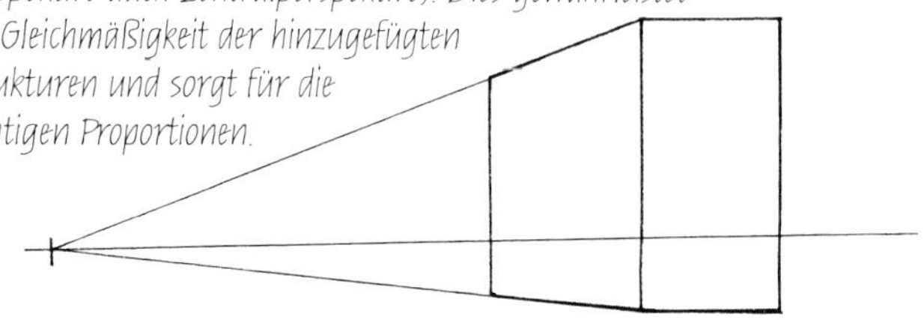

Struktur

Fenster und Türen können nun perspektivisch korrekt gezeichnet werden, indem sichergestellt wird, dass alle Linien innerhalb der Grundstruktur auf denselben Fluchtpunkt zulaufen.

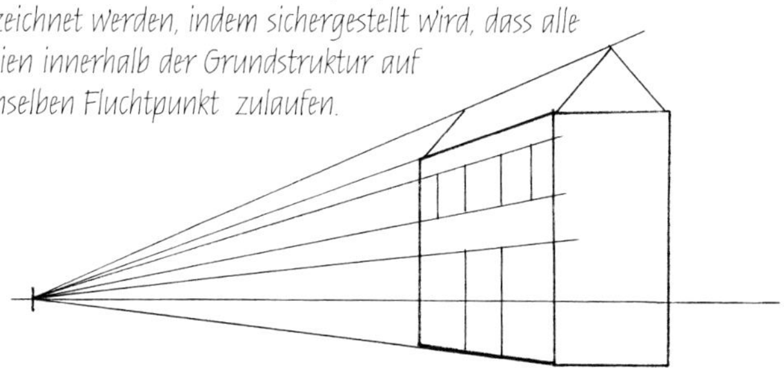

Details

Unabhängig davon, wie groß oder klein die Gebäude in einer Reihe sind, haben sie immer denselben Fluchtpunkt.

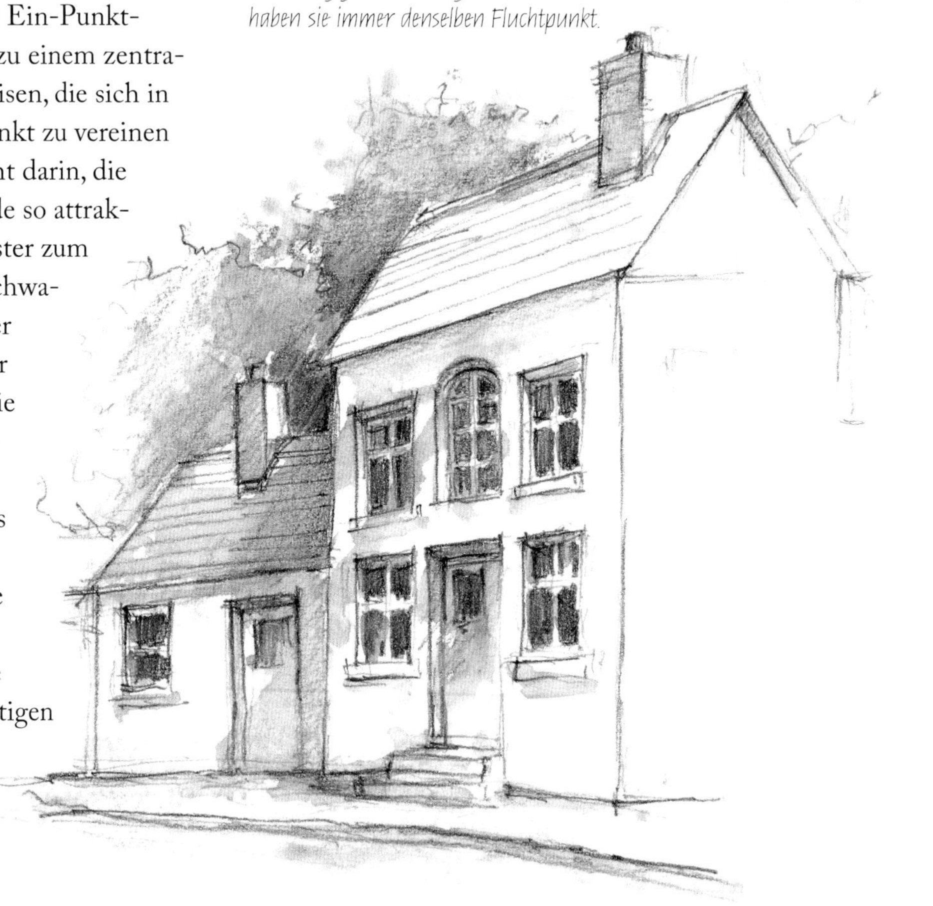

Viktorianische Stadthaus-Terrasse

Dieses Bild wurde von einem etwas höheren als dem üblichen Blickwinkel aus gezeichnet, was der Ein-Punkt-Perspektive einen ungewöhnlichen Charakter verleiht. Der Winkel der Grundlinie ist spitzer als die Dachlinie, wodurch die Horizontlinie fast in der Mitte der Komposition liegt.

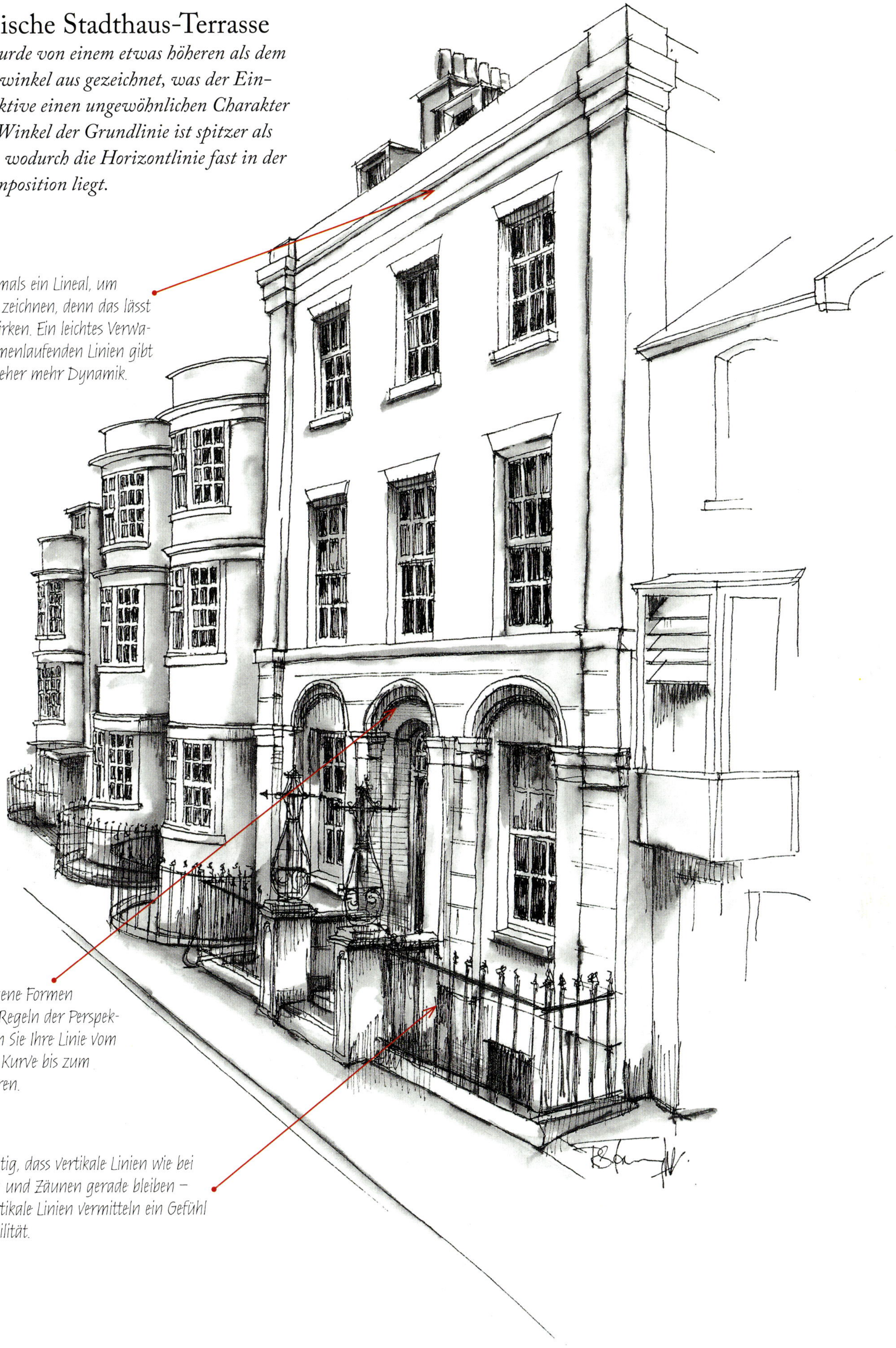

Benutzen Sie niemals ein Lineal, um gerade Linien zu zeichnen, denn das lässt diese künstlich wirken. Ein leichtes Verwackeln der zusammenlaufenden Linien gibt Ihrer Zeichnung eher mehr Dynamik.

Auch geschwungene Formen unterliegen den Regeln der Perspektive, daher sollten Sie Ihre Linie vom oberen Ende der Kurve bis zum Fluchtpunkt führen.

Es ist wichtig, dass vertikale Linien wie bei Geländern und Zäunen gerade bleiben – schiefe vertikale Linien vermitteln ein Gefühl der Instabilität.

Zwei-Punkt-Perspektive

Die Zwei-Punkt-Perspektive ist die Technik, die Sie beim Skizzieren in einer bebauten Umgebung am häufigsten anwenden werden. Sie beginnt genauso wie die Ein-Punkt-Perspektive: Stellen Sie zunächst Ihren Horizont fest, aber positionieren Sie sich diesmal so, dass die Ecke eines Gebäudes Ihnen zugewandt ist. Sie können nun sehen, wie Mauern und Dächer zu Ihrer Linken und zu Ihrer Rechten zurückweichen. Das macht es erforderlich, zwei Fluchtpunkte am Ende der Horizontlinie zu markieren. (Aus kompositorischen Gründen ist es am besten, wenn die Ecklinie nicht mittig liegt.)

Am einfachsten ist es, einen simplen Kasten zu konstruieren. Das gelingt am besten, indem Sie die Höhe der Ecke des Gebäudes des gegenüberliegenden Gebäudes feststellen und auf Ihrem Papier markieren. Der größte Teil der Linie wird über dem Horizont liegen. Ziehen Sie dann eine Linie von oben nach außen zu den beiden Fluchtpunkten. Wiederholen Sie diesen Vorgang für den untersten Punkt der Linie. Sie müssen dann entscheiden, wie breit oder lang Ihr Gebäude sein soll, indem Sie die äußeren Ränder entlang des Horizonts markieren. Wenn Sie die Enden des Hauses innerhalb der oberen und unteren perspektivischen Konstruktionslinien gezeichnet haben, bekommen Sie einen perfekten Kasten in korrekter Perspektive.

Die Zeichnung kann nun genau wie eine Ein-Punkt-Perspektive weiterentwickelt werden, nur müssen Sie das Verfahren auf beiden Seiten der Ecklinie wiederholen. Sie werden feststellen, dass diese Methode auch bei der Konstruktion von Schatten hilfreich ist; diese folgen den gleichen Regeln der Perspektive, sodass Sie nur einige Konstruktionslinien verlängern müssen, um bestimmte Schattenformen zu erstellen.

Technik

Die Konstruktionslinien gehen von beiden Seiten der Ecke des Kastens zu ihren jeweiligen Fluchtpunkten. In der Anfangsphase hilft Ihnen vielleicht das System des »Kastenbaus«. Dabei werden Details wie Fenster und Türöffnungen zunächst ignoriert und das Gebäude als einfacher Kasten betrachtet.

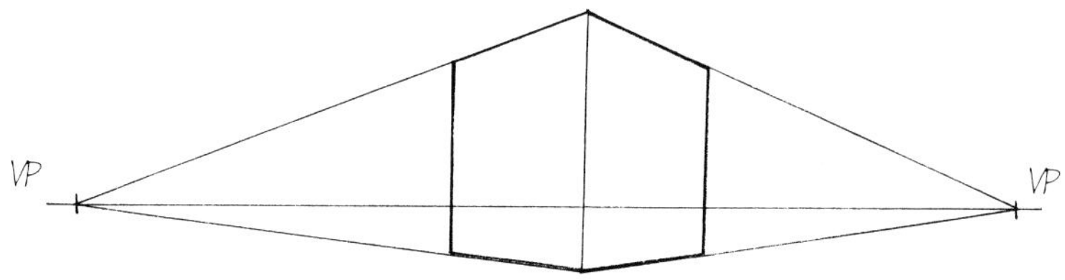

Struktur

Die Fenster und Türen auf beiden Seiten des »Kastenbaus« werden konstruiert, indem Konstruktionslinien zu den entsprechenden Fluchtpunkten verlängert werden.

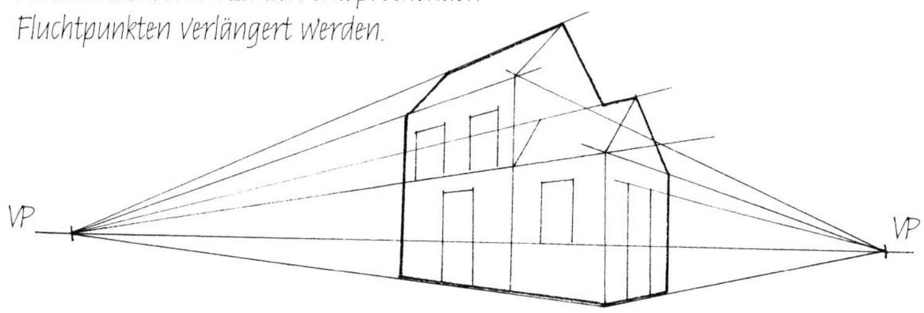

Details

Sie müssen immer darauf achten, dass die beiden Seiten des Gebäudes in die Ferne zu rücken scheinen.

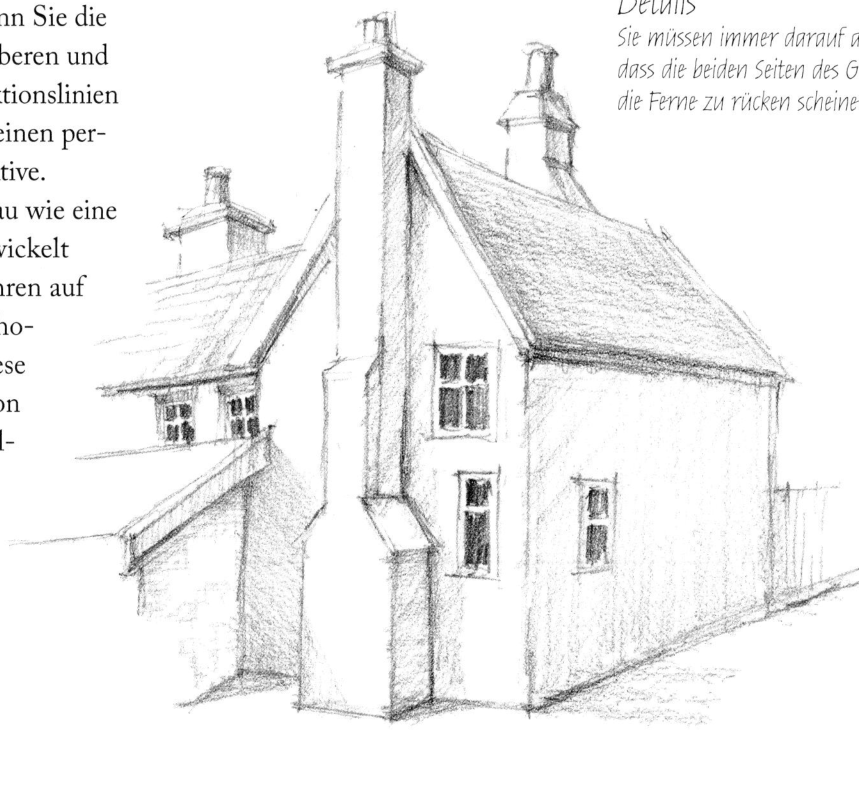

Traditionelles Cottage in Suffolk

Der Verlauf der Mauer, die sich vom Cottage aus erstreckt, bot mehrere Ecken, die als Fokuspunkte in Frage kamen.

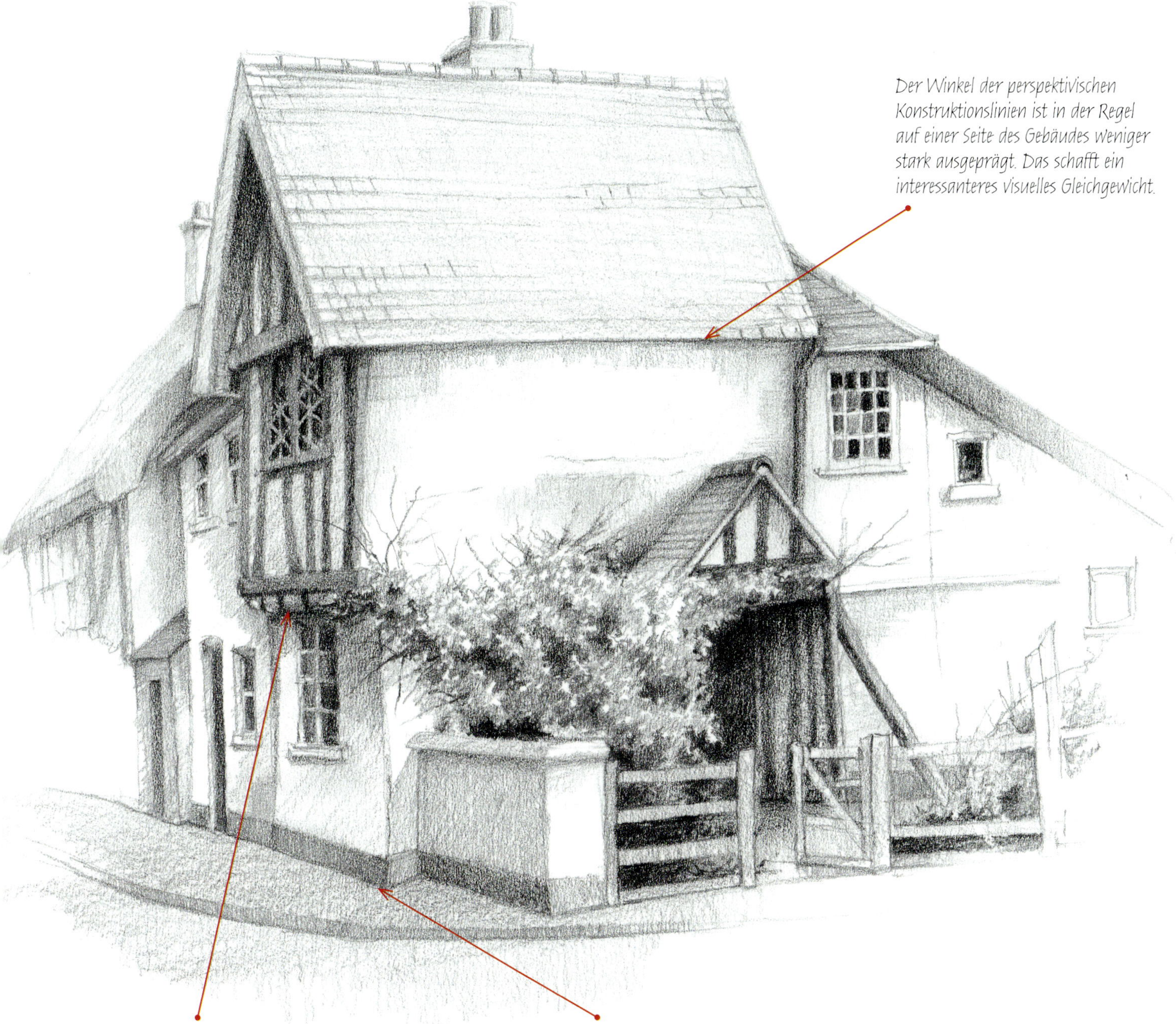

Der Winkel der perspektivischen Konstruktionslinien ist in der Regel auf einer Seite des Gebäudes weniger stark ausgeprägt. Das schafft ein interessanteres visuelles Gleichgewicht.

Die perspektivische Struktur ist hier als ein Kasten zu sehen, der visuell auf einem anderen balanciert, um das Gebäude zu bilden.

Der spitzere Winkel der perspektivischen Konstruktionslinie verläuft oft am Boden entlang, wo Gebäude und Gehweg aufeinandertreffen.

Drei-Punkt-Perspektive

Die Drei-Punkt-Perspektive (auch: Vogelperspektive) nehmen wir in der Realität manchmal gar nicht richtig wahr. Wenn wir eine Straße entlanggehen, erwarten wir, dass die Gebäude am Straßenrand zum äußersten Ende hin schmaler werden und ihre jeweilige Höhe abnimmt. Aber wir schauen nicht so oft nach oben und erkennen, dass die höhere Gebäude oben schmaler zu sein scheinen, als sie unten sind. Beim Fotografieren neigt man dazu, eine solche Ansicht zu begradigen. Der Effekt lässt sich aber auch künstlerisch einsetzen. Auf die gleiche Weise kann auch die Drei-Punkt-Perspektive Ihrer Zeichnung eine visuelle Wirkung verleihen, die einer korrigierten perspektivischen Zeichnung möglicherweise fehlen würde.

Der erste Schritt besteht darin, eine Zeichnung nach den Regeln der Zwei-Punkt-Perspektive zu erstellen. Sobald der Grundriss festgelegt ist, können Sie den Blickwinkel berücksichtigen, den Sie in der Höhe Ihres Gebäudes erzeugen möchten. Bei einem sehr hohen Gebäude muss der dritte Fluchtpunkt hoch in den Himmel gesetzt werden, während bei einem kleineren Turm ein niedrigerer Fluchtpunkt erforderlich ist. Hier liegt das eigentliche Dilemma. Je höher der vertikale Fluchtpunkt ist, desto spitzer ist der Winkel; je niedriger der Punkt, desto dramatischer ist die Perspektive. Vielleicht möchten Sie den Winkel verzerren, um ein besonders wirkungsvolles Bild zu erzeugen, oder Sie möchten diese Technik nur anwenden, um ein einzelnes hohes Gebäude anzudeuten.

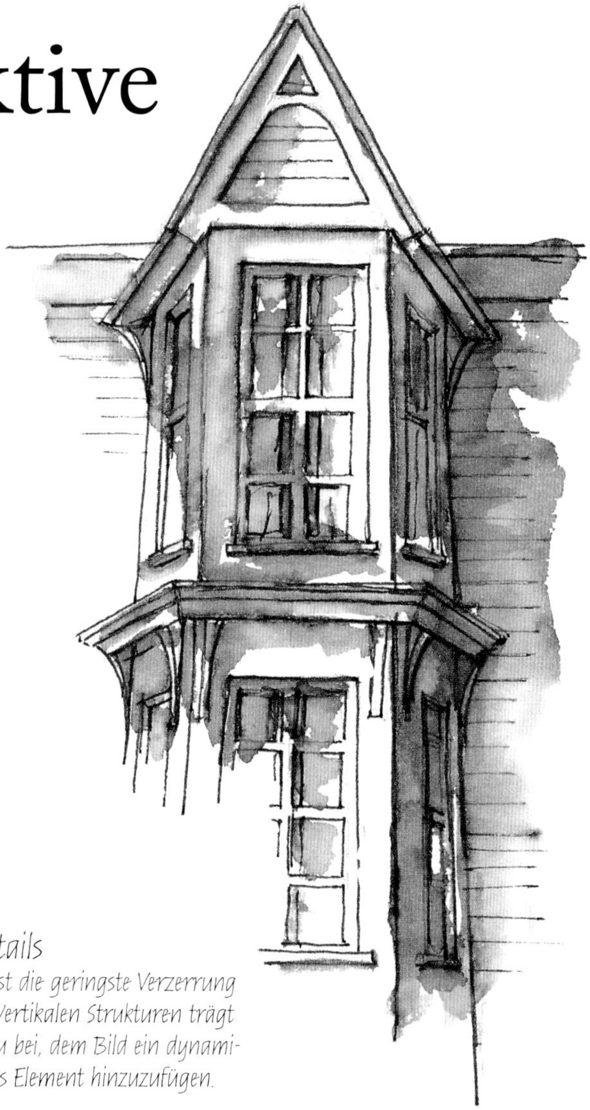

Details
Selbst die geringste Verzerrung bei vertikalen Strukturen trägt dazu bei, dem Bild ein dynamisches Element hinzuzufügen.

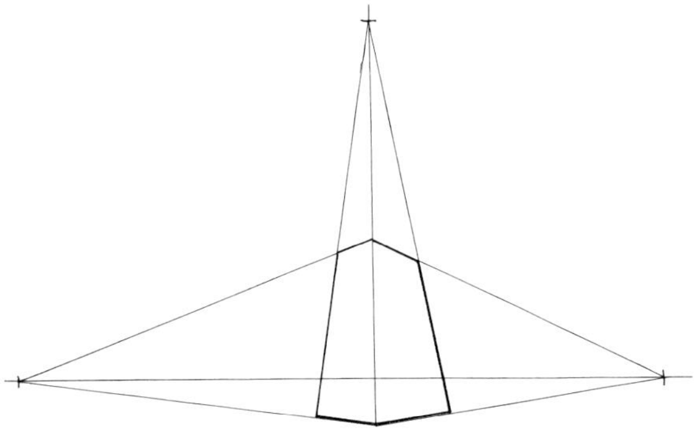

Technik
Hohe Gebäude benötigen einen dritten Fluchtpunkt (Vanishing Point, VP3), um ein Gefühl von Höhe zu vermitteln. Das ist ein artifizielles, aber wertvolles kompositorisches Mittel. Nachdem Sie entschieden haben, wie hoch Ihr dritter Fluchtpunkt sein soll, zeichnen Sie einfach die ihm entsprechenden Außenlinien des Gebäudes. Wenn Sie die Fenster zeichnen, denken Sie daran, dass diese sowohl zu den Seiten als auch nach oben hin konvergieren, um eine maximale Wirkung zu erzielen.

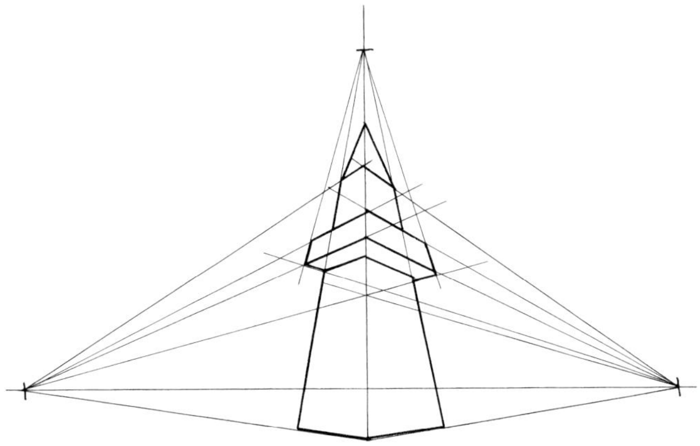

Struktur
Mit diesem Konstruktionssystem können Sie die Unterseite von Bauwerken perspektivisch zeichnen, während Sie von oben auf sie schauen. Die visuelle Verzerrung wird durch die Verlängerung der Konstruktionslinien nach oben bis zu VP3 erzeugt. Übrigens lässt sich die Drei-Punkt-Perspektive auch nach unten zu einem dritten Fluchtpunkt konstruieren (dann spricht man von der Froschperspektive).

Nordeuropäische Bar/Café

Das ungewöhnlich lange, schmale Format dieser Zeichnung diente dazu, die leicht verzerrte Perspektive, die in diesem Fall nicht vermieden werden konnte, eher noch zu betonen.

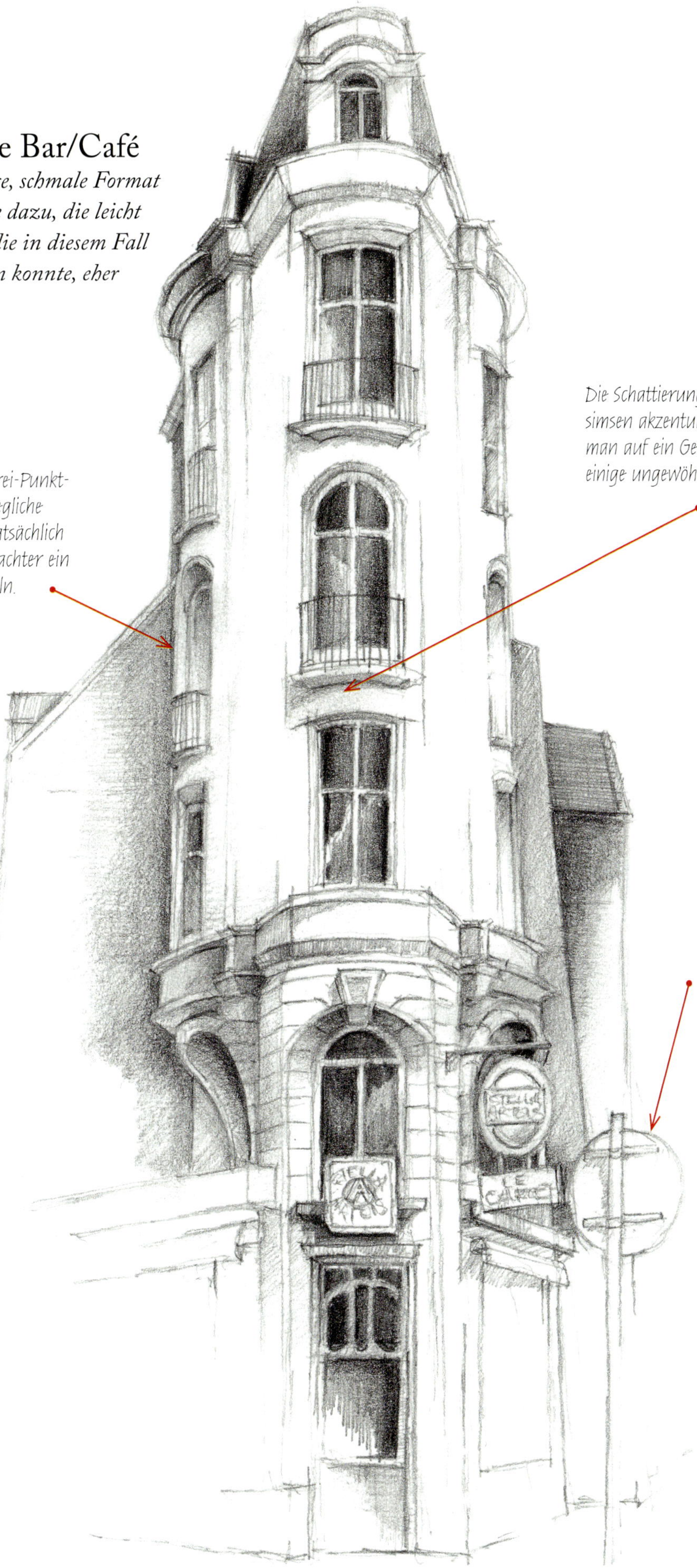

Rastermethode

Nur wenige gehen mit einem A1-Zeichenbrett und einer Auswahl an großen Papierbögen auf Skizzierexpedition. Abgesehen davon, dass das schwer zu transportieren wäre, ist es unwahrscheinlich, dass wir vor Ort genügend Zeit haben, eine so große Zeichnung zu realisieren. Tatsächlich ziehen die meisten von uns los, um mehrere Skizzen in einem Skizzenbuch angemessener Größe anzufertigen. Manchmal sind wir von einem bestimmten Anblick so fasziniert, dass wir spontan eine Skizze auf einem Blatt Papier anfertigen. Diese Praxis ist sinnvoll – das Skizzieren vor Ort sollte aktiv gefördert werden. Aber was macht man mit seinen Skizzen, wenn man nach Hause kommt?

Sie können sie zum Beispiel als Referenz verwenden, um eine größere, detailliertere Version der ursprünglichen Skizze zu erstellen. Wenn Ihnen der Maßstabswechsel von der Miniaturskizze zur A2-Zeichnung zu schwierig erscheint, können Sie auch eine Rastervergrößerung vornehmen. Bei dieser Technik wird ein gleichmäßiges Raster über die ursprüngliche Skizze gelegt. (Wenn Sie nicht direkt auf Ihrer Skizze zeichnen möchten, können Sie auch mit Pauspapier arbeiten). Behandeln Sie die nächste Phase wie ein Puzzle und stellen Sie sicher, dass alle Teile perfekt zusammenpassen, bevor Sie mit der Schattierung und der Fertigstellung fortfahren.

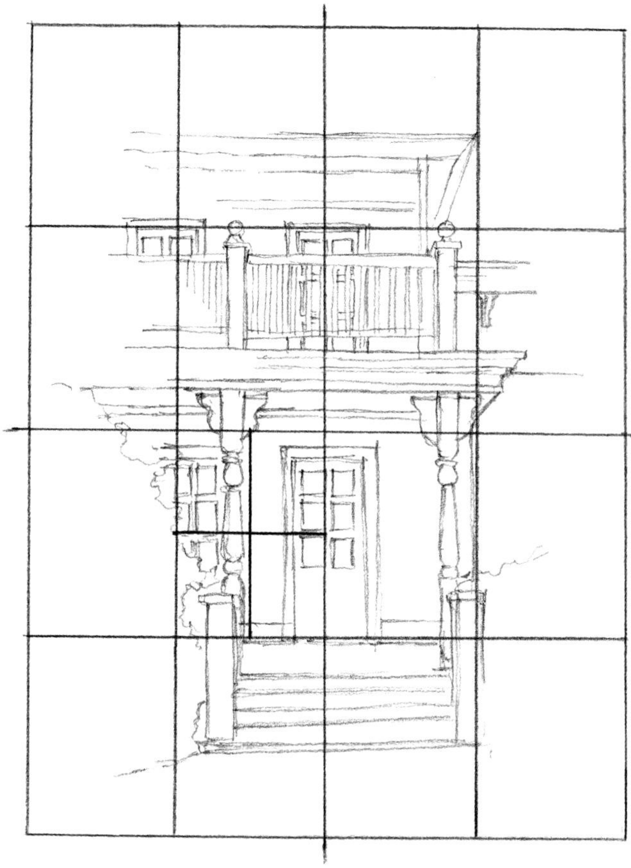

Technik

Ihr Raster kann fünf vertikale und fünf horizontale Linien haben, was insgesamt sechzehn Quadrate oder Rechtecke ergibt. Zeichnen Sie nun genau das gleiche Raster, aber passen Sie es auf das große Blatt an, indem Sie die Abstände zwischen den Linien verdoppeln oder verdreifachen. Achten Sie darauf, dass diese Linien nur leicht gezogen werden, da Sie sie später wieder entfernen wollen. Es kann einfacher sein, jedes Quadrat oder Rechteck auf dem Original zu nummerieren, bevor Sie die Formen in den einzelnen Bereichen übertragen. Ein gleichmäßiges Raster kann auf eine einfache Umrisszeichnung oder auf ein Blatt Pauspapier gezeichnet werden, wenn Sie nicht auf ihrer Skizze arbeiten wollen.

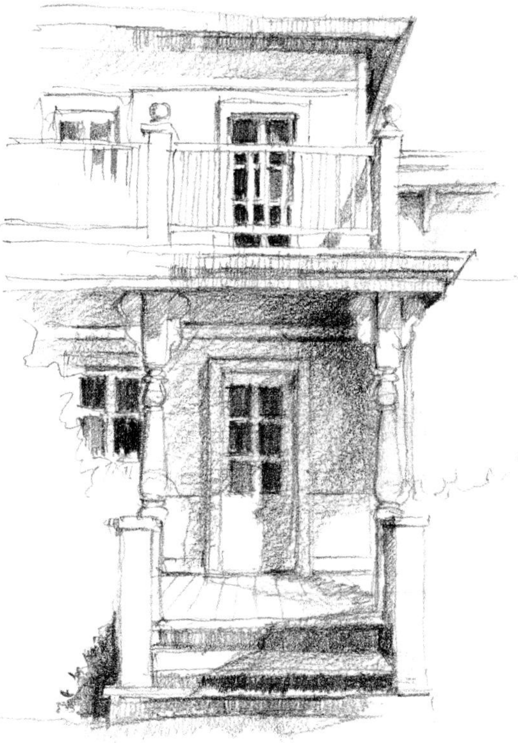

Miniaturskizze

Diese erste Skizze wurde angefertigt, um den Schattenwurf auf der Holzveranda zu untersuchen.

Holzveranda in Kentucky

Eine detaillierte Zeichnung kann in einem größeren Maßstab besser entwickelt werden. Dieses Raster half dabei, eine zuverlässige, maßstabsgetreue Strichzeichnung zu erstellen, auf der man aufbauen konnte.

Achten Sie darauf, dass alle Abschnitte, die die Hilfslinien auf der Skizze berühren, auch die Linien auf dem Vergrößerungsraster berühren.

Die Rechtecke des Rasters können auch noch einmal unterteilt werden, um eine detailliertere Ausschnittsvergrößerung zu ermöglichen.

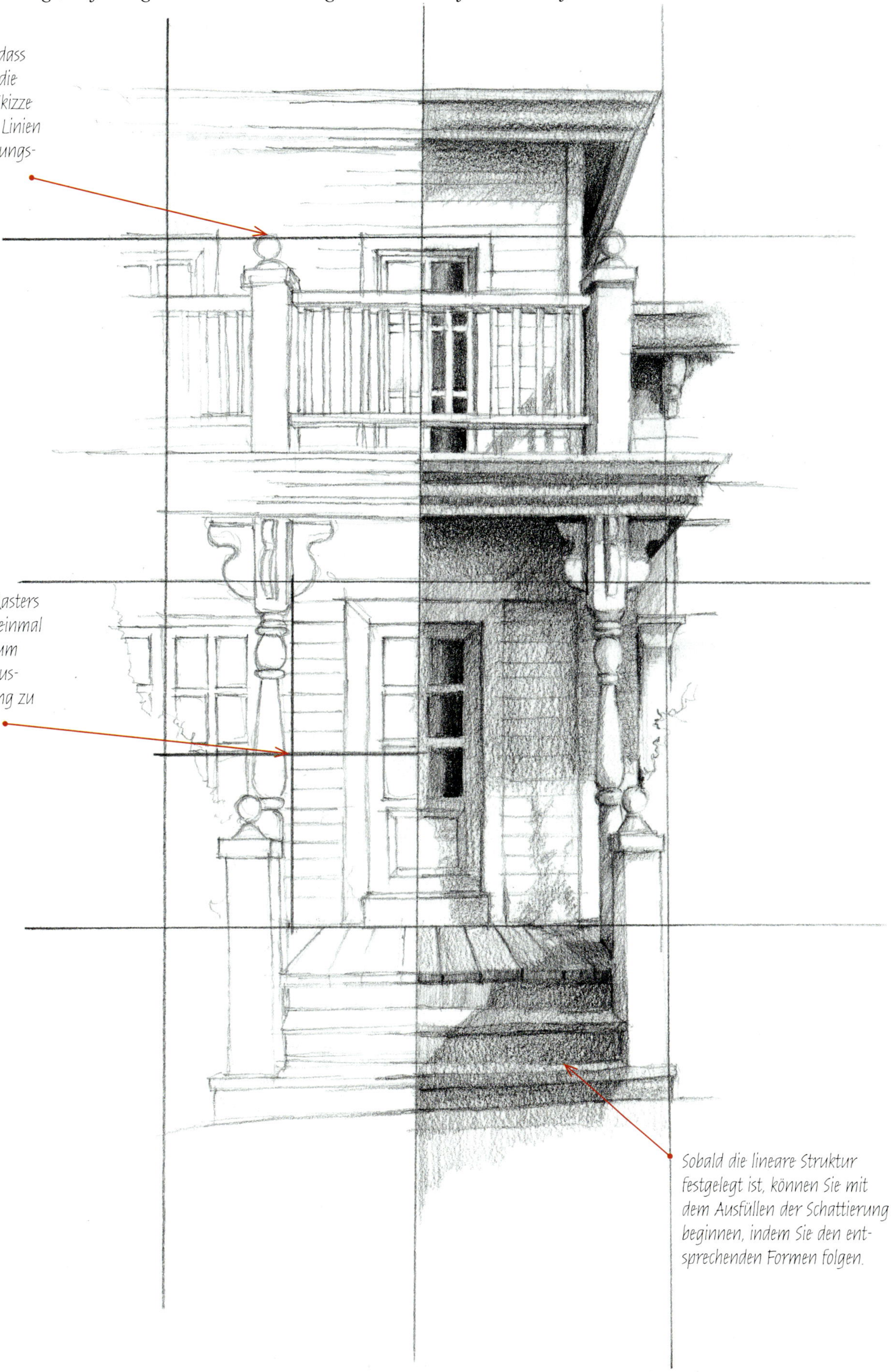

Sobald die lineare Struktur festgelegt ist, können Sie mit dem Ausfüllen der Schattierung beginnen, indem Sie den entsprechenden Formen folgen.

Drittel-Regel

Man braucht einige Zeit, um zu lernen, wo genau ein Gebäude auf einer Seite positioniert werden muss, um die beste visuelle Wirkung zu erzielen. Dabei kann es hilfreich sein, sich an ein paar Regeln zu halten. Am wichtigsten ist die Drittel-Regel: Dabei wird das Bild horizontal und vertikal in Drittel unterteilt. Indem Sie jeweils zwei waagrechte und zwei senkrechte Linien ziehen, ergeben sich neun gleichmäßige Rechtecke, die Sie auch als gedankliches Raster über jedes Bild legen können. Entwickelt wurde dieses Verfahren bereits im 15. Jahrhundert – auch vom Fotografieren mit dem Smartphone oder einer modernen Digitalkamera kennt man solche Rasteransichten als Hilfestellung für die Bildkomposition.

Der Schlüssel zum Erfolg besteht darin, das zentralste Merkmal Ihres Motivs zu finden – zum Beispiel eine Türöffnung, die Spitze eines Daches oder ein Tor – und dieses mit einem der vertikalen Drittel in eine Linie zu bringen. Versuchen Sie als Nächstes, die Horizontlinie (real oder imaginär) entlang der unteren Linie auszurichten. Damit haben Sie einen guten Ausgangspunkt für eine möglichst gelungene Komposition.

Vermeiden Sie möglichst, das zentrale Motiv Ihrer Bildkomposition in die Mitte des Rasters zu legen, weil das meist langweilig wirkt. Danken Sie stattdessen mehr über den Raum nach, den Sie oben und unten in Ihrer Bildkomposition lassen. Vermeiden Sie eine unausgewogene Gestaltung, bei der der Eindruck entstehen könnte, dass Ihr Motiv optisch »aus dem Rahmen fällt«.

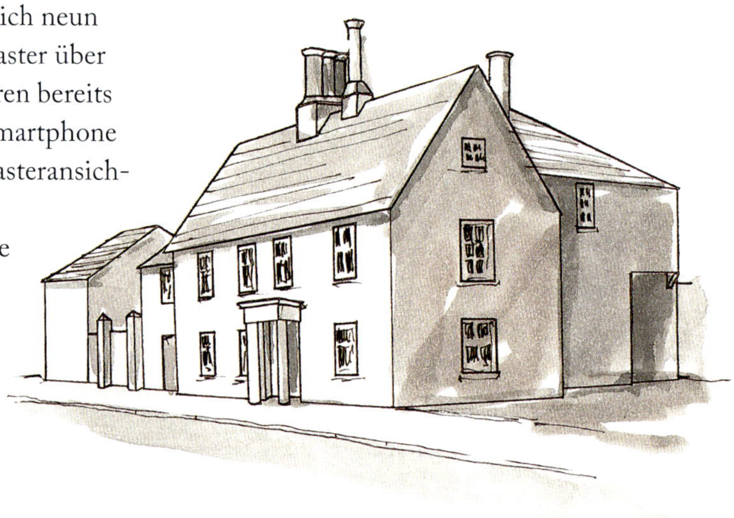

Miniaturskizze

Eine skizzenhafte Darstellung, die Sie sich irgendwo auf dem Papier notiert haben, muss eventuell noch verfeinert werden, ehe sie in die Bildkomposition übernommen werden kann. .

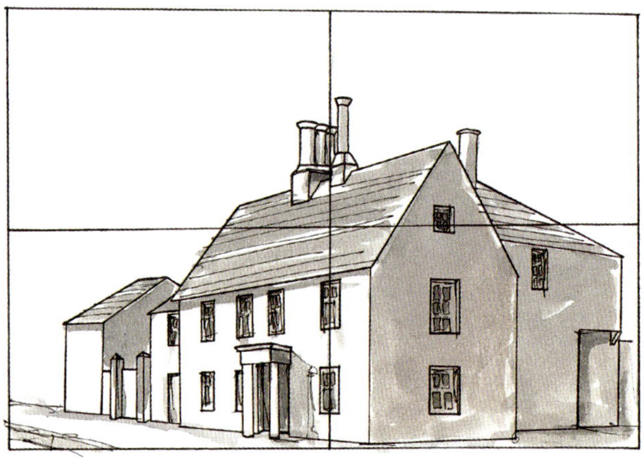

Technik

Hier wurde oben für den Himmel zu viel Platz gelassen und unten für den Gehweg zu wenig. So entsteht ein unausgewogener Eindruck der Bildkomposition.

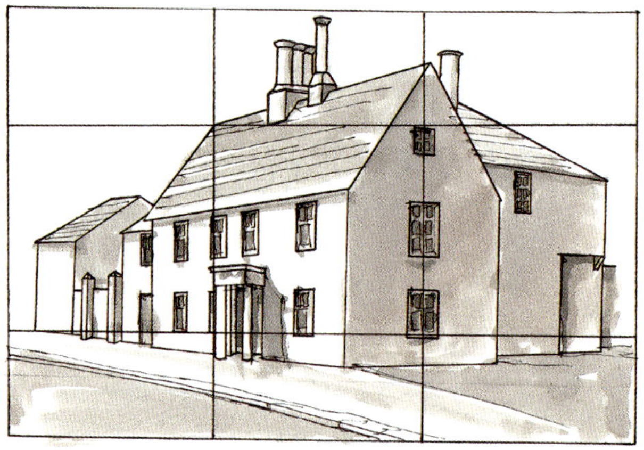

Technik

Mithilfe der Drittel-Regel konnte hier eine ausgewogenere Bildkomposition gestaltet werden: Der unsichtbare Horizont liegt im oberen (senkrechten) Drittel des Rasters, die Dachspitze im vertikalen Drittel.

Haus am Wegesrand

Der Erfolg einer Bildkomposition nach der Drittel-Regel bedarf des Experiments: Beginnen Sie nicht einfach in der Mitte wie bei der Zentralperspektive, sondern verlegen Sie den Bildschwerpunkt auch mal in andere Drittel Ihres Rasters.

Die Einbeziehung des Himmels kann nützlich sein, um Stimmung und Atmosphäre zu erzeugen. Außerdem bietet er einen guten Kontrast für ein Gebäude.

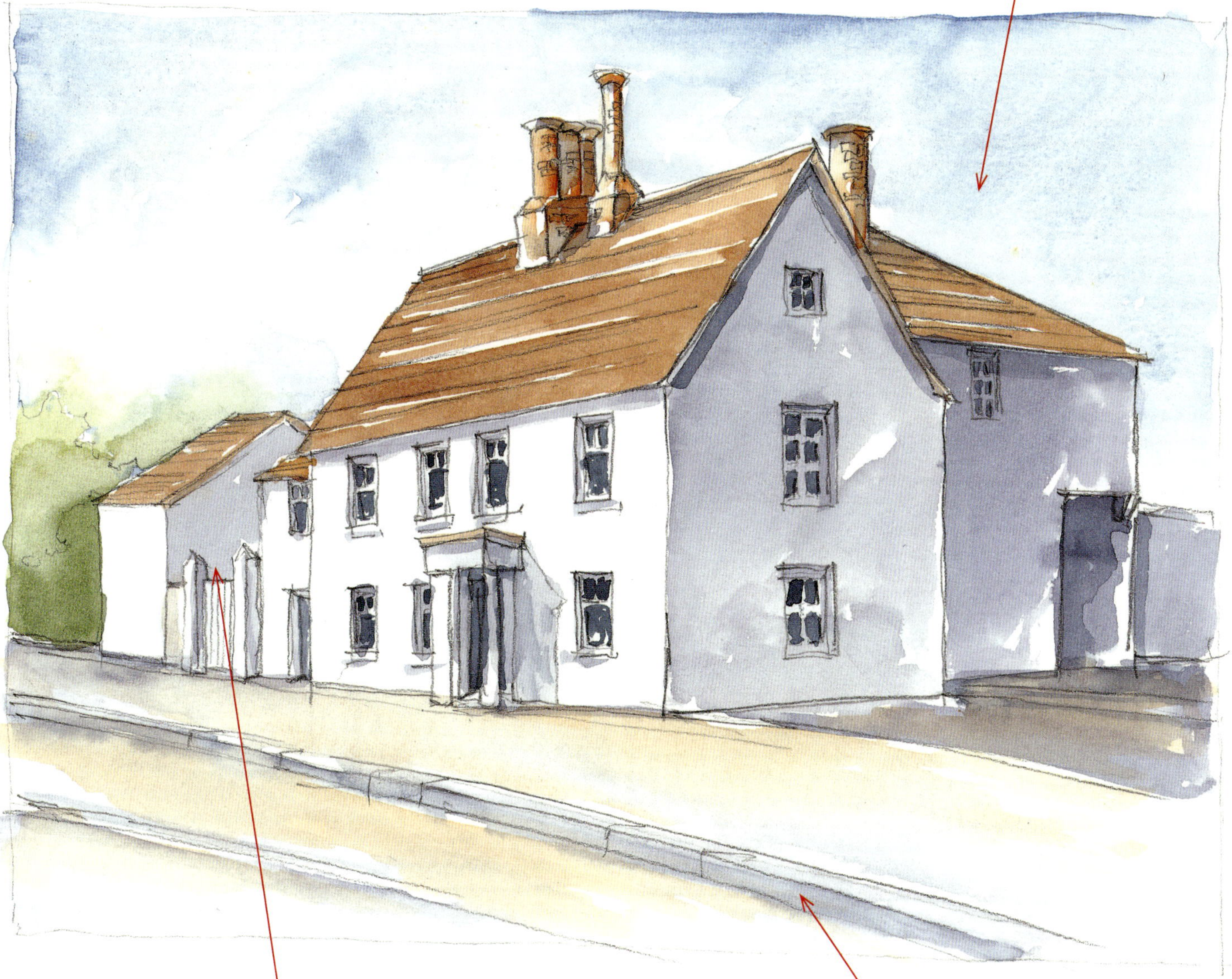

Das Zusammenspiel von Licht und Schatten wertet diese Zeichnung auf, indem es für zusätzlichen Kontrast sorgt.

Die Einbeziehung eines Gehwegs oder einer Straße ist hilfreich, um im Auge des Betrachters Tiefe zu erzeugen.

Vordergrund versus Hintergrund

Wenn Sie mit dem Zeichnen von Gebäuden beginnen, werden Sie feststellen, dass diese selten isoliert sind – oft stehen Ihnen Poller, Laternenpfähle, Bäume, Hydranten und alle möglichen anderen Hindernisse im Weg. Die erste Frage, die Sie sich daraufhin stellen müssen, ist, wie wichtig diese optischen Hindernisse für das Bild sind, das Sie zeichnen wollen. Wenn die Antwort »nicht sehr wichtig« lautet, dann lassen Sie sie ganz weg. Wenn das Objekt jedoch sinnvoll eingesetzt werden kann, zeichnen Sie es ein.

Die nächste Überlegung gilt der Frage, wie stark sie die Objekte im Vordergrund betonen wollen – ob Sie deren Form als positives, voll schraffiertes Objekt zeichnen oder ob nur den groben Umriss belassen wollen. Beides ist eine Überlegung wert: Voll schraffierte Formen im Vordergrund haben den Effekt, dass sie die Bildkomposition dominieren. Das Gebäude, um das es Ihnen eigentlich geht, steht dann nicht mehr im Zentrum der Aufmerksamkeit. Wenn das Objekt im Vordergrund für die Komposition wichtig ist, wie z. B. ein Laternenpfahl vor einem belebten Einkaufsviertel, ist das in Ordnung. Wenn Sie sich jedoch dafür entscheiden, nur die Umrisse zu skizzieren, wird der Blick des Betrachters eher auf das zentrale Gebäude im Hintergrund gelenkt.

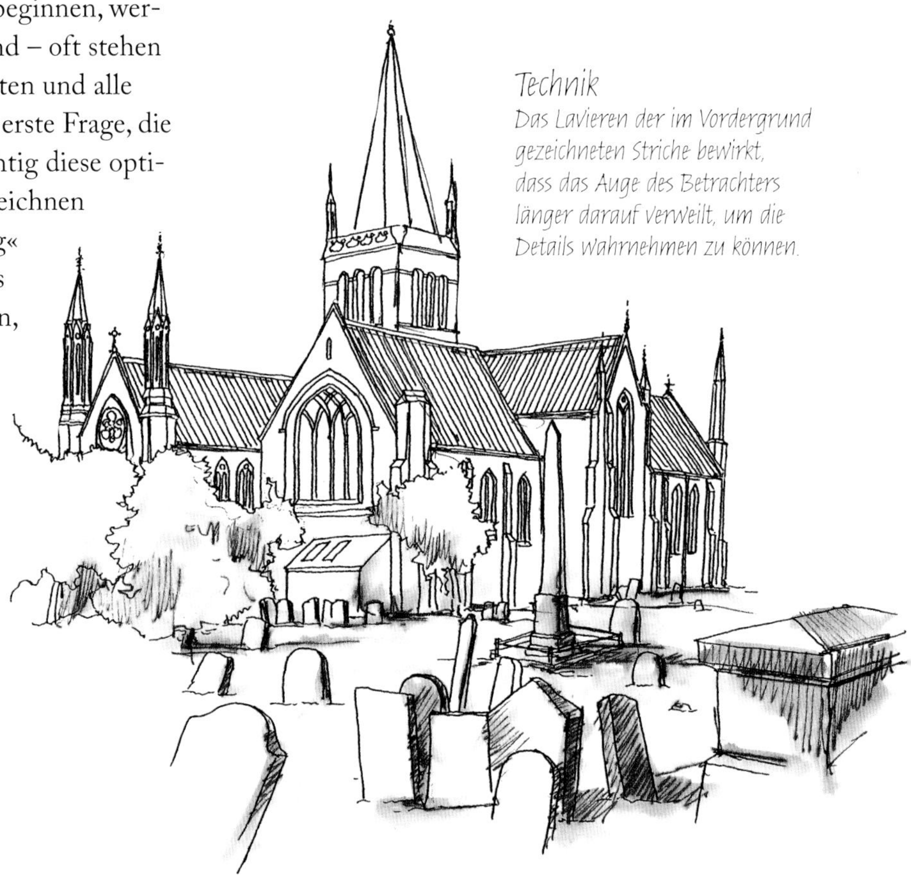

Technik
Das Lavieren der im Vordergrund gezeichneten Striche bewirkt, dass das Auge des Betrachters länger darauf verweilt, um die Details wahrnehmen zu können.

Ein Wechselspiel von hellen und dunklen Formen vor Ihrem zentralen Motiv kann eine spannende Bilddynamik erzeugen – insbesondere mit Bäumen und Ästen. Damit sollten Sie in jedem Fall mal experimentieren. Der Blick durch die dürren Zweige eines Winterbaums auf die dunklen Töne eines schraffierten Gebäudes dahinter kann einen faszinierenden Sogeffekt erzeugen – und alles, was ein Bild interessanter macht, ist gut!

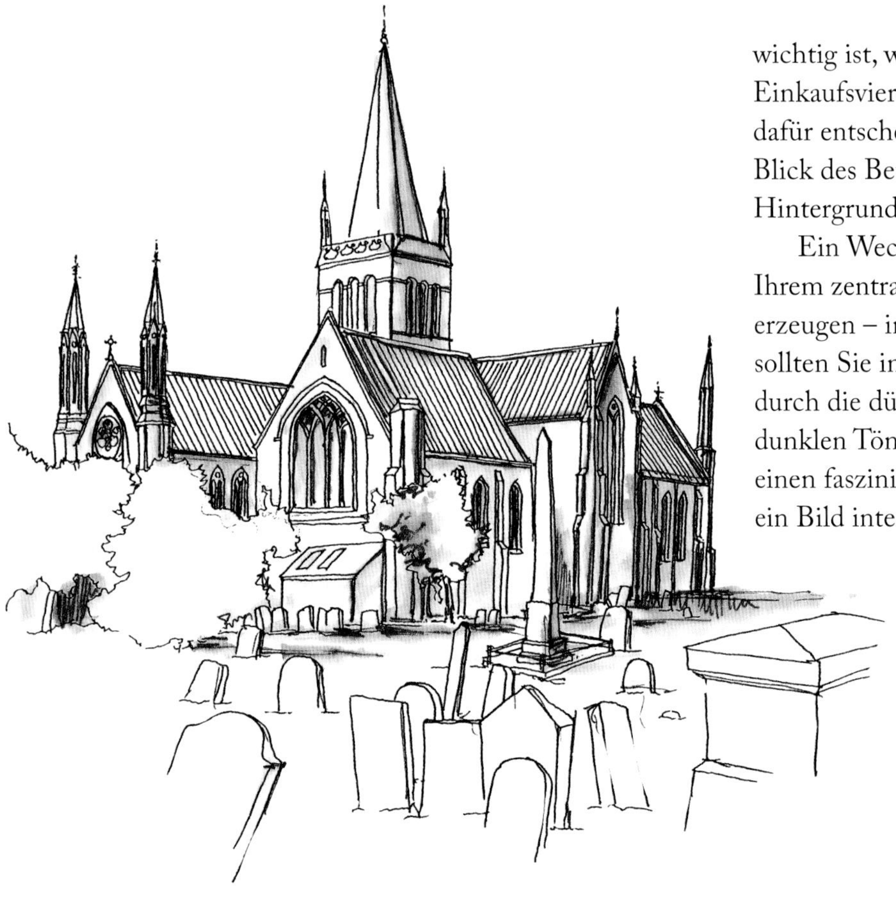

Technik
Indem man den Vordergrund als eine Reihe bloßer Umrissformen skizziert, bleibt die Kirche das visuelle Zentrum der Bildkomposition.

Hauptstraße, USA

Der Baum im Vordergrund dieser Zeichnung war wichtig für die Darstellung der Szene, aber nicht entscheidend für die Ladenfront. Deshalb habe ich nur seine Umrisse skizziert und mich stattdessen auf das Gebäude konzentriert.

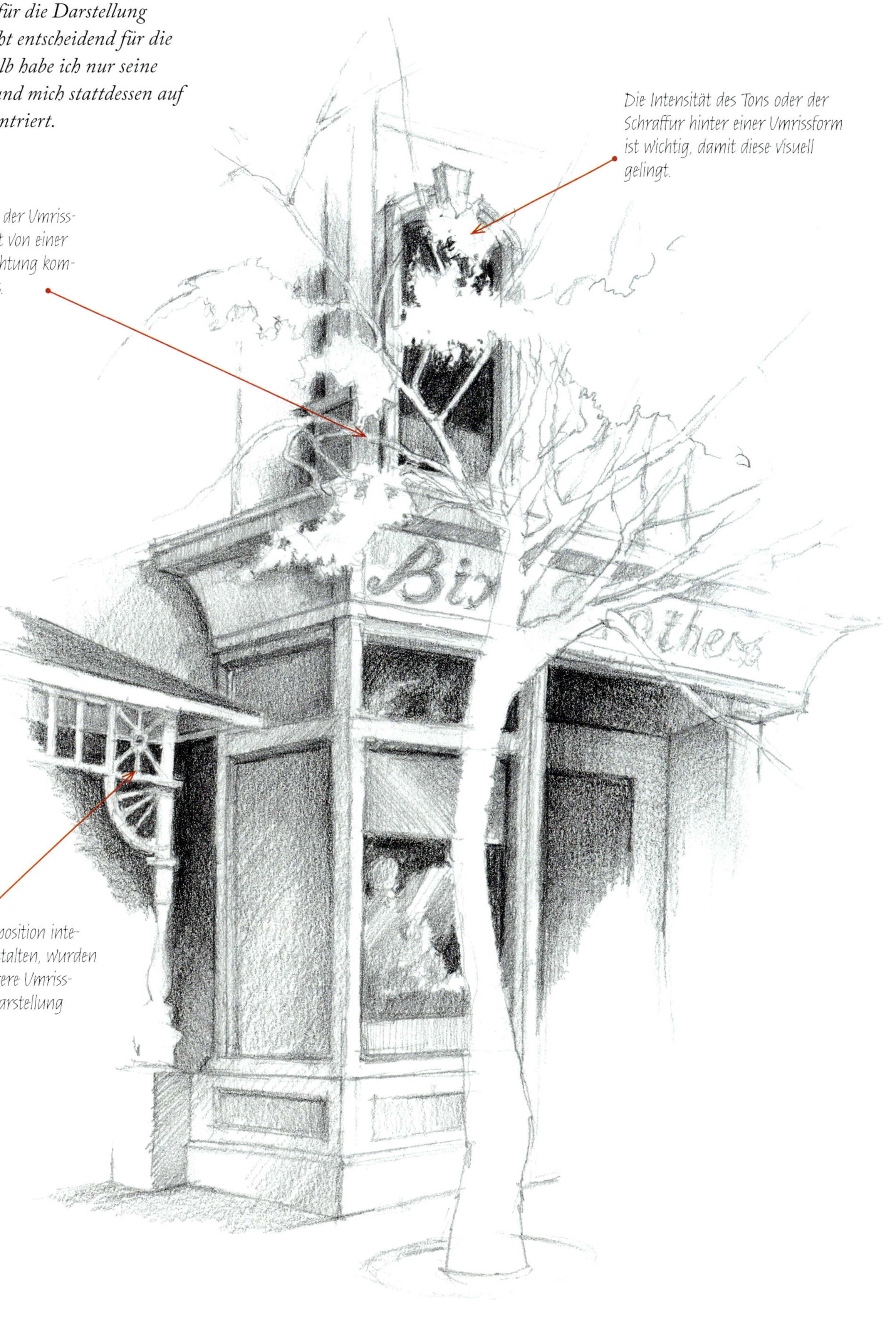

Ziegelmauerwerk

Ziegelsteine werden meist in einem regelmäßigen Muster angeordnet: Selbst wenn sie nur der Verzierung dienen, sind sie im Allgemeinen symmetrisch angeordnet. Zudem haben die meisten Backsteinbauten verschiedenfarbige Ziegel in einem Abschnitt. Das kann dazu beitragen, die visuelle Schlichtheit eines großflächigen Mauerwerks aufzulockern – weshalb Sie diesen Aspekt in Ihrer Darstellung ruhig betonen sollten.

Dabei kommt es nicht darauf an, sämtliche Ziegelsteine, die Sie in einer Wand erkennen können, auch penibel alle – und penibel sorgfältig – zu malen. Zeichnen Sie stattdessen besser kleinere Bereiche mit Ziegeln – Gruppen von vier oder fünf Ziegeln, die über zwei oder drei Reihen verteilt sind.

Achten Sie darauf, dass die Lücken zwischen diesen Gruppen ungleichmäßig sind, sonst sieht es so aus, als ob die Ziegelsteine ein dekoratives Muster bilden sollen.

Konzentrieren Sie sich statt dessen besser auf den Kontrast von Hell und Dunkel. Wenn Sie eine Reihe von Ziegeln betrachten, werden Sie oft feststellen, dass der Zement, der die Ziegel zusammenhält, an einigen Stellen dunkler ist als einige der Ziegel. In diesem Fall können Sie die Ziegel nur als Umrisse skizzieren oder unterschiedlich stark schraffieren.

Je weniger schematisch Sie das Mauerwerk darstellen und je mehr Sie unregelmäßige Formen sowie die Kontraste zwischen Hell und Dunkel betonen, desto realistischer wird Ihre Zeichnung schließlich wirken.

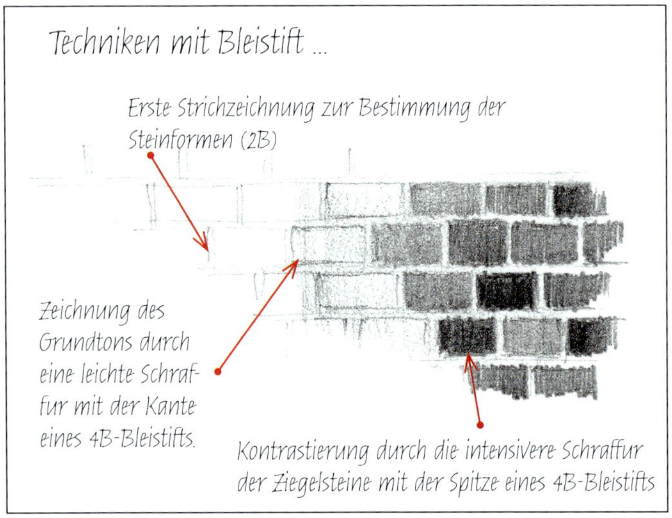

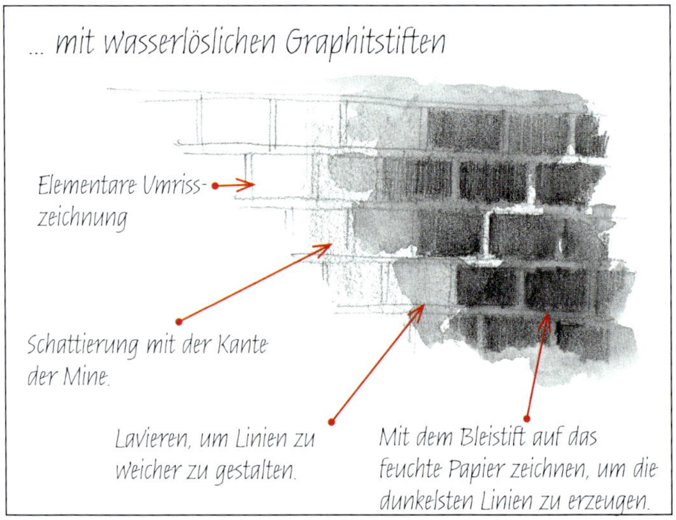

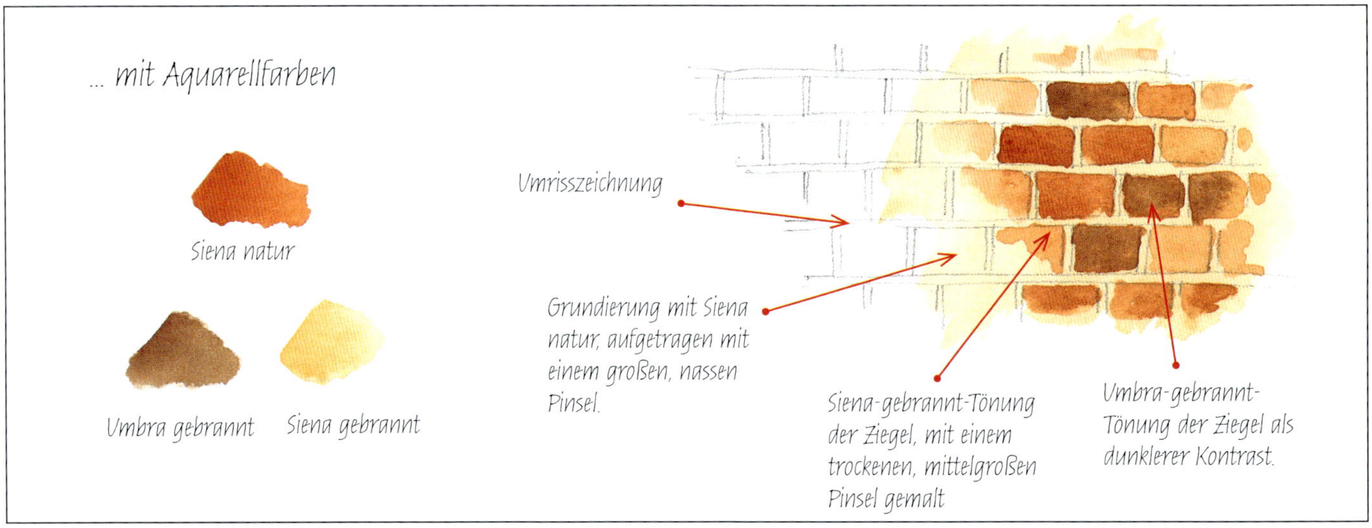

Gemauertes Stadthaus

Es ist nicht empfehlenswert, jeden einzelnen Ziegelstein eines Gebäudes zu zeichnen. Wählen Sie einfach ein paar Ziegelsteine aus, um die Struktur des Gebäudes anzudeuten.

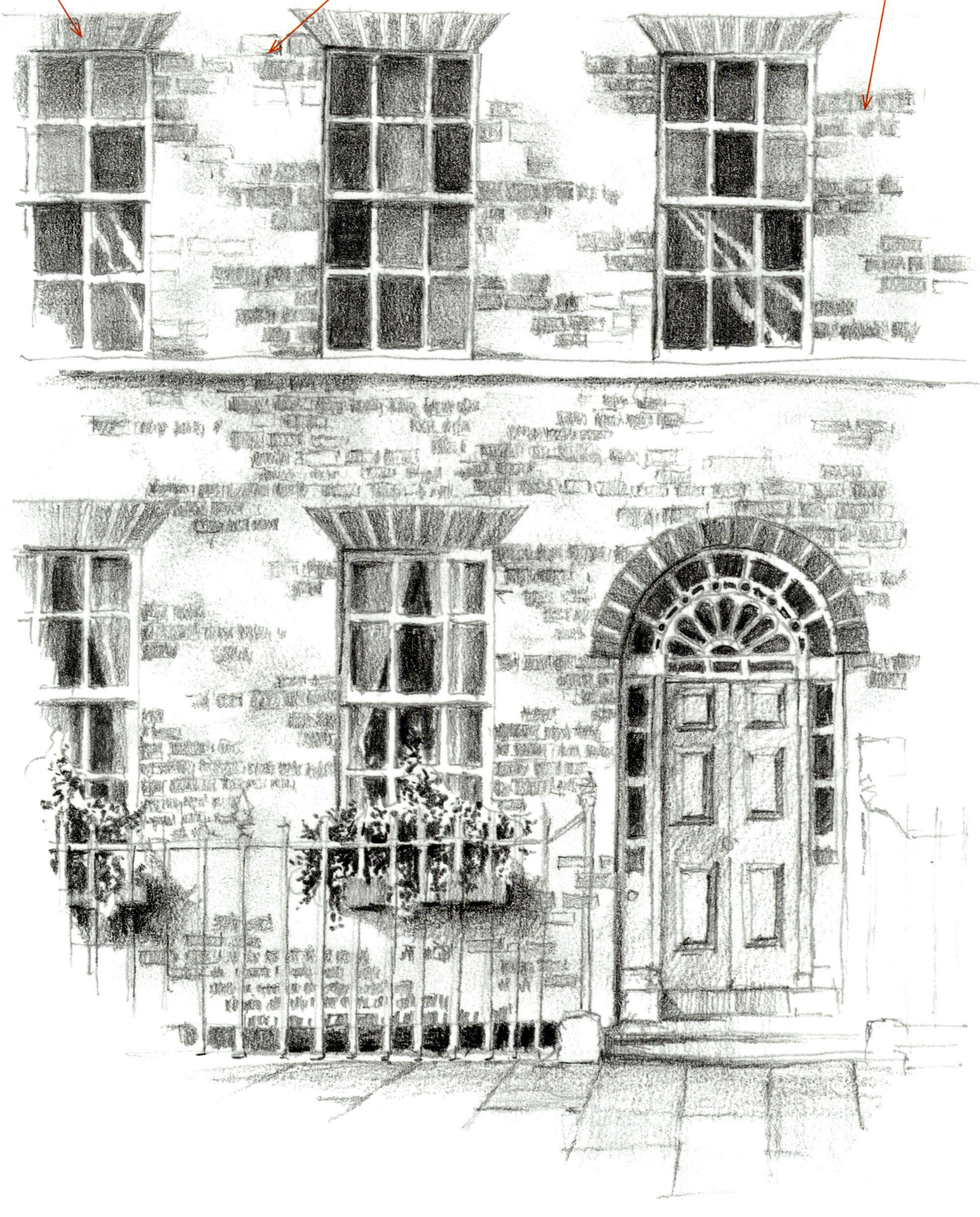

Natursteinmauerwerk

Im Gegensatz zum Ziegelmauerwerk werden Natursteine oft scheinbar willkürlich gesetzt. Zudem sind sie deutlich unterschiedlicher geformt. Beides ist auch bei der zeichnerischen Darstellung in einem Stadtbild zu berücksichtigen. Die einheitliche Größe von Ziegeln bedeutet, dass es oft genügt, einzelne Steine eher anzudeuten als vollständig zu zeichnen. Steine sind dagegen so unregelmäßig in Größe und Form, dass eine Zeichnung durch ihrer genauere Darstellung nur gewinnen kann. Berücksichtigen Sie dabei, dass einige davon auch aus der Mauer herausragen und einen leichten Schatten werfen werden. Es kann hilfreich sein, solche Steine in ihren Umrissen zu belassen, aber seitlich oder unterhalb so zu schraffieren, dass es aussieht wie das unregelmäßige Reliefs, das ein solches Natursteinmauerwerk in der Realität auch ist. Zudem können einzelne Details, die häufig im Mauerwerk zu finden sind, reizvoll dargestellt werden, und es macht Sinn, Detailstudien für spätere Ausführungen anzufertigen.

Ein weiterer wesentlicher Unterschied zwischen dem Ziegel- und dem Natursteinmauerwerk besteht darin, dass die Steine nicht immer mit Mörtel verbunden werden. Es gibt auch – aus Bruch- bzw. Natursteinen ohne Mörtel verfugtes – Trockenmauerwerk. In diesem Fall müssen Sie darauf achten, dass Sie die Schattierungen auf den Steinen recht hell halten und die dunkelsten Töne für die sie umgebenden Räume aufheben. Das gibt Ihrer zeichnerischen Darstellung einen Ausdruck von Tiefe und Solidität.

Techniken mit Bleistift ...

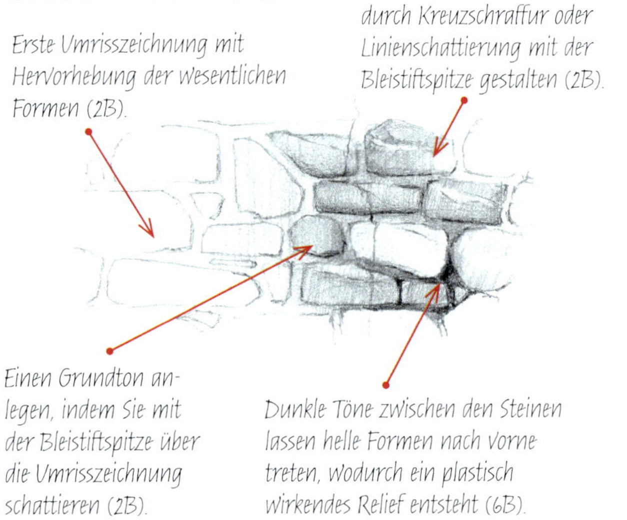

... mit wasserlöslichen Graphitstiften

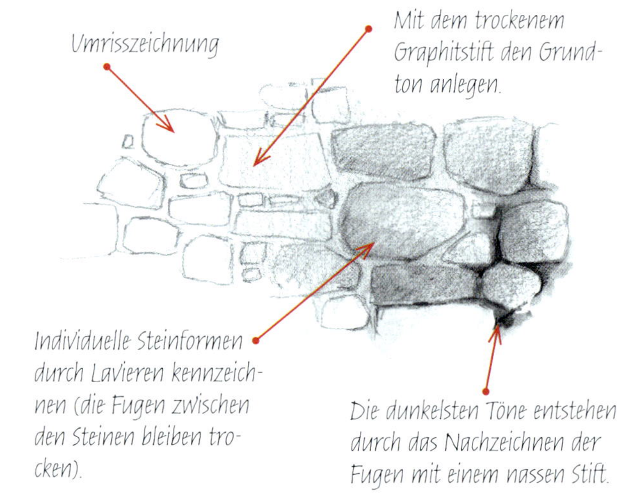

... mit Aquarellfarben

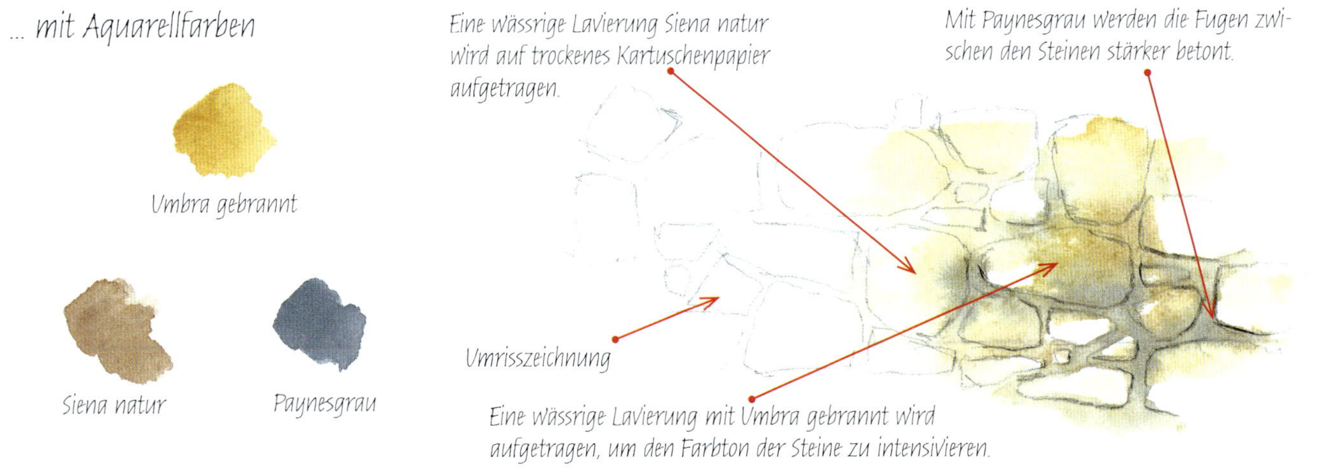

Cottage aus cornischem Naturstein

Dieser vielleicht nicht sehr konventionelle Steinbau wurde durch den Anbau einer verglasten Terrasse aufgewertet. Das ansprechendste Merkmal aber ist das Natursteinmauerwerk.

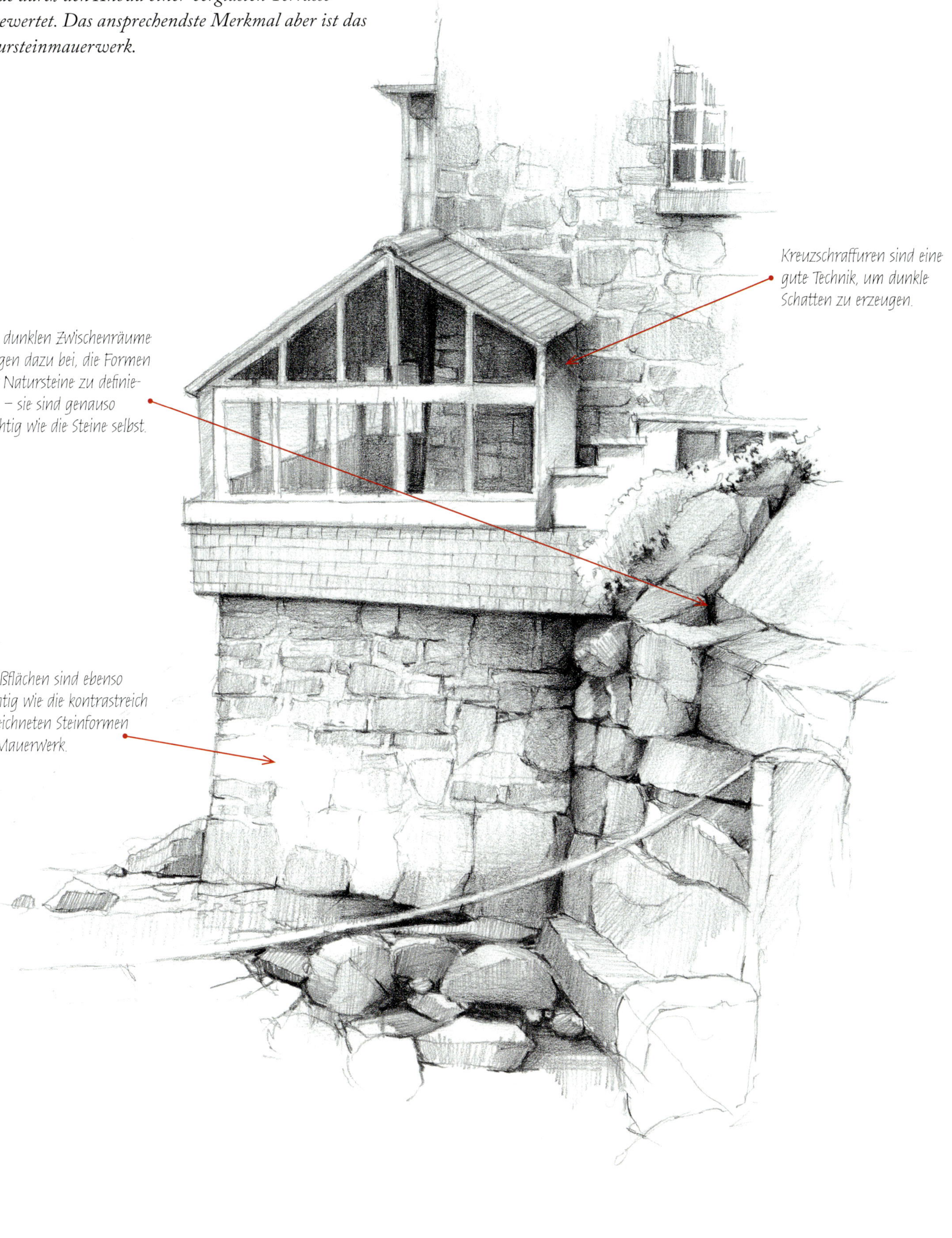

Holz

Die häufigste Holzkonstruktion, die an der Außenseite von Gebäuden zu sehen ist, ist die Fassadenverkleidung. Einige der schönsten, weiß getünchten, holzverkleideten Gebäude finden man in den USA, deren traditionelle Holzrahmenbauweise eine Weiterentwicklung des europäischen Fach werkbaus ist. Während man in Europa, um aus den über kreuz gesetzten, das Dach haltenden Holzständern Wände zu machen, die Hohlräume dazwischen mit Stroh, Lehm, Sand oder Steinen ausfachte, wurden die Ständer in Amerika mit außen überlappenden Brettern verschalt. Um zu verhindern, dass Wasser an den Wänden herunterläuft und zwischen die Lücken im Holz dringt, wurden die unteren Bretter jeweils direkt unter den oberen am Rahmen befestigt und leicht angewinkelt: Den so entstehenden Schatten können wir uns gut beim Zeichnen zunutze machen.

Hilfreich für die Darstellung weiß getünchter Gebäude sind flüssige Materialien – man kann damit sehr einfach eine Lavierung über eine Wand ziehen, um schnell einen leichte Abstufung der Tonwerte zu erzeugen. Die Kante der Mine eines 4B-Bleistifts eignet sich gut, um den Schlagschatten zwischen den oberen und unteren Brettern zu nuancieren.

Wenn die Wand oder das Gebäude zu groß ist, können Sie natürlich auch nur einen Teil der Bretter andeuten. Es ist immer wichtig, sich gut zu überlegen, wie viele Details Sie für Ihre Zeichnung übernehmen und welche Sie besser weglassen wollen. Eine kleine Vorstudie, ehe Sie mit dem Ausarbeiten beginnen, kann Ihnen eine gute Vorstellung davon geben, welche Details für Ihre Darstellung sinnvoll sind.

... mit Stift und Lavierung

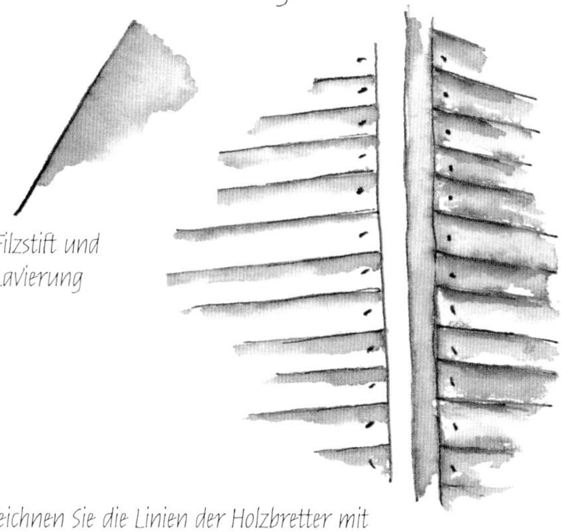

Zeichnen Sie die Linien der Holzbretter mit einem Filzstift nach. Anschließend gestalten Sie mit der Spitze eines wässrigen Pinsels eine weiche, tonige Lavierung. .

... mit wasserlöslichem Graphitstift

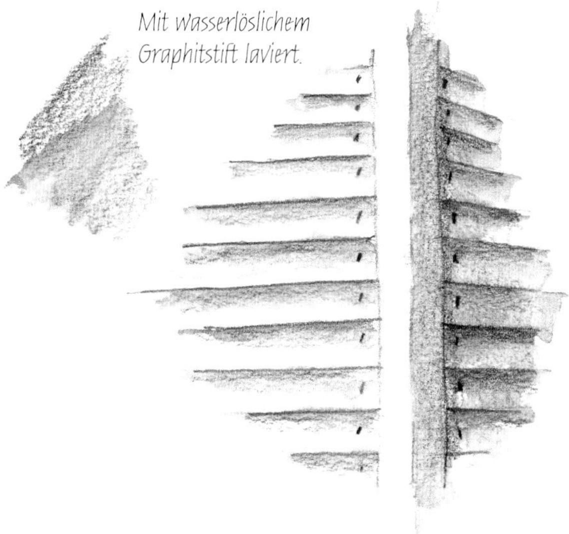

Mit der Spitze des wasserlöslichen Graphitstifts legen Sie die Struktur der Holzfassade fest. Dann führen Sie einen feuchten Pinsel unter jeder Linie nach unten.

Techniken mit Bleistift

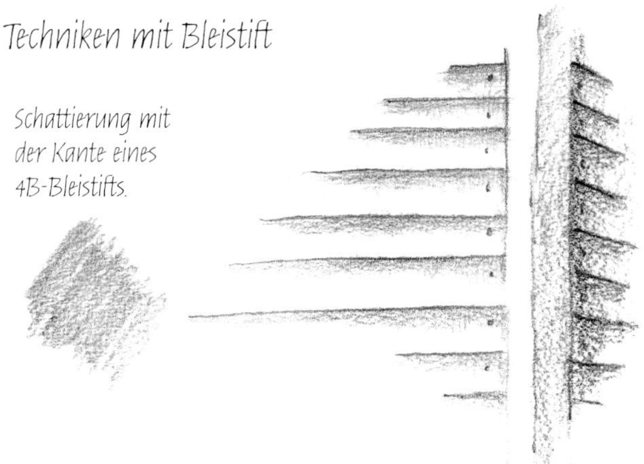

Die Linie der Bretter mit der Bleistiftspitze zeichnen, dann zur Kante der Bleistiftmine wechseln, um die Schattierung weicher zu zeichnen.

Häuser in Holzrahmenbauweise

Für diese Reihe von Holzhäusern habe ich einen besonders niedrigen Standpunkt gewählt, um die Winkel der Dächer zu betonen und ihre Höhe etwas zu überzeichnen.

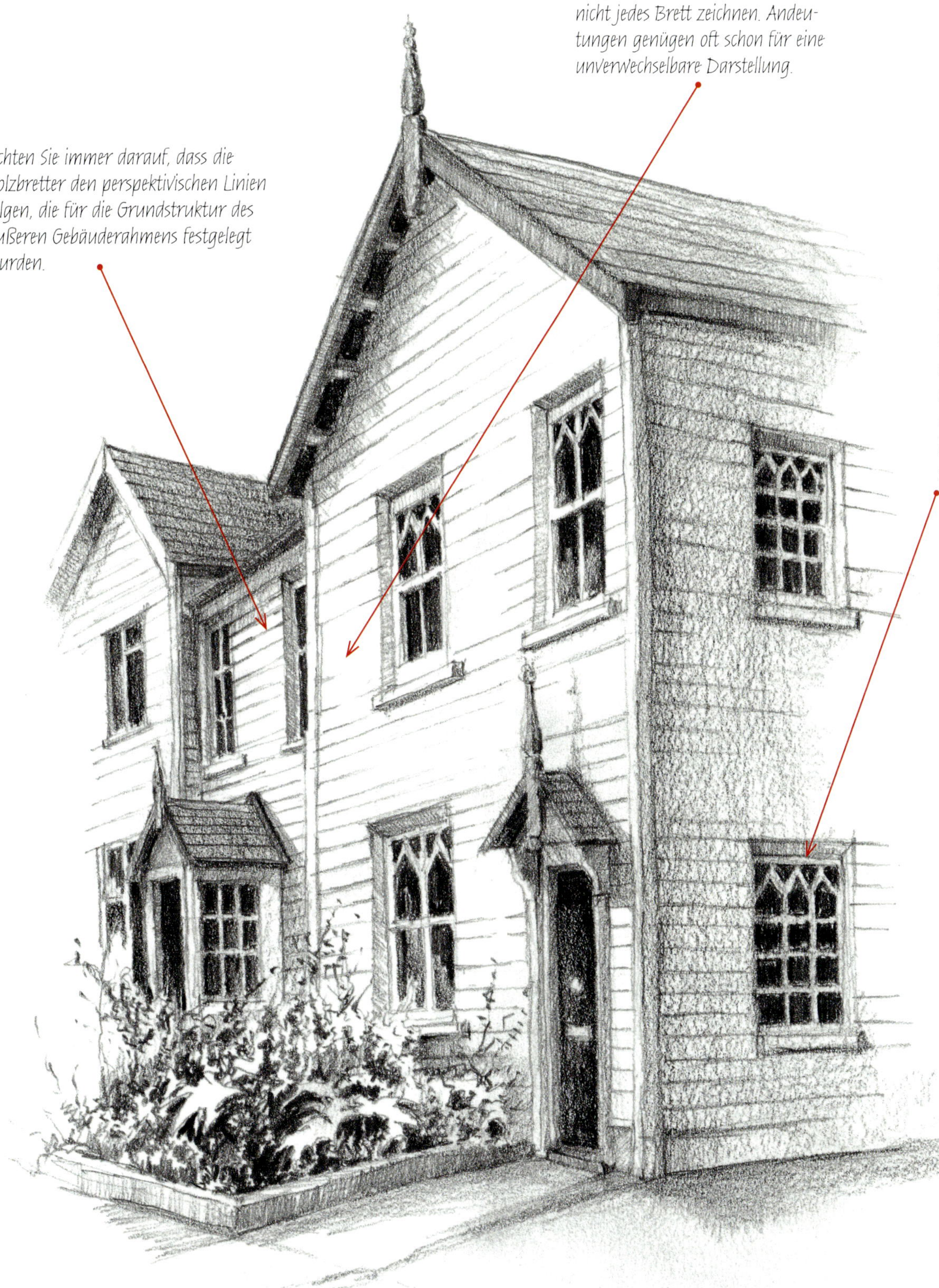

Dachziegel

Dachziegel gehören oft zu den attraktivsten Teilen eines Gebäudes. Besonders charakteristisch sind sie in den Mittelmeerländern, wo sie in ihren natürlichen Ocker- und Sienatönen leuchten. Das Problem ist nur, dass wir die Dachziegel selten von ihrer besten Seite sehen – es sei denn, wir haben einen besonders günstigen Blick von oben auf eine Reihe von Dächern. Meistens müssen wir jedoch aus einer weniger privilegierten Position von unten auf die Dachziegel schauen, wenn wir sie zeichnen.

Flachdachziegel lassen sich am besten wie Holz zeichnen. Sie überlappen einander, sodass jede zusammenhängende Reihe von Ziegeln, die man in der Fachsprache »Gebinde« nennt, einen Schatten auf die darunter liegende Reihe wirft. Bei großen Dächern können Sie einfach einige Reihen über die gesamte Länge des Daches hin andeuten.

Gebogene Ziegel sind in der Regel dekorativer als flache und bieten dem Künstler mehr kreative Möglichkeiten. Da sich diese Ziegel nicht nur von oben nach unten, sondern auch von einer Seite zur anderen überlappen, entsteht durch das Auf und Ab der Ziegel in ihren Reihen eine Welle von Mustern und Formen. Der obere Teil der Dachziegel wird in der Regel vom Licht erfasst, während der untere Teil im Schatten des nächsten Dachziegels liegt. Das setzt sich Reihe für Reihe so fort: Das in Wellen über die Ziegel fallende Licht ist auch ein ideales Motiv, um die Schattierung zu üben.

Zudem eignen sich Dachziegel sehr gut für aquarellierte Flächen. Traditionell wurden sie aus gebranntem Ton gefertigt, der die natürlichen Farbpigmente Siena und Ocker enthält. Die beste Wirkung und die kräftigsten Farben erzielen Sie, wenn Sie auf Ihre Zeichnung eine Lavierung mit Siena natur auftragen und anschließend eine weitere Lavierung mit Siena gebrannt darüber legen. Die Lichtdurchlässigkeit der Aquarellfarbe ermöglicht es den beiden Farben, zusammenzuwirken und ein sattes, warmes Leuchten zu erzeugen.

Techniken mit Bleistift ...
Abgestufte Tonwerte, die sich über gebogene Dachziegel erstrecken, lassen sich am besten durch Schattieren mit der Kante eines 4B-Bleistifts erzeugen, indem man eher von oben nach unten als von Seite zu Seite vorgeht.

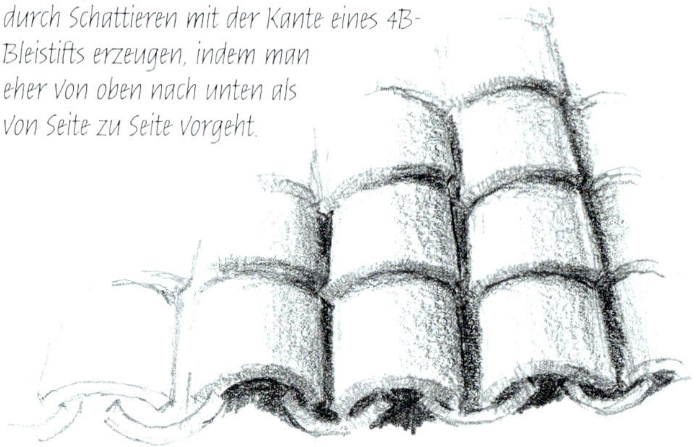

... mit wasserlöslichem Graphitstift
Verwenden Sie einen wasserlöslichen Graphitstift wie einen 4B-Bleistift. Dann lavieren Sie mit einem nassen Pinsel vertikal, indem Sie den Ton nach unten zum Dach ziehen.

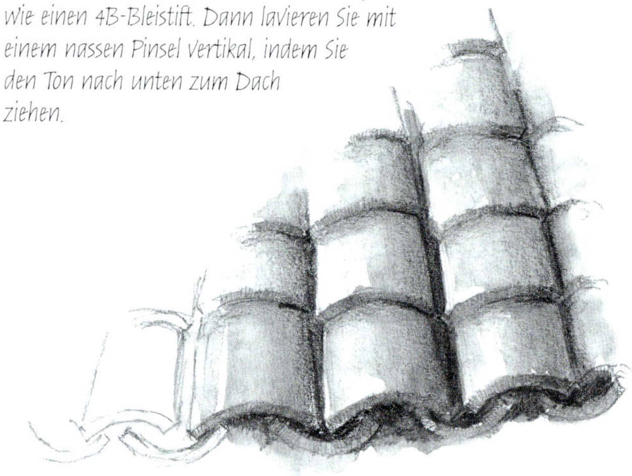

... mit Aquarellfarben
Tragen Sie eine wässrige Unterspülung mit Siena natur auf. Wenn diese getrocknet ist, lassen Sie eine Lavierung mit Siena gebrannt in Linien über das Dach laufen, sodass ein Glanzlicht entsteht. Verdunkeln Sie die Unterseite mit einem Hauch von Umbra gebrannt.

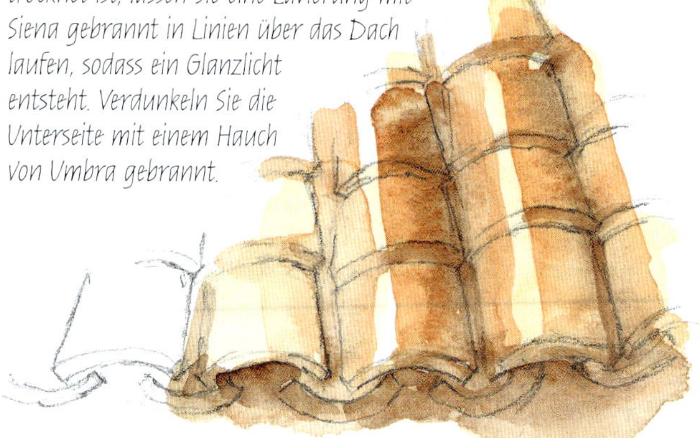

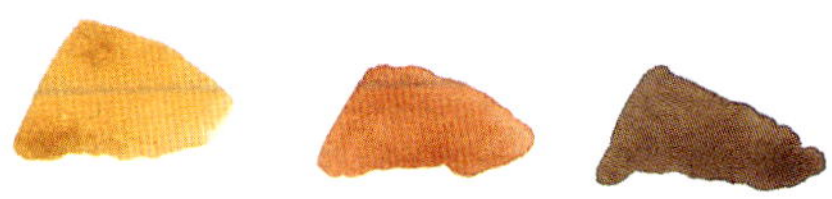

Siena natur   Siena gebrannt   Umbra gebrannt

Blick vom Dach

Das Fehlen einer offensichtlichen Ordnung war der Hauptreiz an dieser Szene; eine beliebige Anordnung ist oft von Vorteil für alle Künstler – aber besonders für diejenigen, die Stadtbilder zeichnen.

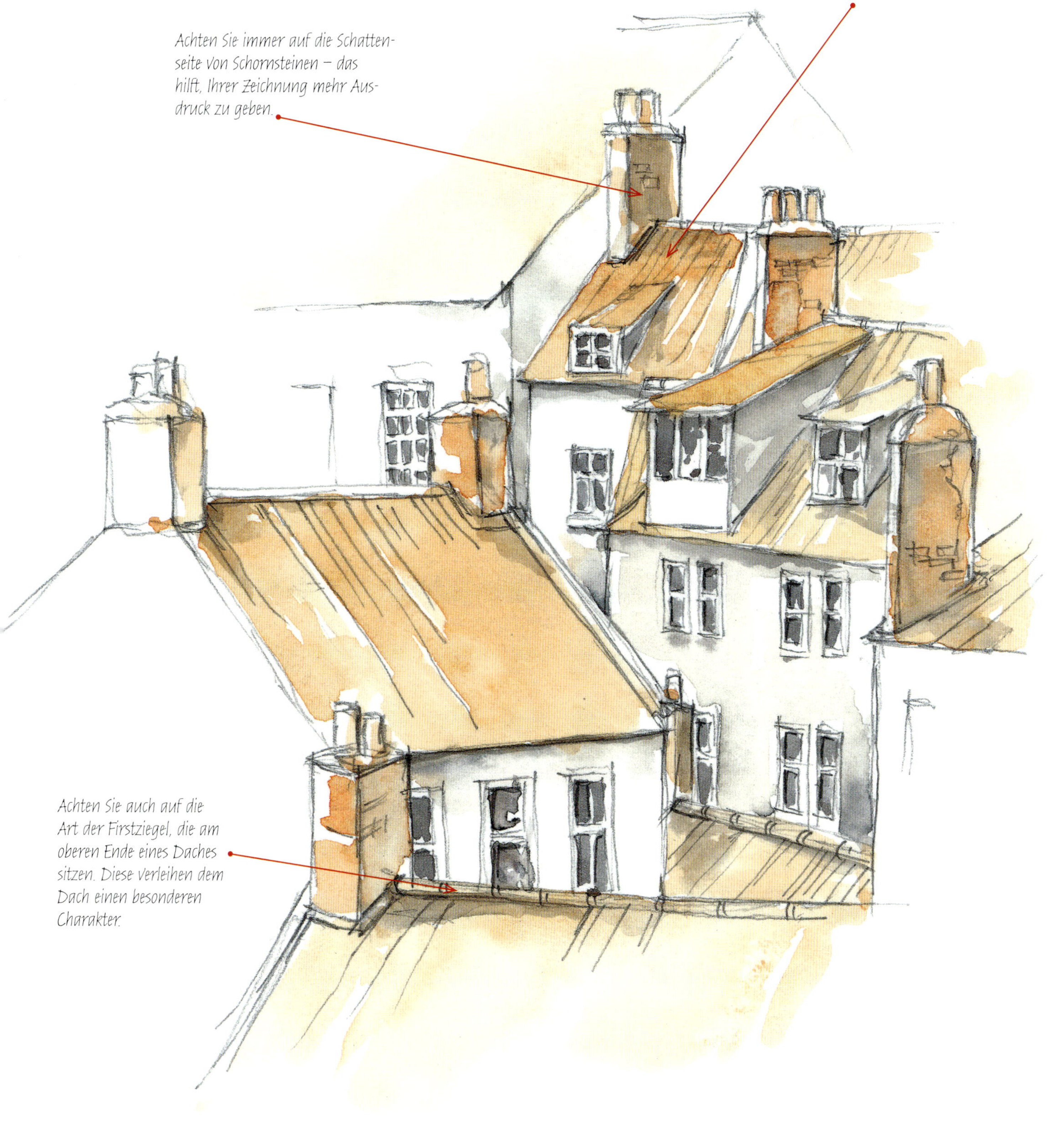

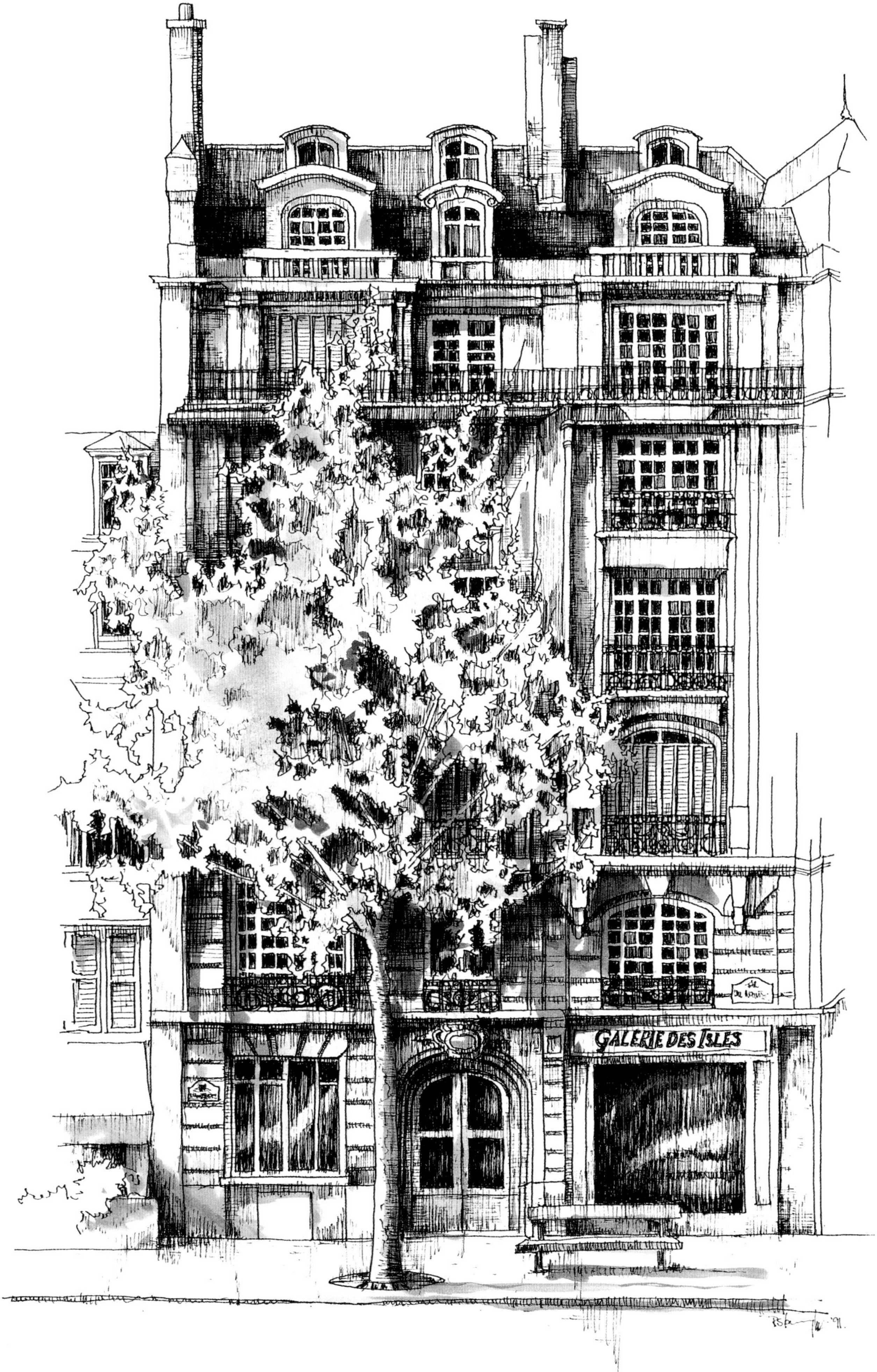
GALERIE DES ISLES

DIE BEBAUTE UMGEBUNG

In der Einleitung zu diesem Buch habe ich bereits darauf hingewiesen, dass die historische Bedeutung und das kulturelle Vermächtnis von Gebäuden beim Zeichnen von Stadtbildern nicht außer Acht gelassen werden sollten. Zwar muss man sicher nicht jedes Detail einer bestimmten Architekturepoche kennen, um Gebäude zu zeichnen, aber in der Regel gibt es einen guten Grund, warum ein Gebäude so aussieht, wie es aussieht. Moderne Bauformen werden schnell bekannt, finden Nachahmer im Lauf der Jahre und werden weiterentwickelt, wobei regionale Unterschiede wie die Verfügbarkeit lokaler Materialien eine wichtige Rolle spielen. Das Verständnis solcher Entwicklungen kann hilfreich sein, bestimmte Stile zu erkennen und einzuordnen: die charakteristische Holzverschalung der Häuser im New-England-Style (USA) beispielsweise, das typische Mauerwerk in Yorkshire (Nordengland) oder bestimmte Jugendstilelemente beispielsweise in Belgien.

Doch wenn in diesem Kapitel von der bebauten Umgebung die Rede ist, bedeutet das nicht, dass wir uns nur auf das Zeichnen von Gebäuden beschränken wollen. Zu meinen persönlichen Lieblingsmotiven gehören zum Beispiel französische Straßenschilder aus Emaille – ein Detail, das bei einer Zeichnung einen genauso wichtigen, charakteristischen Akzent setzen kann wie das typische gelbe Taxi in den Straßen von New York: Würde da nicht etwas fehlen, wenn sich die Szenerie allein auf die Darstellung der Wolkenkratzer beschränkte?

Auch eine Szene in einem europäischen Straßencafé würde ohne menschliches Leben nicht wirklich funktionieren. Es ist also wichtig, dass Sie sich zunächst einen Überblick über den Ort verschaffen, an dem Sie zeichnen wollen. Stellen Sie sich darauf ein, auch die visuelle Peripherie zu erfassen und einiges davon in Ihrer Arbeit zu übernehmen. Praktischerweise müssen Sie nicht wie viele Landschaftsmaler mit Hockern, zusammenklappbaren Staffeleien und Rucksäcken voller Farben in die freie Natur begeben. Sie können gleich an einer Bushaltestelle, in Ihrem Auto oder auf einem öffentlichen Platz Ihre Skizzen anfertigen. Dazu brauchen Sie auch keine Taschen voller Ausrüstung – das meiste passt in eine ausreichend große Jackentasche. Zudem fallen Sie im Gegensatz zu Ihren Kollegen, den Landschaftsmalern, bei Ihrer Arbeit kaum auf – ein Skizzenblock und ein Stift ziehen eher selten Schaulustige an, sodass Sie meist in aller Ruhe zeichnen können.

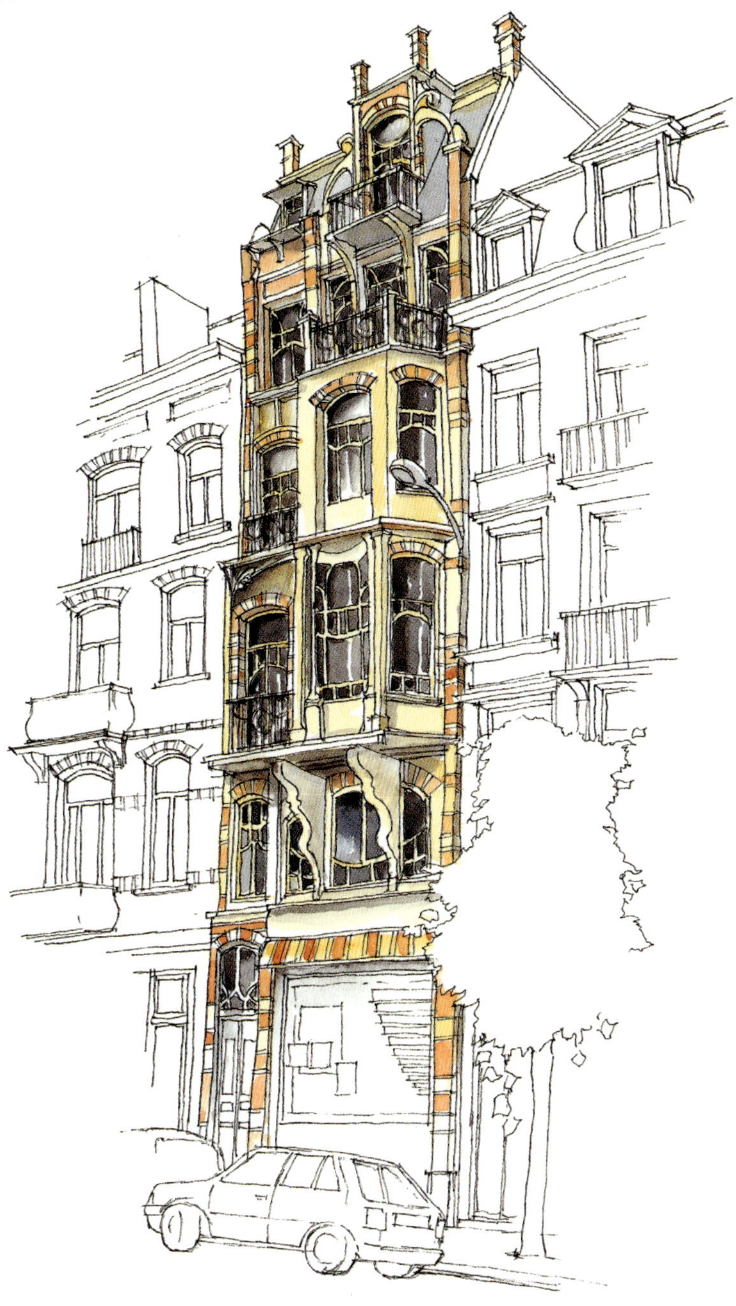

Ländliche Gebäude

Für viele Künstler besteht ein idealer Zeichentag darin, ein paar Stunden vor einer Reihe gemütlich wirkender, strohgedeckter Häusern mit weiß getünchten Wänden, Lattenzäunen, rankenden Rosen und einer faul auf der Türschwelle liegenden Katze zu sitzen und diese Szenerie auf dem Papier festzuhalten. Solche Ansichten findet man wirklich – aber in der Realität sind sie meist weniger romantisch als profan: Die meisten ländlichen Gebäude – vom Bauernhof über die Mühle bis zur Fischerhütte – sollen in erster Linie einer ganz praktischen Funktion dienen: als Arbeitsplatz oder um Landarbeiter zu beherbergen. Seien Sie also darauf vorbereitet, auch diesen Aspekt in Ihre Zeichnung einfließen zu lassen.

Ein besonderes Augenmerk gilt dem Material, aus dem diese Gebäude errichtet wurden. Stein wurde in ländlichen Gemeinden schon immer gern zum Bauen verwendet, da er leicht verfügbar und billig war. Mit preiswerten Materialien zu bauen, war bei vielen ländlichen Gebäuden eine wichtige Erfordernis. Selbst moderne Verfahren wie das Recycling wurden auf dem Land schon angewandt, als es den Begriff dafür noch gar nicht gab. Beispielsweise sind viele der traditionellen Fachwerkhäuser aus den Hölzern ausgemusterter Schiffe gebaut.

Trotz ihrer oft schlichten Bauweise haben viele alte Landhäuser die Zeiten überdauert – wenn auch nicht immer ganz intakt. So führte das Fehlen geeigneter Fundamente in Verbindung mit der Verwendung unbehandelter Hölzer dazu, dass viele ländliche Gebäude besorgniserregende strukturelle Verformungen aufweisen. Das macht sie zwar optisch reizvoll, kann aber in Ihrer Zeichnung störend oder künstlich wirken. Achten Sie deshalb besonders darauf, wie Sie jene Bestandteile zeichnen, die das Gebäude fest im Boden zu verankern scheinen: Türschwellen und Schatten sind bei der Darstellung ländlicher Gebäude möglicherweise wichtiger als bei allen anderen in diesem Kapitel behandelten Gebäudetypen.

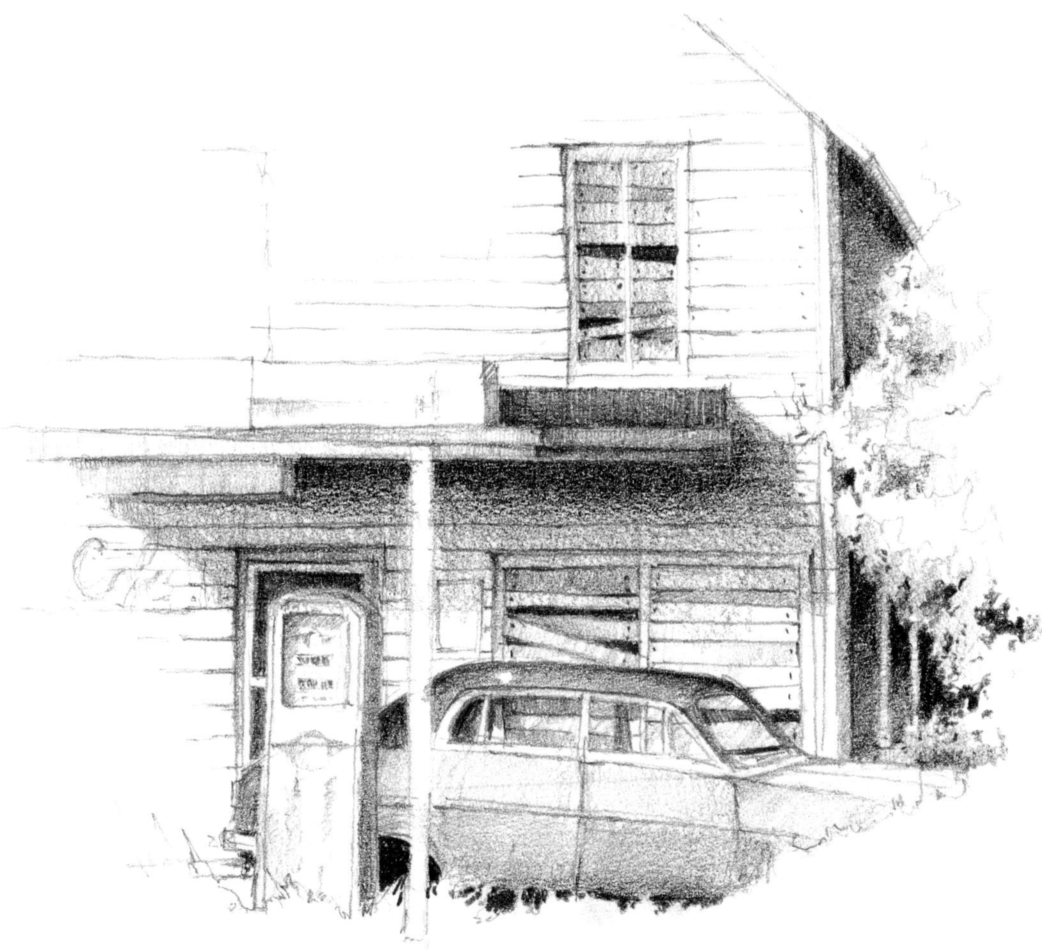

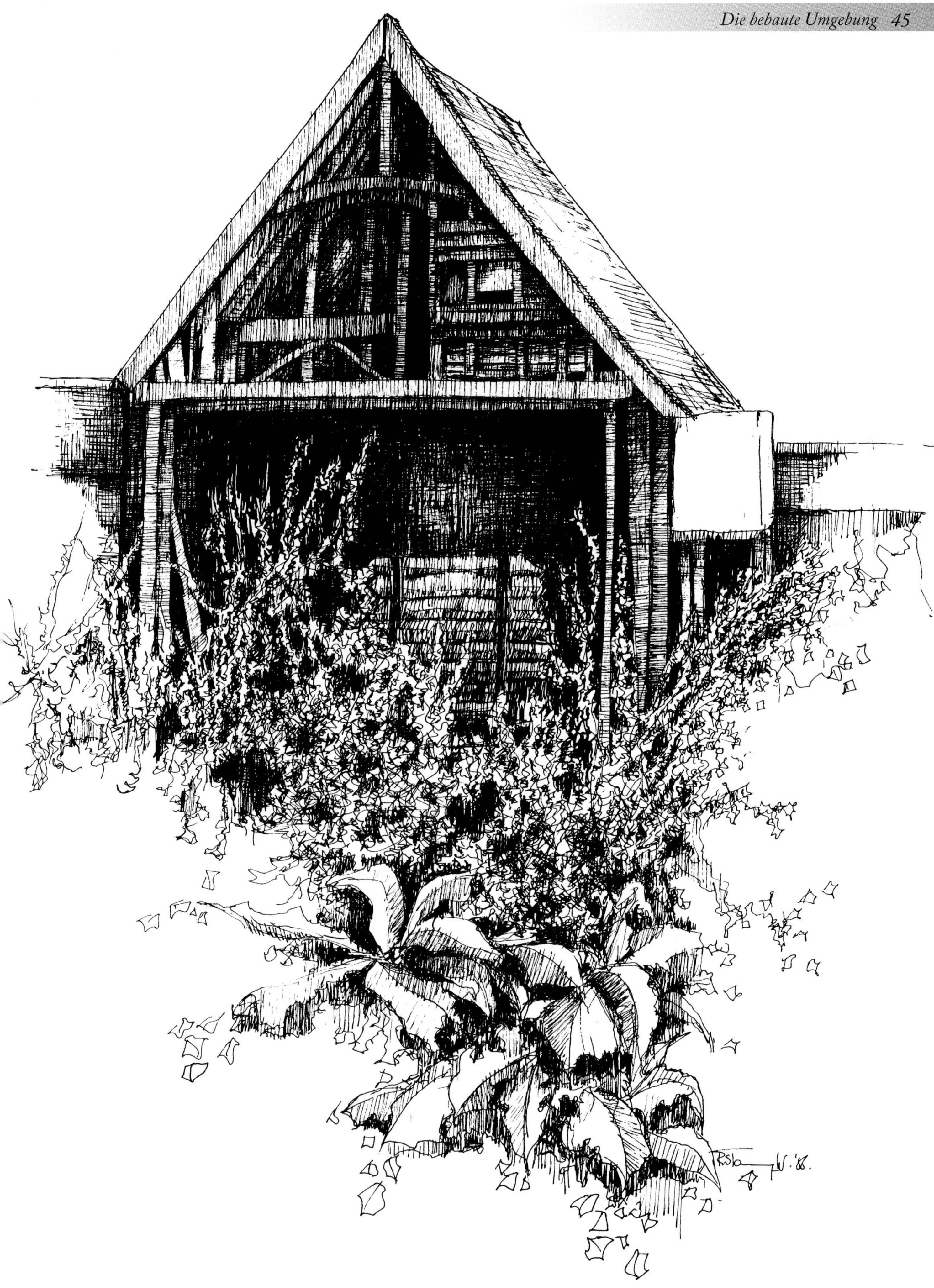

Cottages

Im angelsächsischen Sprachraum ist »Cottage« ein Überbegriff für traditionelle, vor allem in ländlichen Gegenden zu findende Häuschen, die ursprünglich hauptsächlich von einfachen Bauern, Fischern oder Handwerkern mit ihren Familien bewohnt wurden. Ihr Reiz liegt in ihrer Schlichtheit. Sie bestehen häufig aus den einfachsten Materialien – Natursteine, Holz und Stroh –; viele von ihnen sind heute krumm und verwittert. Aber genau das unterscheidet sie auch von konventionellen Firmengebäuden anderswo. Beim Zeichnen solcher Cottages achte ich gerne auf besondere Merkmale – Fenster, Türöffnungen und Dächer vor allem. Die Fenster- und Türrahmen stehen manchmal in ungewöhnlichen Winkeln, oder sie sind tief in den alten Stein eingelassen. Achten Sie besonders auf die hölzernen Umrahmungen. Es kann hilfreich sein, mit der Bleistiftspitze leicht um diese herum zu skizzieren und dann ebenfalls mit der Spitze die Formen der Steine, des Mauerwerks oder des Putzes zu definieren. Sie können das Ganze dreidimensional wirken lassen, indem Sie den jeweiligen Schattenwurf betonen.

Schornsteine sind oft wackelige Gebilde: Scheuen Sie sich nicht, sie auch so zu zeichnen, selbst wenn das den Gesetzen der Schwerkraft zu widersprechen scheint. Und vergessen Sie auch hier nicht, die Schatten zu zeichnen, die auf Wände oder Dächer fallen. Über solche Schatten wird eine natürlich wirkende Verbindung zum übrigen Gebäude geschaffen, was übrigens auch für das Gebäude als Ganzes gilt: Ein Schatten am Boden lässt die Bildkomposition gleich »standfester« erscheinen.

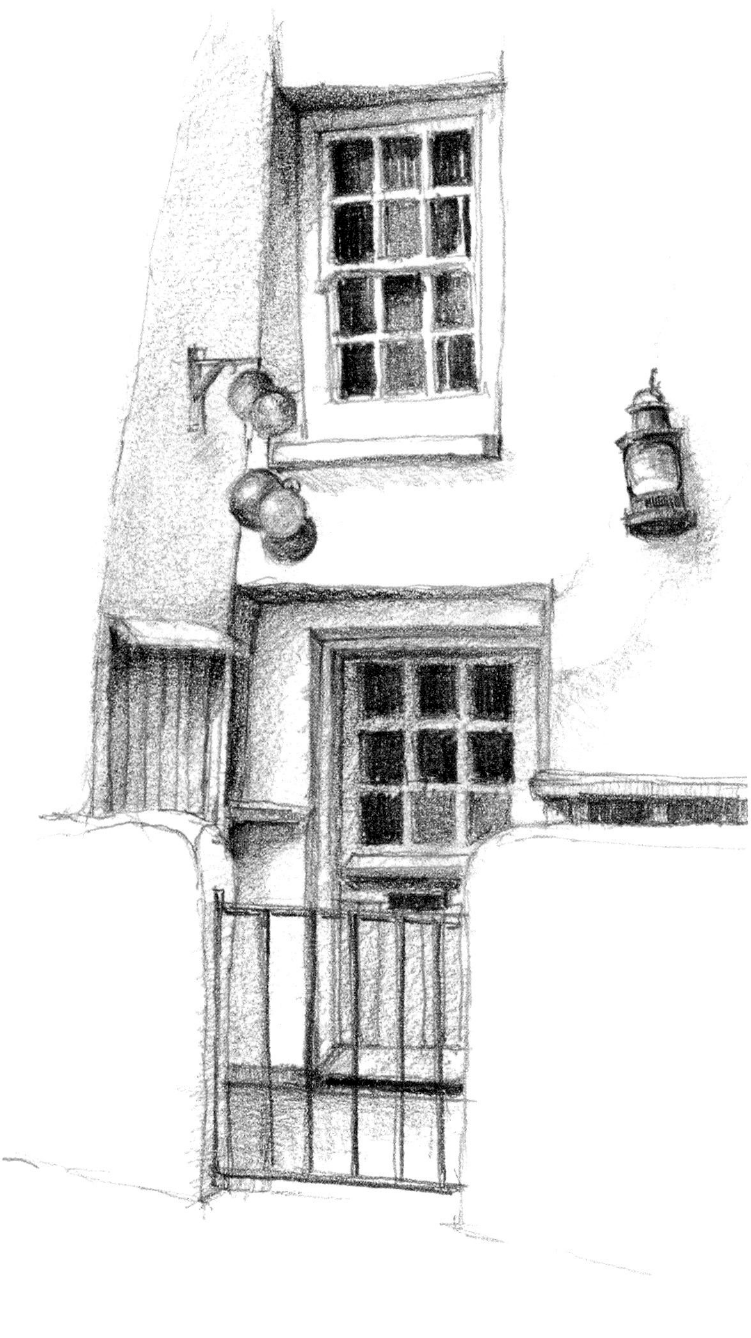

Struktur
Dieses weiß getünchte Fischerhäuschen bot keinerlei Textur. Die wichtigsten Bestandteile konnten lediglich durch Schattierung mit der Kante einer weichen Bleistiftmine definiert werden.

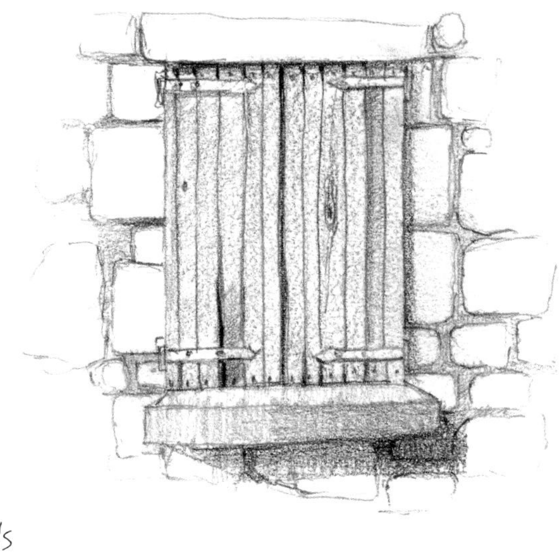

Details
Die Kombination verschiedener Texturen ermöglichte es mir, diese Studie mit meinem 6B-Bleistift zu zeichnen. Die Linien wurden mit der Spitze gezogen und die Schattierungen mit der Minenkante gestaltet.

Verwinkeltes Häuschen

Das verwinkelte Aussehen dieses Landhäuschen machte es zu einem faszinierenden Motiv. Nur wenige Linien waren gerade, und die meisten Merkmale überschnitten sich, was eine Fülle unterschiedlicher Schatten erzeugte.

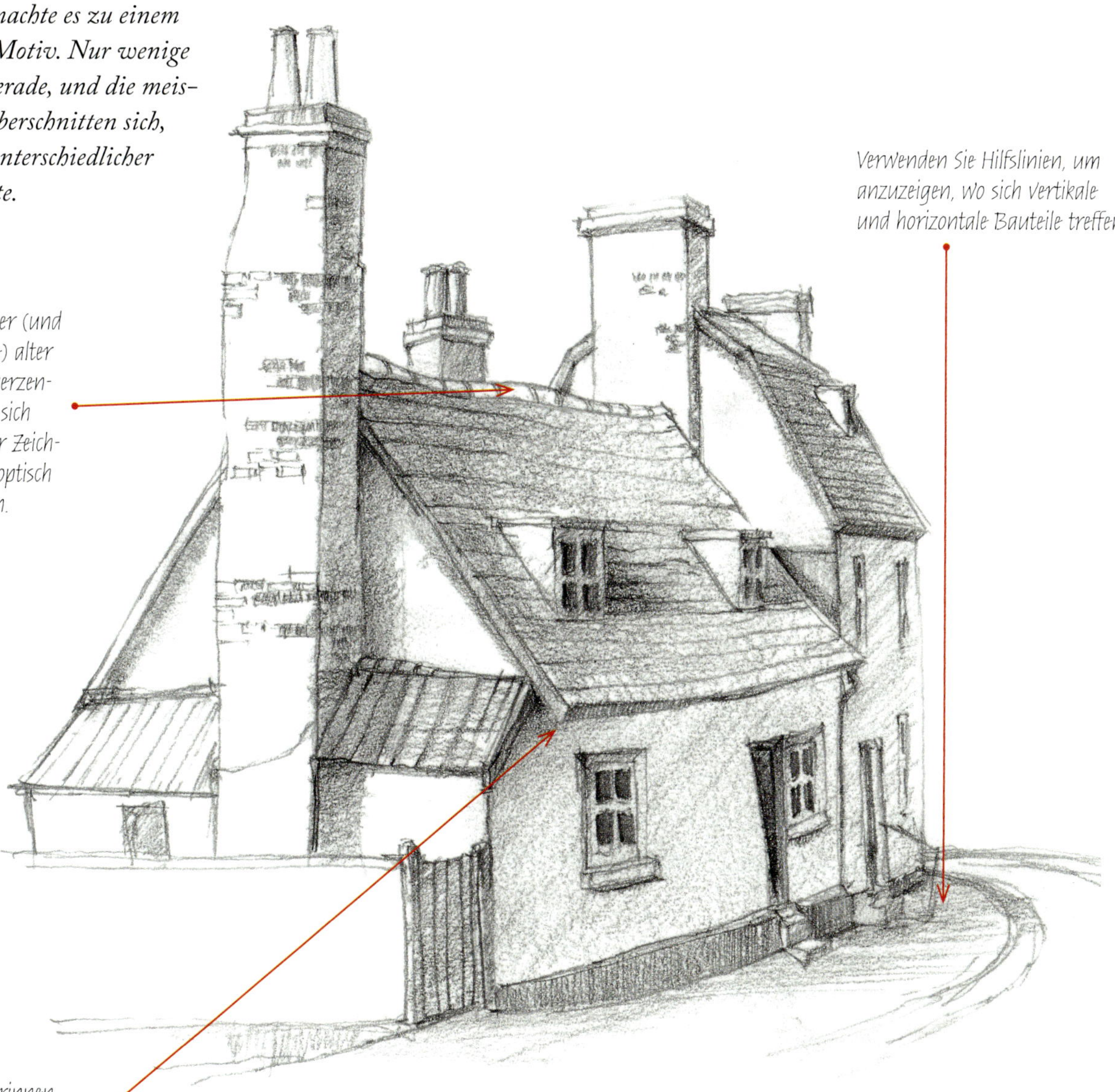

Verwenden Sie Hilfslinien, um anzuzeigen, wo sich vertikale und horizontale Bauteile treffen.

Die Linien der Dächer (und oft auch der Wände) alter Häuser sind selten kerzengerade. Scheuen Sie sich nicht, auch auf Ihrer Zeichnung das Gebäude optisch »wackeln« zu lassen.

Überhängende Dachrinnen sieht man häufig an alten Landhäusern. Hier finden Sie in der Regel die dunkelsten Schatten.

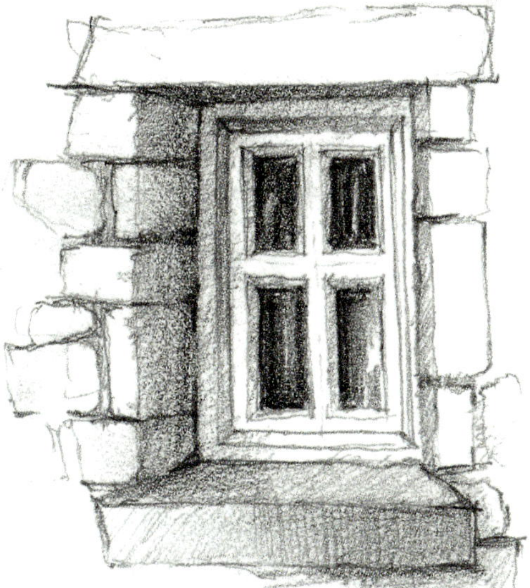

Details

Dieses Fenster ist so weit in die Steinmauer eingelassen, dass man durch die Schattierung eine echte Tiefe erzeugen konnte.

Hütten und Scheunen

Ähnlich wie Cottages sind auch Hütten und Scheunen in erster Linie funktionale Gebäude, die aus den einfachsten Materialien gebaut wurden. Der Hauptunterschied besteht darin, dass sie auch dann noch genutzt werden können, wenn sie sich in einem sehr viel heruntergekommeneren Zustand befinden als die bewohnten Cottages.

Der sichtbare Alterungsprozess bietet uns eine Fülle von Möglichkeiten, ihn zeichnend umzusetzen. Dazu verwende ich manchmal auch Aquarellfarben: Der Einsatz wasserlöslicher Materialien ermöglicht es uns, farbige Lavierungen über der Strichzeichnung anzufertigen. Schon dadurch erhält die Zeichnung eine neue Qualität. Bevor die erste Farbe trocknet, können Sie noch eine weitere nasse Farbe hinzufügen. Die nasse Farbe dringt in das feuchte Papier ein und trocknet mit einem weichen Rand, sodass je nach Motiv und Farbe der Effekt von feuchtem Putz, verrottendem Holz oder Rostflecken entsteht. Wenn dieser – beliebig oft zu wiederholende – Vorgang abgeschlossen und das Papier gut getrocknet ist, können Sie wieder mit dem reinen Zeichnen beginnen.

Vielleicht wollen Sie die Bleistiftlinien, die durch die Zugabe von Aquarellfarbe verwischt wurden, verstärken und dann mit einem Bleistift oder einer Feder weitere Details zeichnen?

Vielleicht möchten Sie aber auch einige Details mit einem kleinen Pinsel nachzeichnen, um sie so zu betonen – einzelne Ziegel oder Steine etwa?

Mixen Sie die jeweiligen Maltechniken ganz nach Ihrem persönlichen Geschmack – es gibt keine festen, unumstößlichen Regeln!

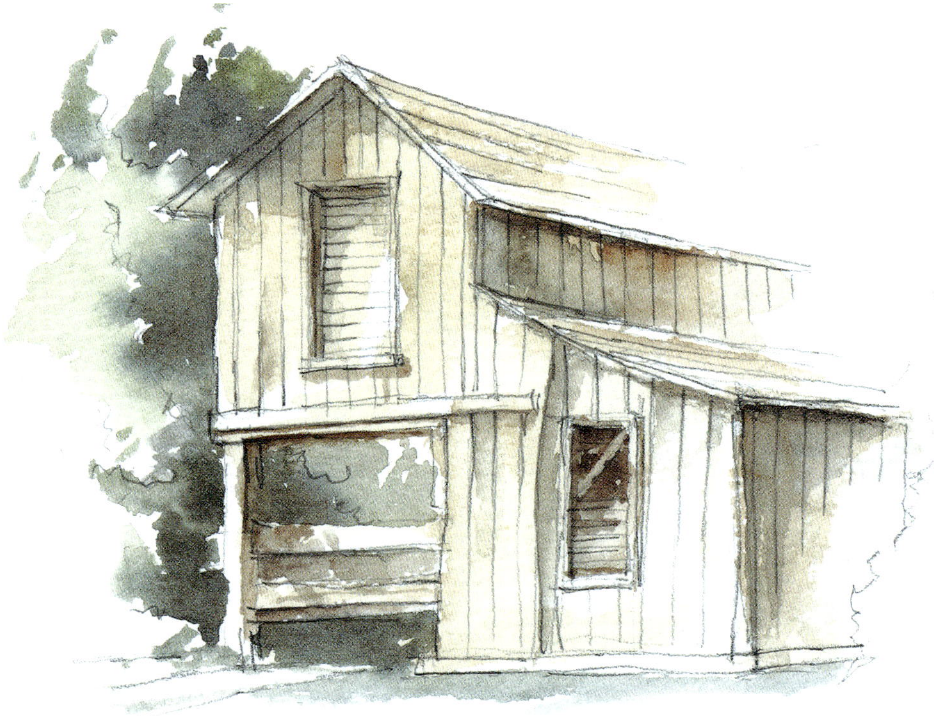

Miniaturskizze
Diese Skizze einer alten Scheune wurde angefertigt, um sie in ihrem Umfeld zu erkunden. Wie interagierte sie mit dem Hintergrund? War das Gebäude heller oder dunkler als die Bäume?

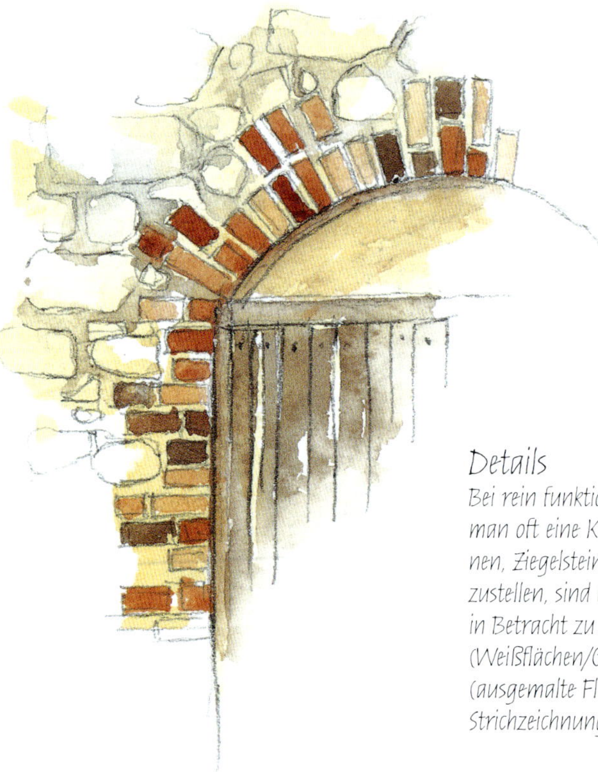

Details
Bei rein funktionalen Zweckbauten findet man oft eine Kombination aus Natursteinen, Ziegelsteinen und Holz. Um sie darzustellen, sind drei verschiedene Techniken in Betracht zu ziehen: Negativformen (Weißflächen/Glanzlichter), positive Formen (ausgemalte Flächen/Schattierungen) und Strichzeichnungen.

Handwerkerscheune

Dieses Bild wurde in Mischtechnik erstellt – etwa zur einen Hälfte als Zeichnung, zur anderen als Farblavierung. Keine der beiden Techniken hätte für sich allein so gut funktioniert wie in der Kombination miteinander.

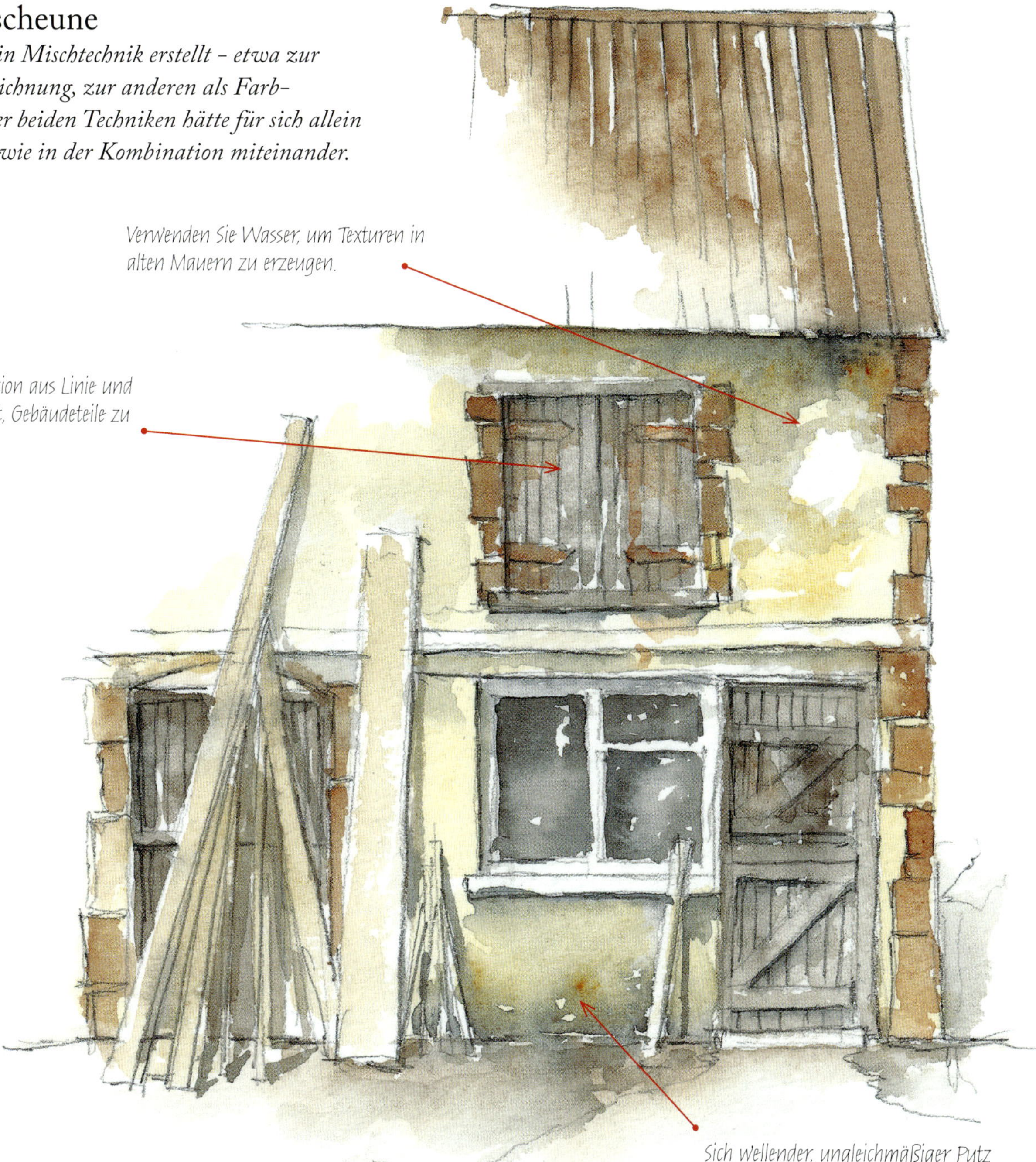

Verwendete Farben:

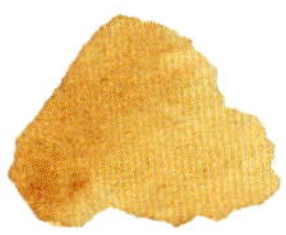

Siena natur

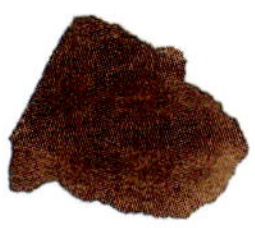

Umbra gebrannt

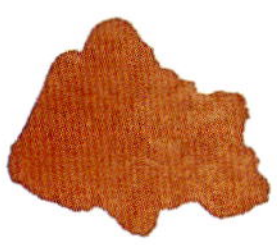

Siena gebrannt

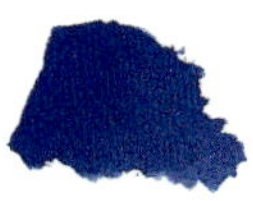

Französisches Ultramarin

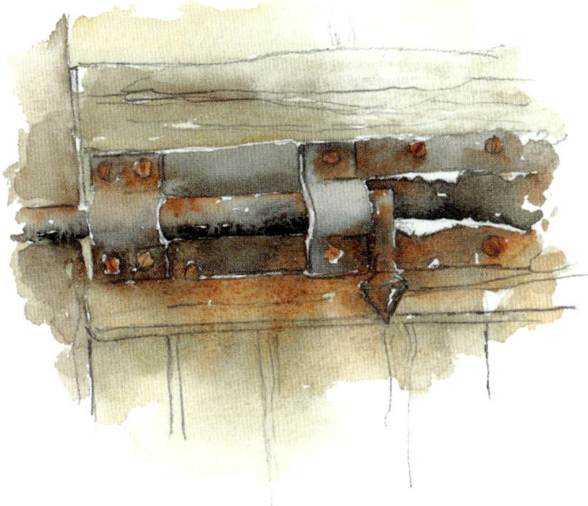

Technik

Rosteffekte lassen sich am besten erzielen, indem man auf starkes Papier zeichnet, viel Wasser aufträgt und die Farben ineinander verlaufen lässt.

Mühlen

Eines haben die meisten Mühlen gemeinsam: geschwungene Formen. Selbst wenn das Gebäude, in dem die Mühle untergebracht ist, nicht rund ist, werden Sie mit ziemlicher Sicherheit irgendwo in seiner Struktur geschwungene Formen finden.

Mühlen bieten eine ideale Gelegenheit, sich in abgestuften Schattierungen zu üben und die Tonwerte zu erkunden, die man mit Graphitstiften erzeugen kann.

Manchmal können Sie die geschwungenen Umrisslinien von Steinen oder Lehmziegeln im Inneren des Mühlengebäudes erkennen. Aber übertreiben Sie die Darstellung nicht – ein paar angedeutete Linien mit einer leichten Krümmung zu den Außenkanten des Gebäudes genügen oft schon.

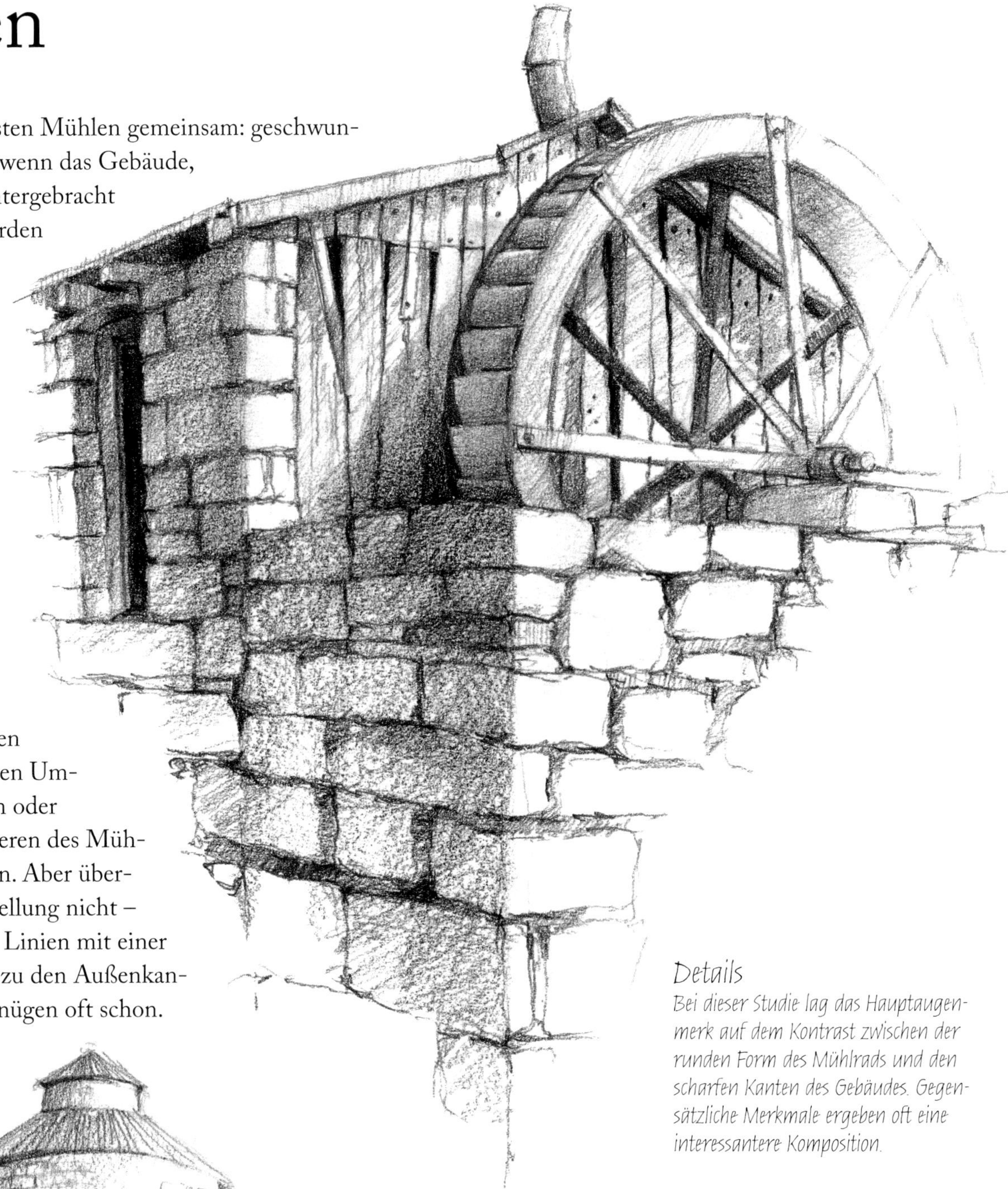

Details
Bei dieser Studie lag das Hauptaugenmerk auf dem Kontrast zwischen der runden Form des Mühlrads und den scharfen Kanten des Gebäudes. Gegensätzliche Merkmale ergeben oft eine interessantere Komposition.

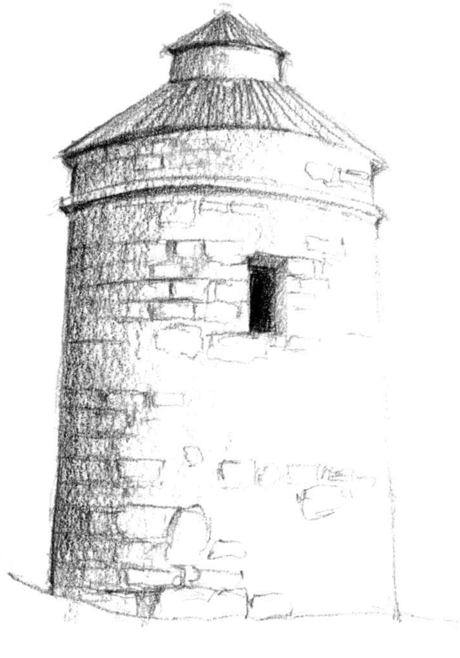

Technik
Die Rundungen an diesem Gebäude wurden durch Konzentration auf die Dachlinie und deren Verstärkung mit einer abgestuften Schattierung erzeugt. Dies gelingt am besten mit zwei Bleistiften, die einander ähnlich, aber unterschiedlich genug sind, um sichtbar zu werden. Der Tonwertunterschied zwischen einem 2B und einem 4B ist ideal. Beginnen Sie damit, das Gebäude von der hellen zur dunklen Seite zu schattieren, wobei Sie einen gleichmäßigen Druck ausüben, bis Sie die dunkelste Kante erreichen. Hier erhöhen Sie den Druck, um einen dunkleren Ton zu erzielen. Dann kehren Sie den Vorgang mit einem weicheren Stift um. Beginnen Sie an der dunkelsten Seite, üben Sie etwas Druck auf den Stift aus und lassen Sie zur helleren Seite hin nach.

Suffolk-Mühle

Diese Mühle besticht vor allem durch ihre Vielfalt an Formen und Schattierungen. Auch die Nebengebäude mit ihren unregelmäßig geformten Dächern und den kleinen Fenstern haben einen gewissen Charme.

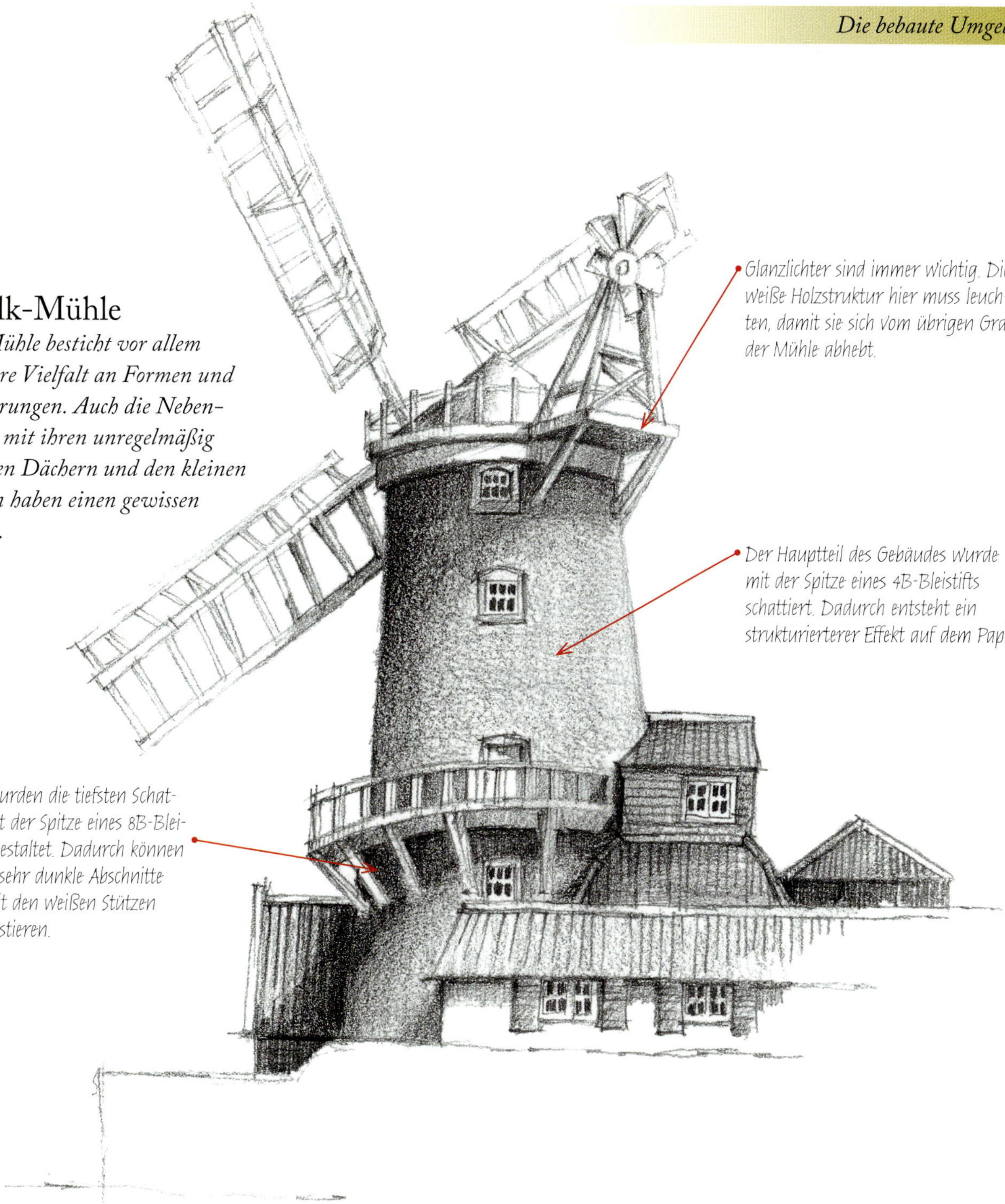

Glanzlichter sind immer wichtig. Die weiße Holzstruktur hier muss leuchten, damit sie sich vom übrigen Grau der Mühle abhebt.

Der Hauptteil des Gebäudes wurde mit der Spitze eines 4B-Bleistifts schattiert. Dadurch entsteht ein strukturierterer Effekt auf dem Papier.

Hier wurden die tiefsten Schatten mit der Spitze eines 8B-Bleistifts gestaltet. Dadurch können einige sehr dunkle Abschnitte gut mit den weißen Stützen kontrastieren.

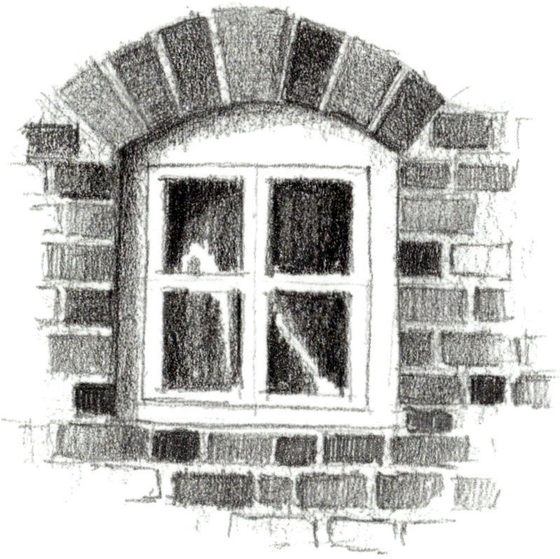

Details

Kleine Fenster sieht man häufig in Mühlen. Die Einfassung spiegelt oft die runde Struktur wider. Ich zeichne gerne mit Bleistift das Mauerwerk um den Fensterrahmen herum auf: Auf diese Weise erhalte ich das granulierte Aussehen des Ziegels.

Projekt: Fachwerkhäuser

Fachwerkhäuser (in der Schweiz »Riegelhäuser« genannt) scheinen mehr Unregelmäßigkeiten, schiefe Winkel, uneinheitliche Texturen und Verkrümmungen aufzuweisen als die meisten anderen ländlichen Gebäudetypen. Deshalb ist es immer ratsam, eine Reihe von Skizzen anzufertigen, bevor Sie eine größere Zeichnung von Fachwerkgebäuden in Angriff nehmen. Die Konstruktion von Fachwerkbauten ist anspruchsvoll; achten Sie stets auf die Fugen und machen Sie auch davon einige Vorzeichnungen.

Welche Hölzer sind die größten, welche die tiefsten? Fragen wie diese lassen sich durch die kritische Untersuchung einiger kleiner Abschnitte des gewählten Gebäudes klären. Dabei können Sie sich auch gleich mit den benötigten Materialien beschäftigen. Welche Farben werden Sie brauchen? Ist das Holz immer braun? Wie werden Sie die Farben auftragen? Probieren Sie aus, wie viel Farbe Sie in einer bestimmten Mischung verwenden und wie viel davon Sie auf das Papier auftragen wollen.

Ich verwende für solche Häuser gerne die gesamte Palette natürlicher Erdfarben. Siena natur verwende ich für die Untermalung von Ziegelstein und Holz. Diese Gebäude erstrahlen selten in leuchtenden Farben, da sie in der Regel jahrhundertelang den Elementen ausgesetzt waren. Deshalb mildere ich die Farben mit einem Hauch von Paynesgrau. Dabei handelt es sich um eine Mischung aus blauer und schwarzer Farbe; das Schwarz hat den Effekt, dass es der Mischung jegliche Helligkeit nimmt. Verwenden Sie es in Maßen, denn zu viel davon kann jede Farbe, zu der es hinzugefügt wird, völlig verdunkeln.

Verwendete Farben

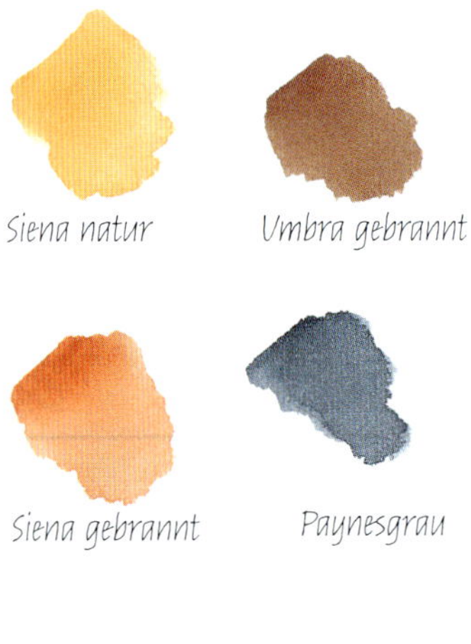

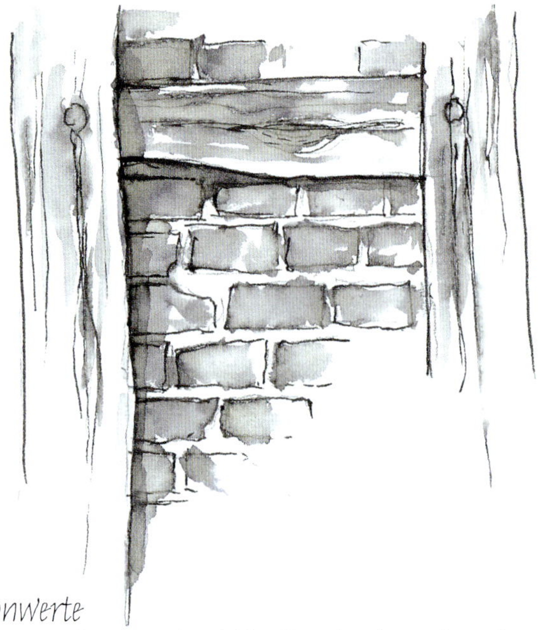

Tonwerte

Eine monochrome Studie mit Filzstift und Lavierung kann Ihnen helfen, ein Gefühl für die erforderliche Tonwertbalance zu bekommen. Fragen Sie sich, was dunkler ist – das Holz oder der Ziegel?

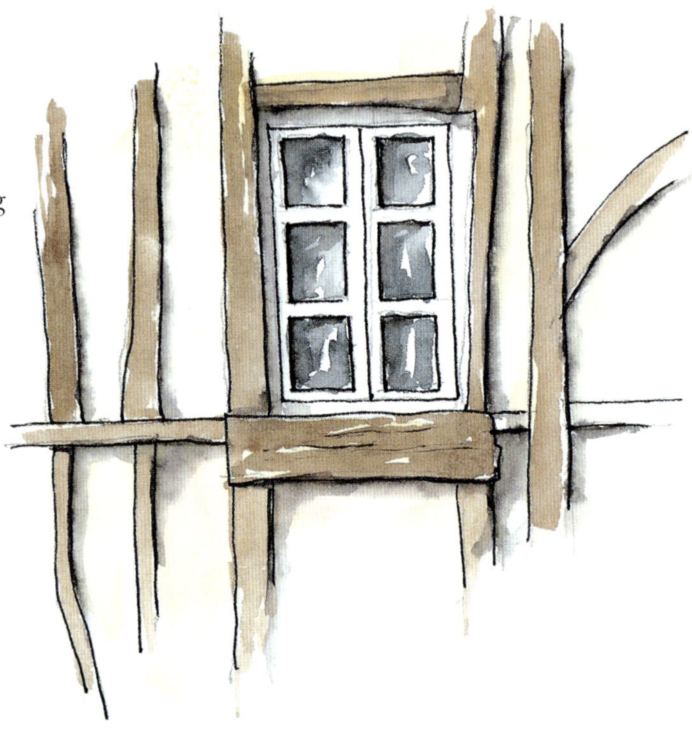

Details

Fertigen Sie Studien interessanter Elemente wie Türen und Fenster an, um Ihre Hauptzeichnung besser ausarbeiten zu können. Diese Abschnitte werden im fertigen Werk nur klein aussehen, sind aber für den Gesamteindruck entscheidend.

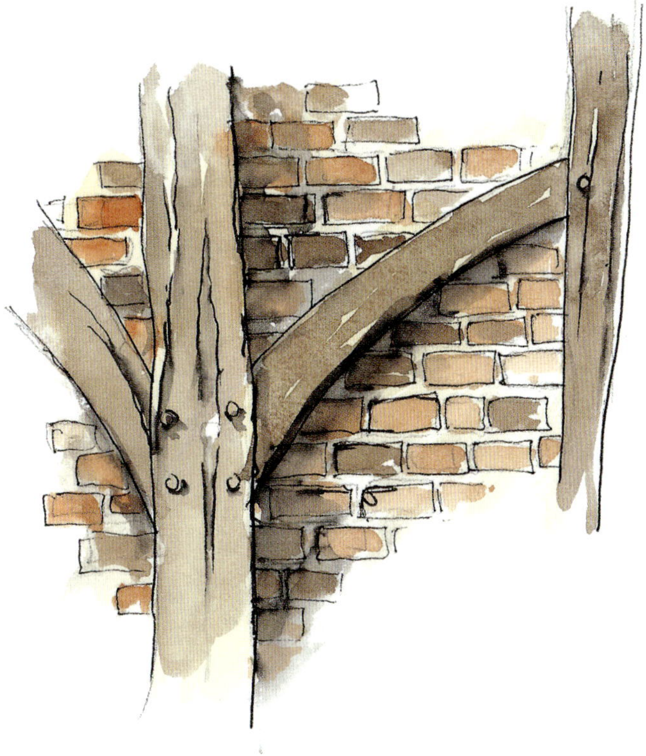

Details

Die detaillierte Untersuchung eines kleinen Ausschnitts der Fachwerkkonstruktion hilft Ihnen, die für solche Gebäude charakteristischen Schattierungen deutlich zu erkennen.

Struktur

Manchmal finde ich es hilfreich, die wichtigsten Licht- und Schattenbereiche innerhalb einer Bildkomposition festzulegen, bevor ich Farbe hinzufüge. Dazu fertige ich in der Regel eine Strichzeichnung an, die so viele Informationen enthält, wie nötig sind, um das Gebäude auch strukturell korrekt aussehen zu lassen. Dann verwende ich entweder einen Filzstift oder eine stark verdünnte Tuschelavierung, um die Hauptbereiche mit Schatten oder dunklen Elementen auszufüllen. Diese kann man am besten erkennen, wenn man ein Auge schließt und durch das andere blinzelt. Die anfängliche Umrisszeichnung ist von entscheidender Bedeutung, da der nächste Schritt von ihr abhängt. Das Gute daran ist, dass alte Gebäude wie dieses in der Regel so ungleichmäßig aussehen, dass ein paar verwackelte Linien nicht so auffallen.

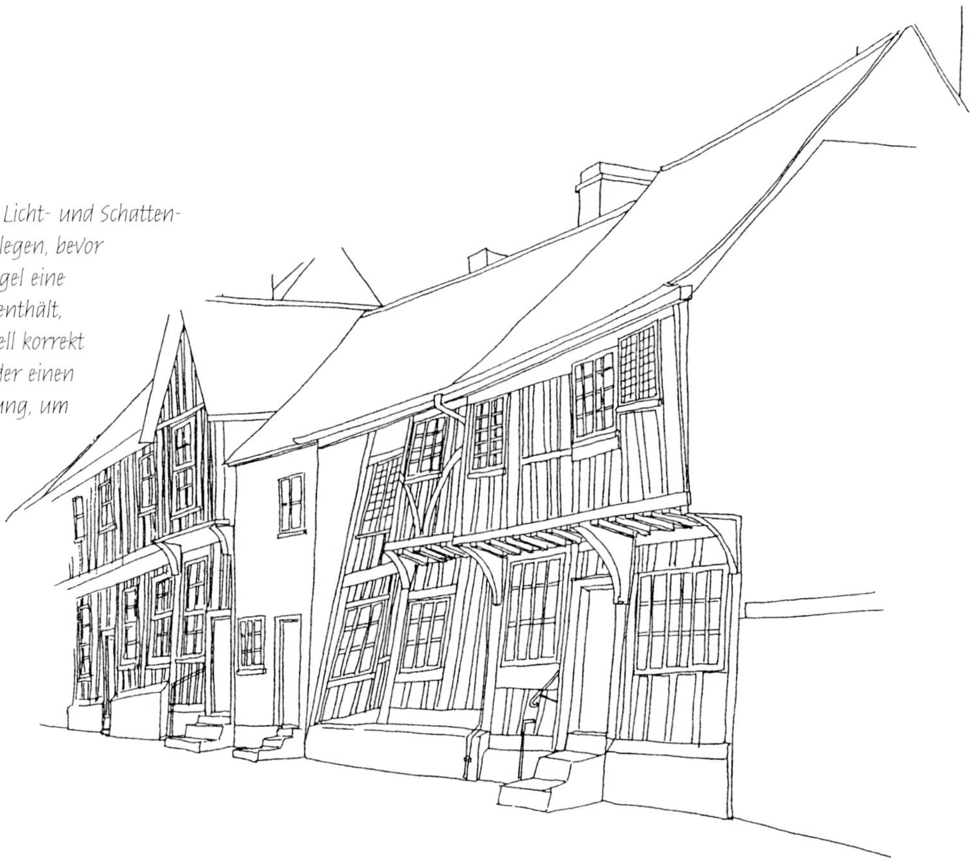

Projekt: *Fortsetzung*

Nun können Sie die Farben, die Sie in Ihren Vorstudien ausgewählt haben, mischen und mit dem Kolorieren Ihrer Zeichnung beginnen. Das sollte kein allzu langer Prozess sein – widerstehen Sie der Versuchung, ein kunstvolles Gemälde malen zu wollen. Mit Ihrer Strichzeichnung haben Sie bereits die Struktur und die Details festgelegt, die dreidimensionale Form entstand durch die Verwendung unterschiedlicher Tonwerte. Sie können also ruhig eine Farblavierung auftragen, um ihrer Zeichnung mehr Ausdruck zu verleihen.

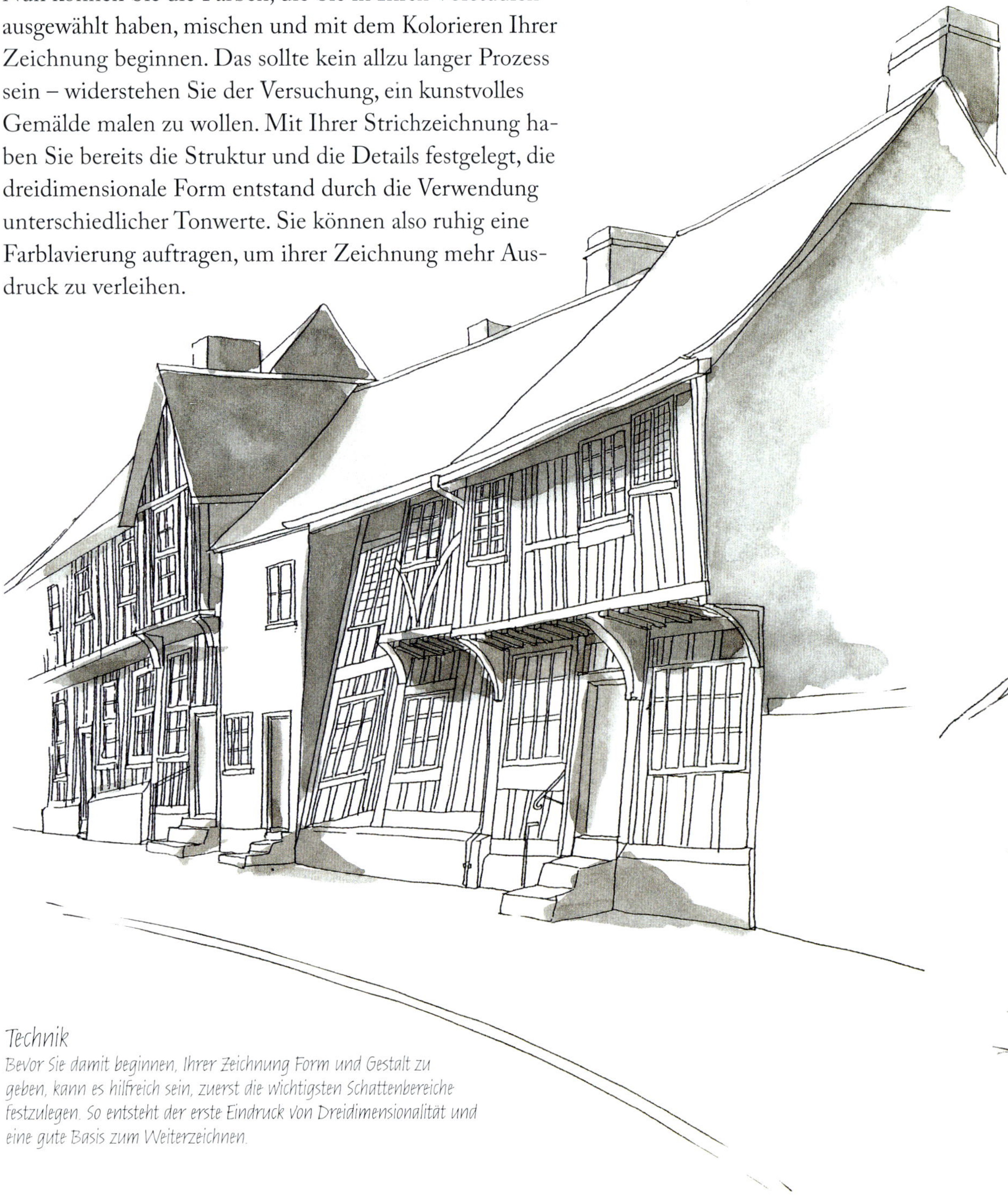

Technik

Bevor Sie damit beginnen, Ihrer Zeichnung Form und Gestalt zu geben, kann es hilfreich sein, zuerst die wichtigsten Schattenbereiche festzulegen. So entsteht der erste Eindruck von Dreidimensionalität und eine gute Basis zum Weiterzeichnen.

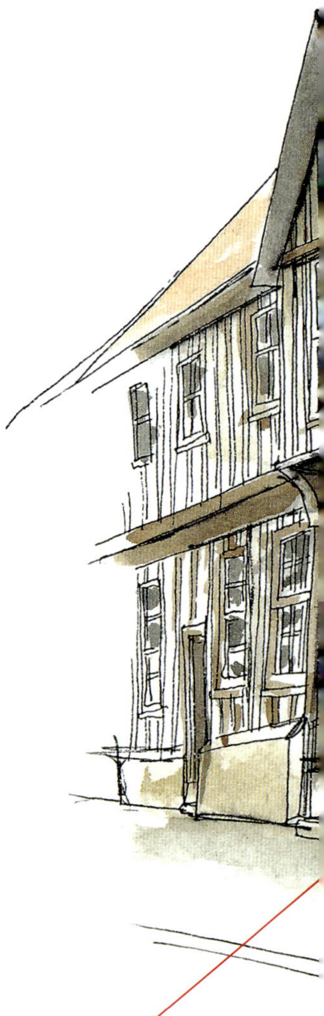

Als Grundfarbe wurde Siena natur verwendet. Andere Farben kamen hinzu, um die Tonwerte zu verstärken.

Das fertige Bild

Gebäude wie diese eignen sich sehr gut für freie Lavierungen, die ihren besonderen Charakter betonen.

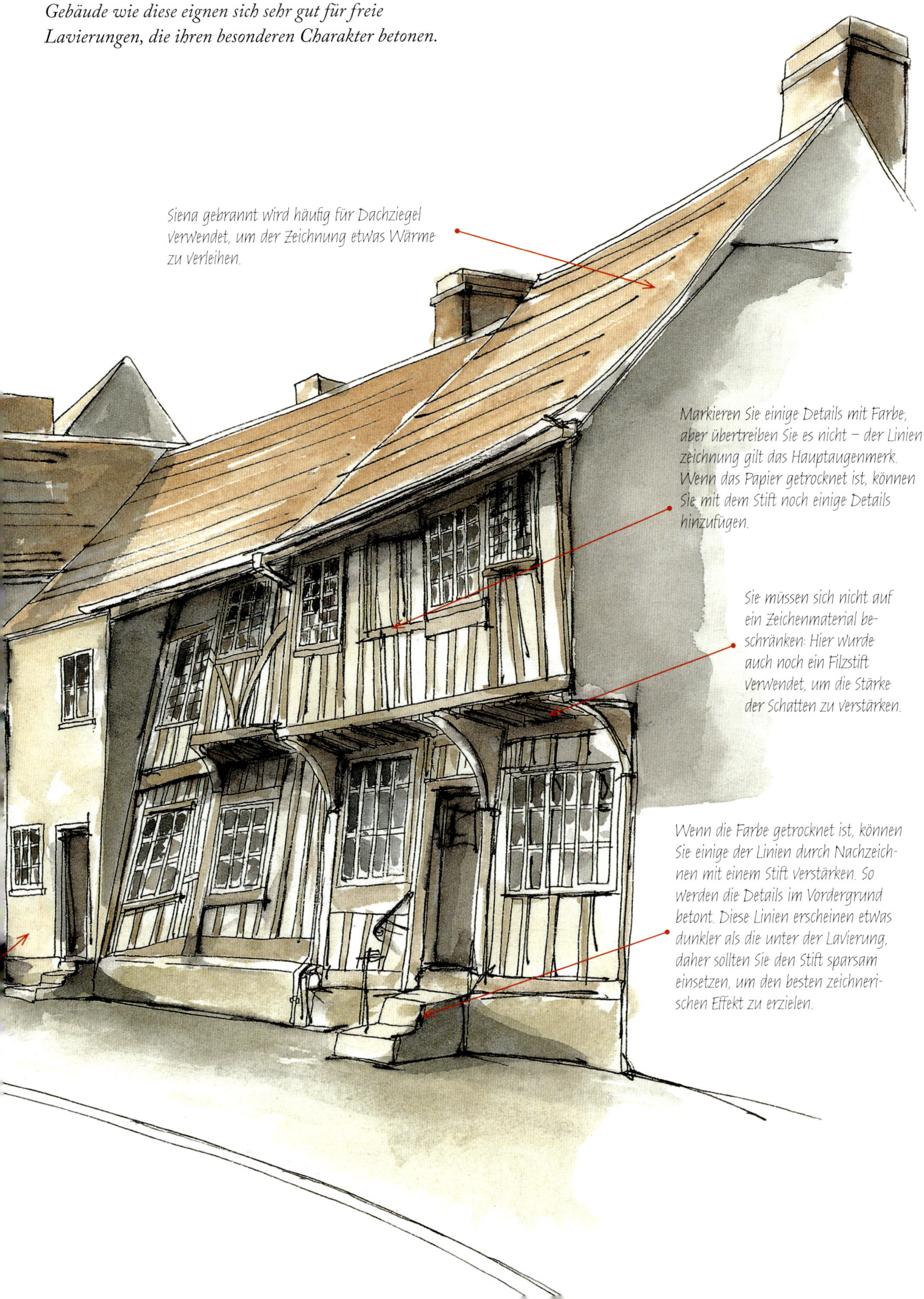

Siena gebrannt wird häufig für Dachziegel verwendet, um der Zeichnung etwas Wärme zu verleihen.

Markieren Sie einige Details mit Farbe, aber übertreiben Sie es nicht – der Linienzeichnung gilt das Hauptaugenmerk. Wenn das Papier getrocknet ist, können Sie mit dem Stift noch einige Details hinzufügen.

Sie müssen sich nicht auf ein Zeichenmaterial beschränken: Hier wurde auch noch ein Filzstift verwendet, um die Stärke der Schatten zu verstärken.

Wenn die Farbe getrocknet ist, können Sie einige der Linien durch Nachzeichnen mit einem Stift verstärken. So werden die Details im Vordergrund betont. Diese Linien erscheinen etwas dunkler als die unter der Lavierung, daher sollten Sie den Stift sparsam einsetzen, um den besten zeichnerischen Effekt zu erzielen.

Urbane Gebäude

Oft denken wir bei einer Stadt zunächst an den schmutzigen, eher unattraktiven Industriegürtel, der sich in vielen Fällen um das historische Zentrum herum ausgebreitet hat. Umso interessanter ist aber, was sich dahinter – ob im Altstadtbereich oder in noblen Geschäftsvierteln – verbergen kann: eine vielfältige, kulturell reichhaltige Sammlung von Gebäuden, die in unterschiedlichen Stilen für unterschiedliche Zwecke errichtet wurden.

Eng mit dem Aufstieg der Städte verbunden ist die Entstehung stattlicher Bürgerhäuser, die in vielen urbanen historischen Zentren auf der ganzen Welt zu finden sind und einige gemeinsame Merkmale aufweisen. Beim Zeichnen solcher – auch als architektonischer Ausdruck des gestiegenen Selbstbewusstseins und Repräsentationswillens des Bürgertums entstandener – Häuser kommt es immer auf die Perspektive an, da diese Gebäude oft aus drei oder vier Stockwerken bestehen, einschließlich eines Kellers. Sie sind in der Regel symmetrisch aufgebaut und wurden gern mit dekorativem Mauerwerk um die Fenster und Türen verziert. Allein für das genauere Studium einzelner Details solcher Bürgerhäuser brauchen Sie meist mehrere Seiten in Ihrem Skizzenbuch.

Cafés, Bars und Restaurants sind ebenfalls ein fester Bestandteil des urbanen Umfelds. Sie dienen einem anderen Zweck als die stattlichen Bürgerhäuser und erfordern auch eine andere Zeichenmethode. Der Hauptunterschied liegt in der Bauweise: So findet man hier in der Regel große Fensterfronten, um potenzielle Kunden zu einem Blick ins Innere zu bewegen.

Das städtische Umfeld mag zwar belebter, lauter und manchmal auch schmuddeliger sein als die ländlichen Gebiete, aber das heißt nicht, dass man hier nicht ebenfalls gut zeichnen könnte. Die kulturelle Vielfalt einer Gemeinschaft zeigt sich auch in ihren urbanen Bauten, und das sollte festgehalten werden.

Meist geht es hier was beengter zu als auf dem Land: Deshalb müssen Sie vermehrt Ihre perspektivischen Kenntnisse einsetzen, um die imposanten Höhen und Details wie Terrassen von Gebäuden zu erfassen, die den Innenstädten ihre architektonische Gestalt geben.

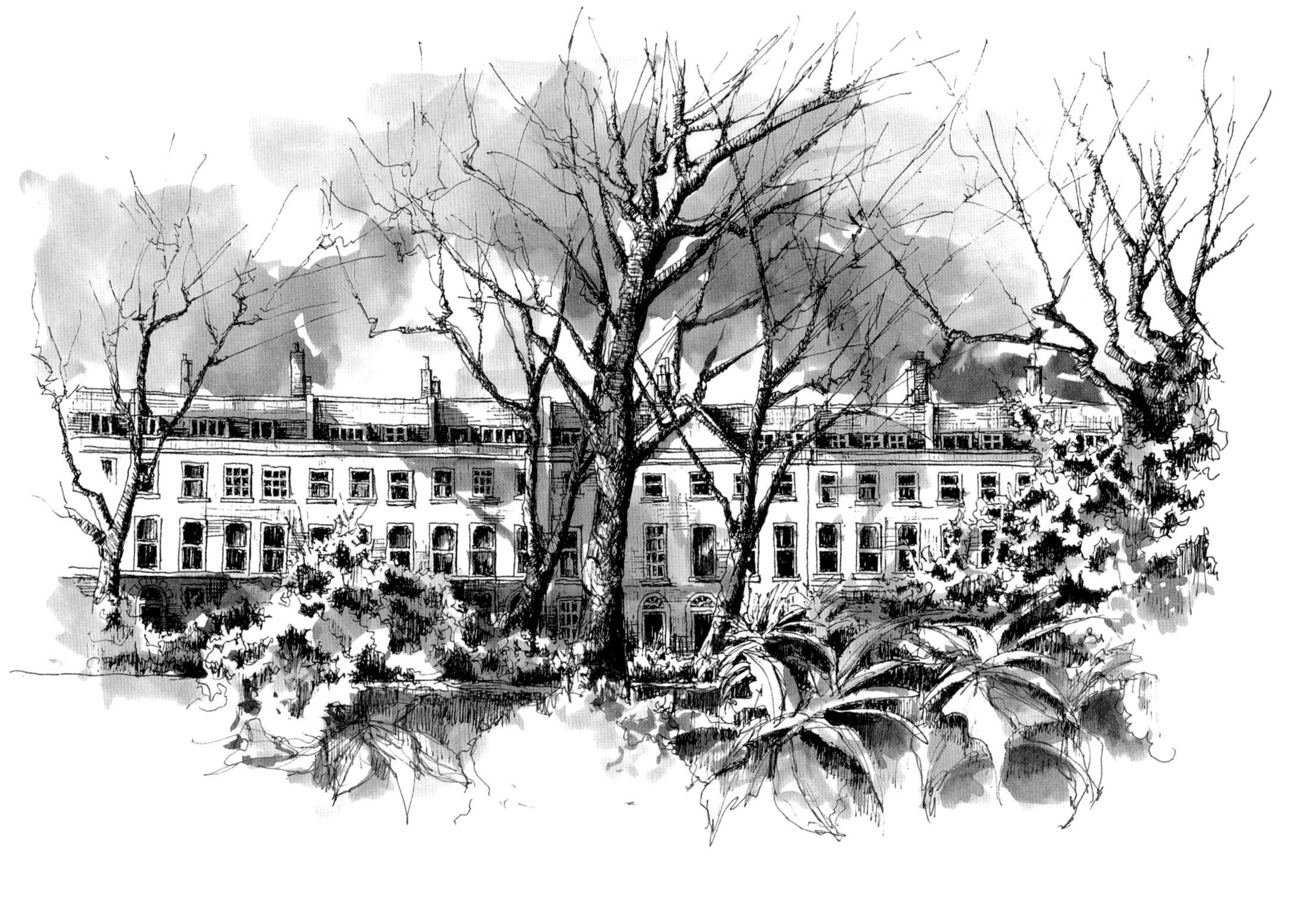

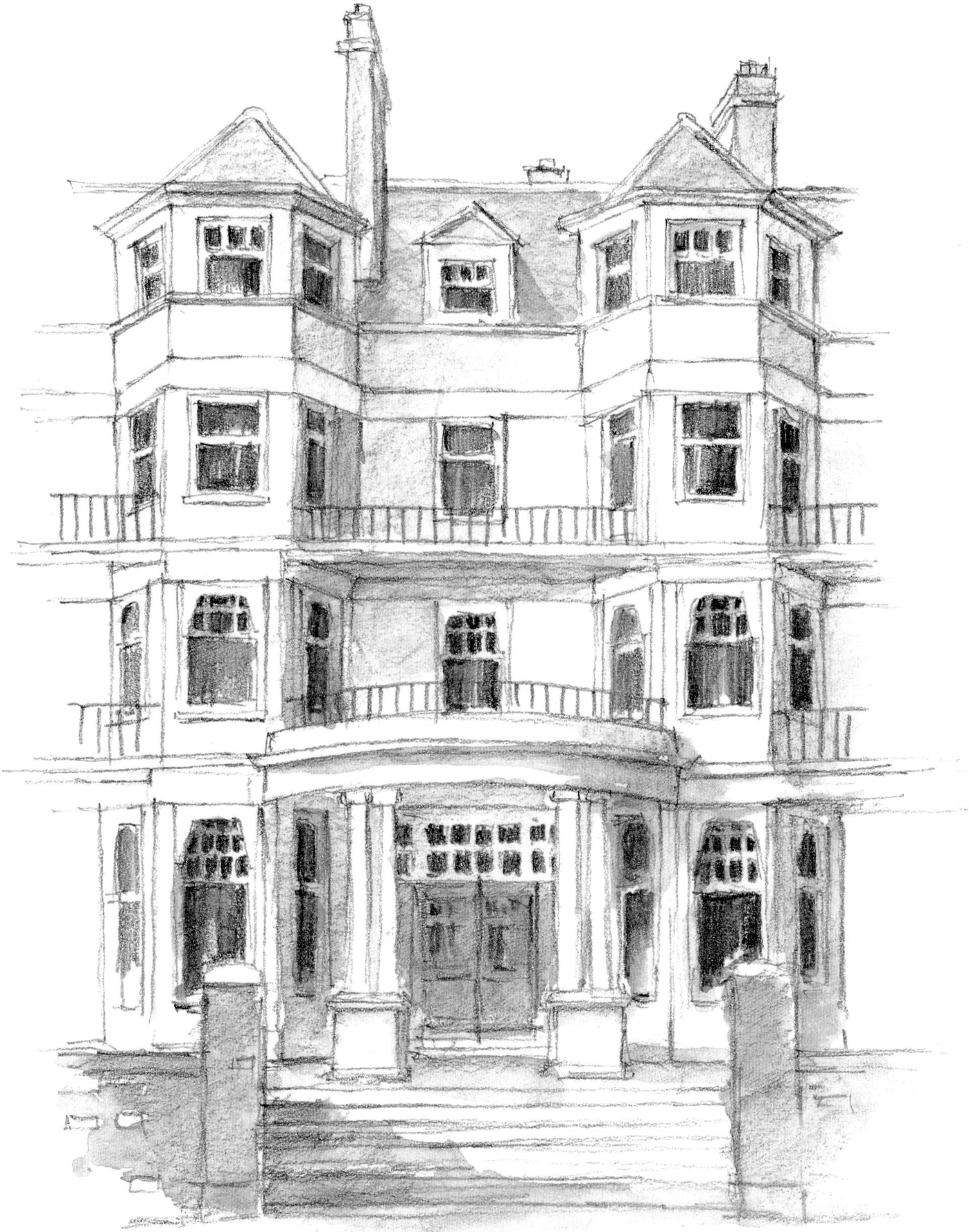

Freistehendes Bürgerhaus

Seit Jahrhunderten sind Großstädte der bevorzugte Aufenthaltsort wohlhabender Bürger. Ihr Geld hat es ihnen ermöglicht, sich persönliche Annehmlichkeiten zu gönnen, zu denen auch ihre Häuser gehören. Infolgedessen findet man auf der ganzen Welt viele stattliche, schön gestaltete Stadt- oder Bürgerhäuser.

Eines der interessantesten Elemente in diesen Häusern sind die oft von sehr aufwendig gestalteten Rahmen eingefassten Fenster mit viel Glas, das manchmal das Licht zu reflektieren, manchmal aber auch fast zu absorbieren scheint. Der entscheidende Kniff beim Zeichnen von Fensterscheiben ist der Kontrast: Ein sehr kräftiger, schwarzer Ton kann verwendet werden, um die Tiefe des Raums dahinter anzudeuten, während nicht schattierte Weißflächen wie eine Reflexion wirken und damit signalisieren, dass da noch eine (gläserne) Fläche zwischen dem Äußeren und dem Inneren des Hauses ist. Manchmal kann man auch Vorhänge sehen. Diese sind ideal, da sie es ermöglichen, Mitteltöne als zusätzliches Element in die Bildkomposition aufzunehmen. Der Tonwertbereich des idealen Fensters würde aus einem intensiv schattierten 6B-Teil zwischen 2B-weich schattierten Vorhängen bestehen, mit einem papierweißen Lichtstreifen, der diagonal über die Fensterscheiben verläuft.

Da diese Fenster fast immer in die Wand eingelassen sind, müssen Sie sich den Punkt genau ansehen, an dem der Rahmen und die Einfassung aufeinandertreffen. Hier finden Sie jene Schattierung, die Ihrem Bild Volumen verleiht und das von Ihnen gezeichneten Stadthaus auf dem Papier realistisch wirken lässt.

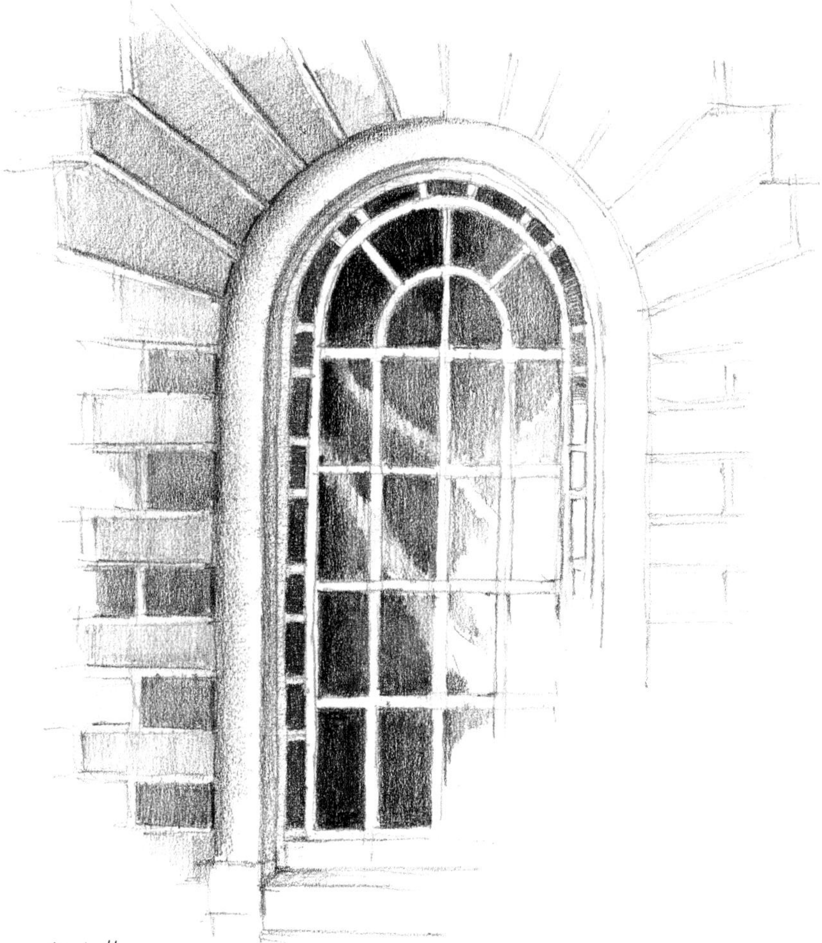

Details

Fensterrahmen und Mauerwerk müssen visuell zusammenwirken. Achten Sie immer darauf, wie das gebündelte Licht (hier diagonale) Schatten auf den verschiedenen Bereichen des Fensters wirft.

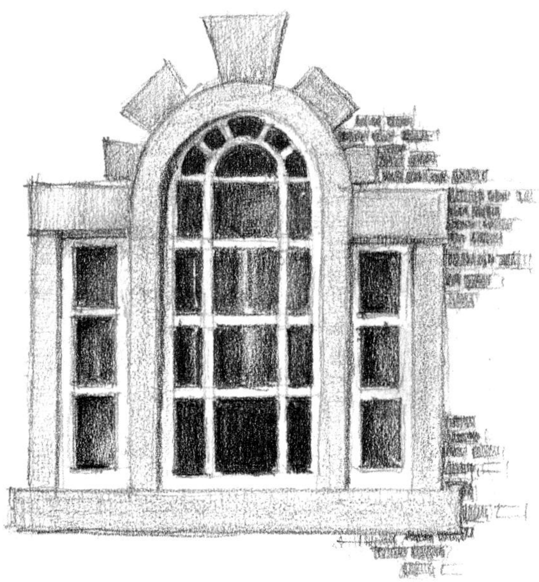

Technik

Das Glas der Fensterscheiben lässt sich gut mithilfe das einfallenden Lichts darstellen – entweder durch die Reflexion des Glases oder durch das Abdunkeln des dahinter liegenden Raums. Scheuen Sie sich nicht, das Glas mit einem 6B- oder 8B-Bleistift zu schattieren.

Georgianisches Stadthaus

Die Vielfalt der Tonwerte in diesem Gebäude erforderte den Einsatz verschiedener Techniken und Stifte. Es wurden Parallel- und Kreuzschraffuren verwendet sowie viel Druck mit 2B-, 4B- und 8B-Bleistiften ausgeübt.

Positive und negative Ziegelformen sehen oft besonders wirkungsvoll aus, wenn sie nebeneinander zu sehen sind. Versuchen Sie, das Muster zu variieren.

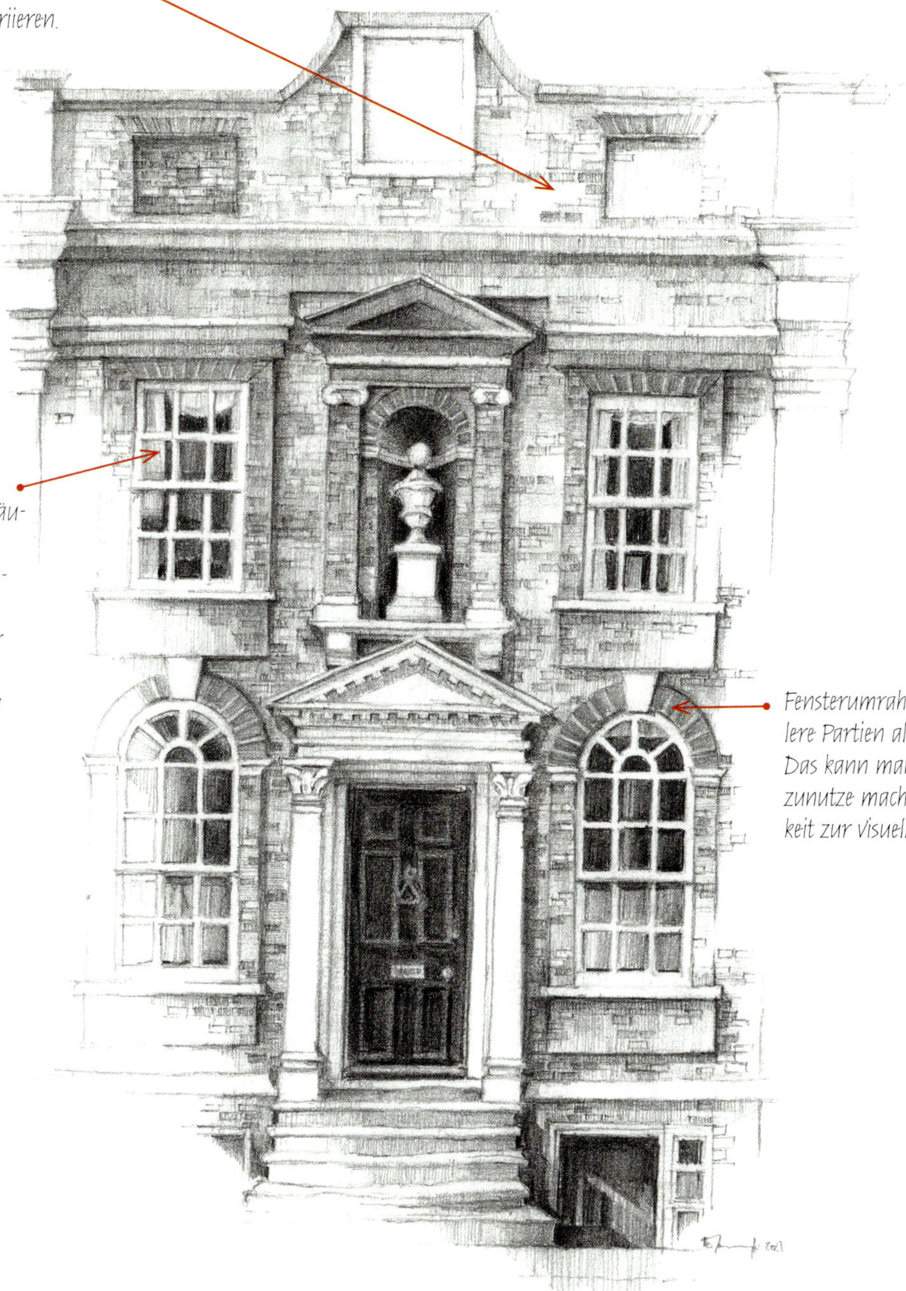

Bei den meisten bewohnten Gebäuden lassen sich die Spuren der Nutzung an den Fenstern erkennen. Vorhänge bieten Ihnen die Möglichkeit, die Tongebung einer Zeichnung zu variieren und zu verhindern, dass die Darstellung der Fenster langweilig wirkt.

Fensterumrahmungen haben oft dunklere Partien als der Rest des Gebäudes. Das kann man sich beim Zeichnen zunutze machen, weil es eine Möglichkeit zur visuellen Akzentuierung bietet.

Reihenhäuser

Lange Reihenhauszeilen sind in vielen Städten und Gemeinden üblich. Sie wurden in der Regel gebaut, um so viele kleine Wohnungen wie möglich auf begrenztem Raum unterzubringen. Heutzutage sind die attraktivsten Reihenhauszeilen diejenigen, deren Eigentümer individuelle Veränderungen vorgenommen haben, sodass nun ganz verschieden aussehende Häuser in einer Reihe stehen.

Um den zur Verfügung stehenden Raum in der Höhe und Breite voll auszuschöpfen, findet man häufig Treppenaufgänge und Keller. Diese bieten wunderbare Motive für Bildstudien, da sie eine Fülle von Winkeln, interessanten Blickachsen und ungewöhnlich geformten Schatten beinhalten. Wasserlösliche Graphitstifte eignen sich gut, um den Kontrast zwischen der Solidität der (oft aus Stein, Ziegel und Eisen gefertigten) Treppenaufgänge und der Zartheit der von ihnen geworfenen Schatten festzuhalten.

Wasserlösliche Graphitstifte eignen sich noch aus einem anderen Grund gut zum Zeichnen von Reihenhäusern: Sie ermöglichen es, mithilfe von Lavierungen den Effekt von Tiefe und Distanz zu erzeugen. Bei den Fenstern können Sie damit die dunkelsten Töne zeichnen, einen papierweißen Streifen frei lassen und dann mit einem feinen, feuchten Pinsel die Lavierung vornehmen. Eine solche Vorgehensweise bietet sich auch für das Zeichnen der Erker an, die ebenfalls ein charakteristisches Merkmal vieler Reihenhäuser sind. Sie ermöglicht es Ihnen, den schattierten Bereich mit den dunkelsten Tönen zu erstellen und dann die Schattierung optisch zur Vorderseite des Fensters zu verlängern, wo dann in der Regel auch die Glanzlichter zu beobachten sind.

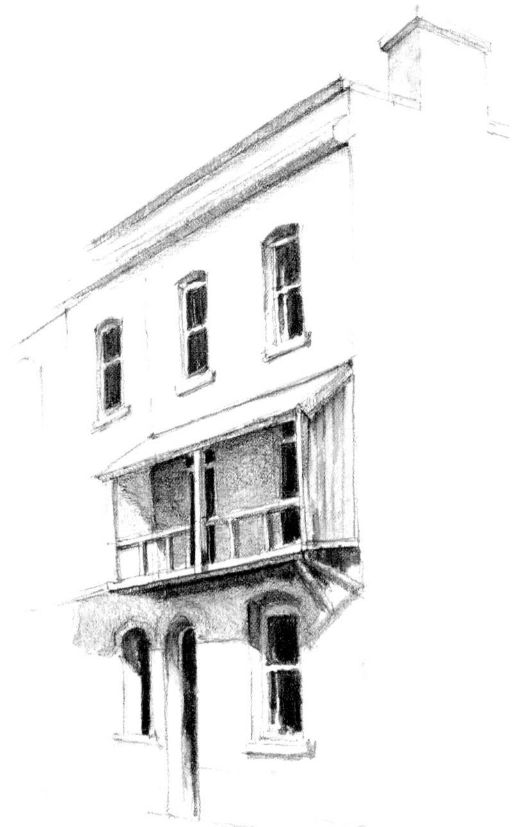

Struktur

Da der Platz in Reihenhäusern oft begrenzt ist, sind Balkone üblich. Achten Sie auf den Winkel des Schattenwurfs, insbesondere auf die Art und Weise, wie der Schatten über Fenster und Türöffnungen fällt. Licht und Schatten lassen eine flache Wand dynamisch wirken.

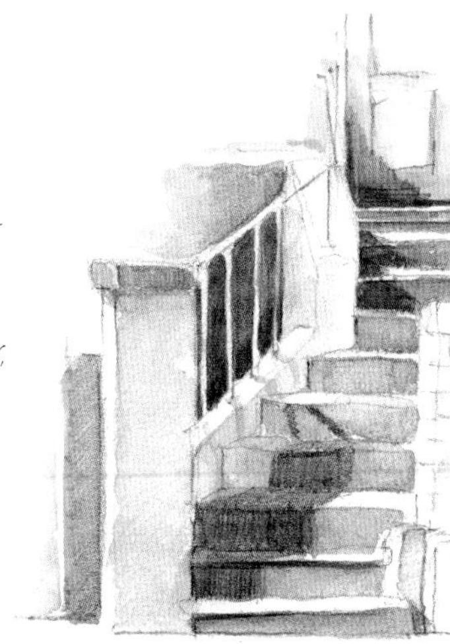

Details

Treppenaufgänge und Stufen sind immer eine eigene Studie wert. Achten Sie auf die verschlungenen Muster, die durch die Schatten von Geländern entstehen. Zeichnen Sie diese über einen Grundton, um die Tiefe des Schattens zu erhöhen.

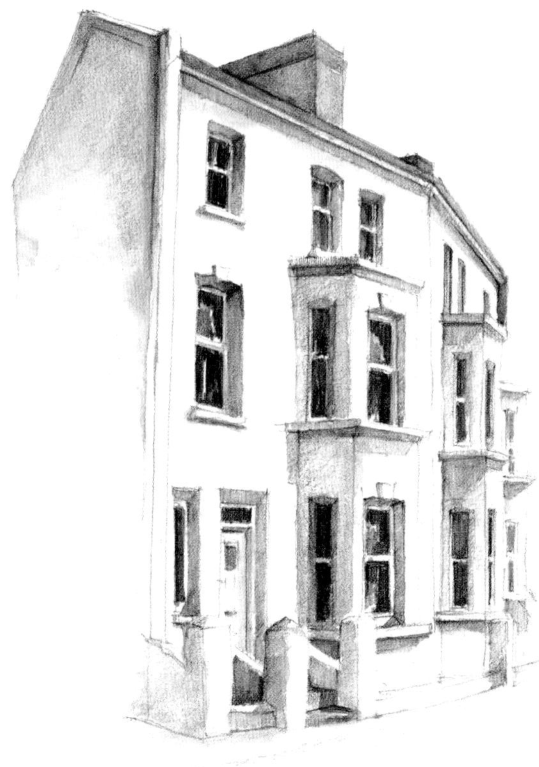

Tonwerte

Die verschiedenen Abstufungen in dieser Zeichnung wurden mit einem einzigen Stift erzeugt. Dazu variieren Sie den Druck beim Zeichnen und setzen vorsichtig Wasser zum Lavieren ein.

Reihenhaus (Detail)

Wasserlösliche Stifte eignen sich gut für detaillierte Zeichnungen, da sie beim Übermalen die Linien verwischen, ohne sie vollständig zu zerstören.

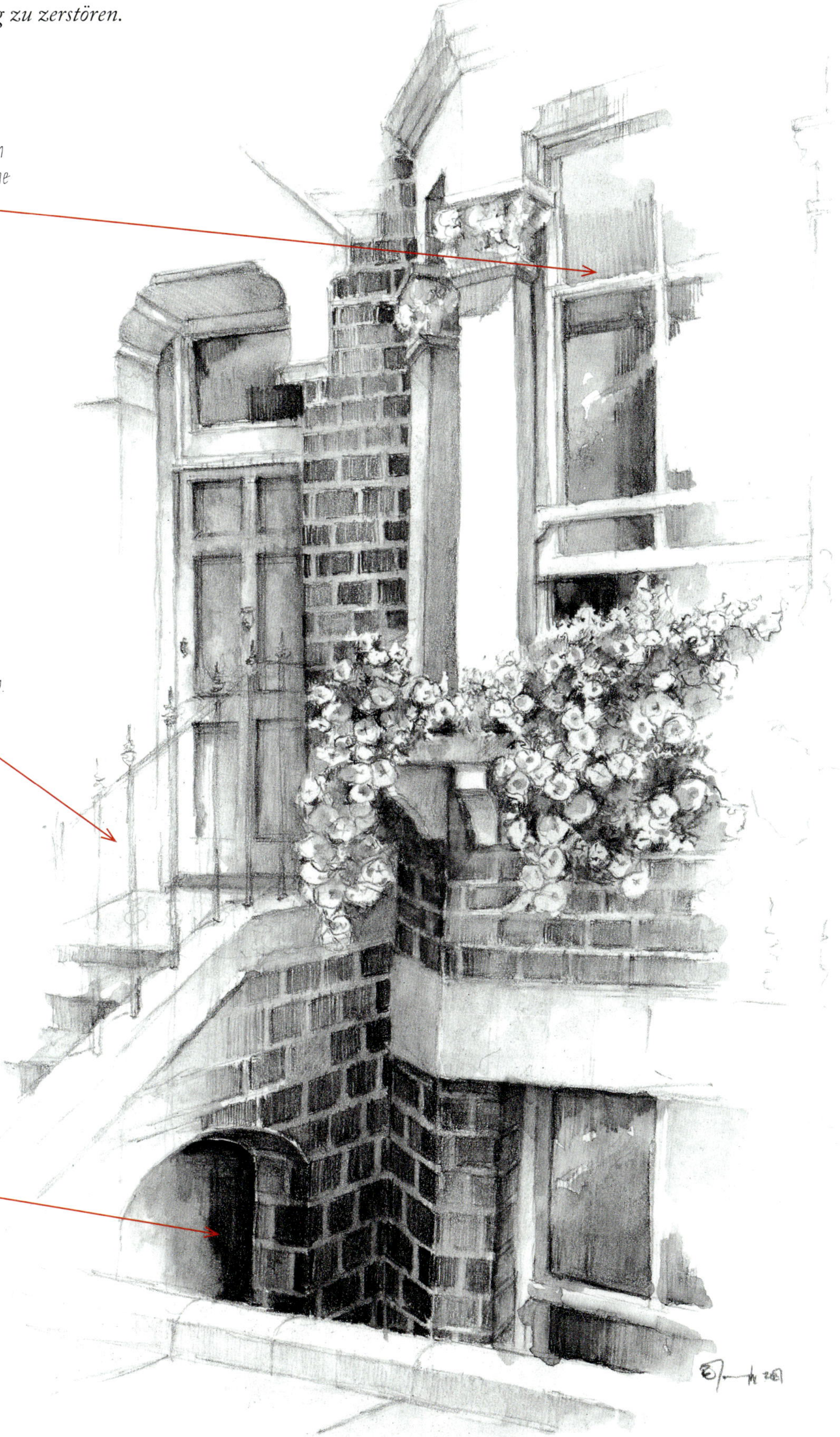

Moderne Bauten

In vielen Städten wuchsen über die Jahre moderne Bauten in die Höhe, die oft als Vorzeigeobjekt für wichtige Geschäftsviertel entstanden. Häufig sind sie aus Glas und Stahl gebaut. Das bedeutet, dass ihre Struktur für die ganze Welt offen zu sehen ist – und zu zeichnen! Beide Materialien, sowohl Glas als auch Stahl, spiegeln anders als die traditionellen Steinbauten ihre Umgebung, was bedeutet, dass wir beim Zeichnen auf die Reflexionen der angrenzenden Gebäude achten sollten. Die Maltechniken zum Zeichnen von Glas und Stall unterscheiden sich allerdings ein wenig.

Glas ermöglicht den Blick ins Innere und reflektiert auch etwas Licht. Die dunklen Töne sollen die Tiefe des Raumes andeuten, während die im reflektierten Licht zu sehenden Muster oft in einem helleren Ton gezeichnet werden.

Stahl gibt keinen Blick ins Innere frei, sondern reflektiert nur, was eine viel hellere Oberfläche ergibt. Um die harten, kalten Reflexionen von Stahl zu erzeugen, brauchen Sie einen spitzen Bleistift – 2B sollte ausreichen. Beobachten Sie genau, wo sich die dunklen Stellen auf der reflektierenden Oberfläche befinden, und zeichnen Sie diese mit einer Reihe senkrechte Linien ein. Diese Linien sollten schnell gezogen werden – fast wie ein Fingerschnipsen mit dem Stift. So wird sichergestellt, dass die Linien gerade bleiben und nicht verwackeln, wie es bei einer langsameren Strichführung passieren könnte.

Betrachtet man die Skyline moderner Innenstädte, fällt sofort auf, dass die Gebäude nicht nur oft sehr hoch, sondern meist auch eng neben anderen Gebäuden stehen. Vielleicht lassen Sie sich von diesem Anblick dazu stimulieren, Ihre Bildkomposition nicht wie sonst üblich in ein Rechteck einzupassen, sondern auch mal einen anderen, schmalen und hohen Bildaufbau zu versuchen.

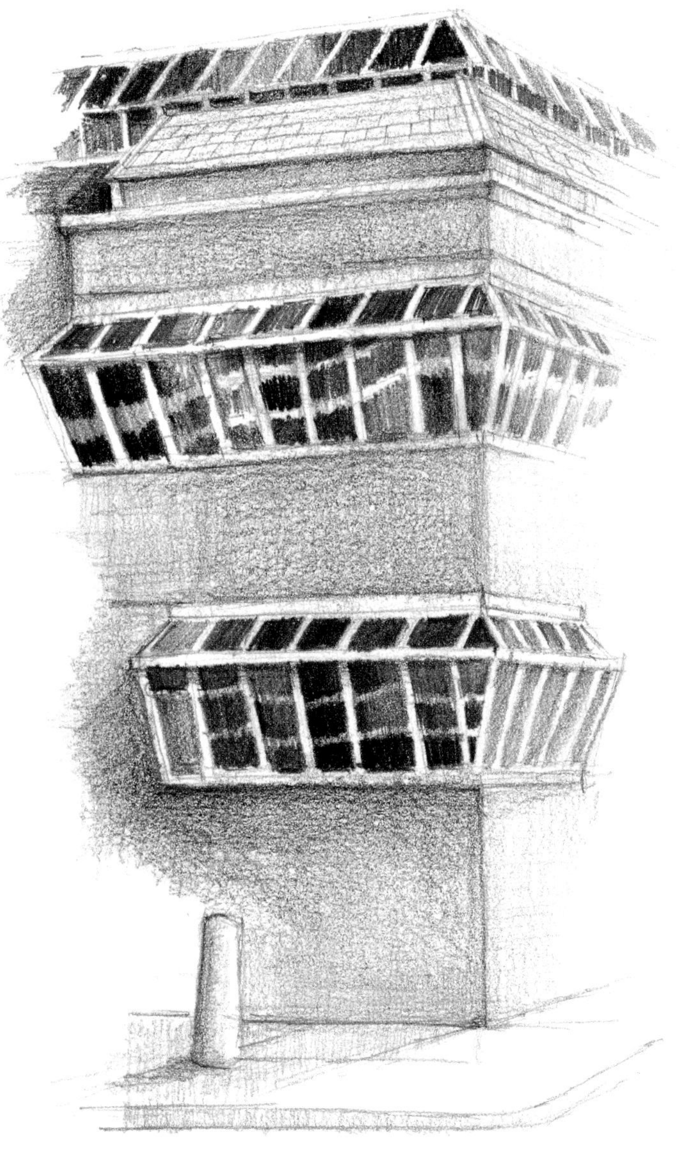

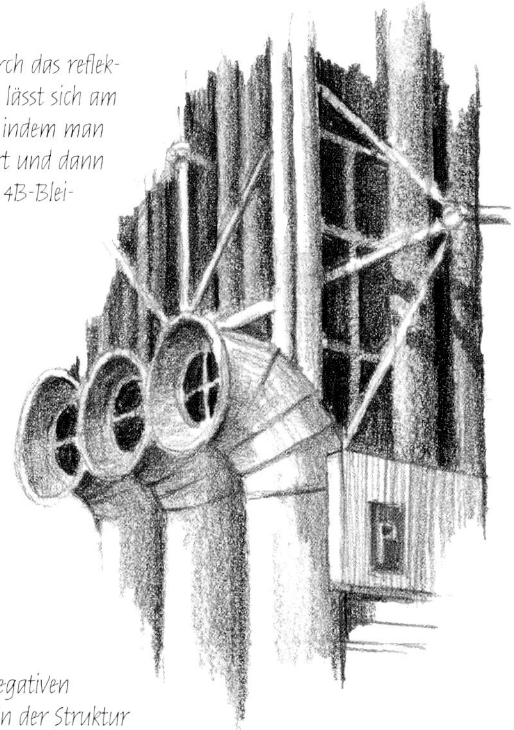

Technik
Das Muster, das durch das reflektierte Licht entsteht, lässt sich am besten aufzeichnen, indem man ihre Formen skizziert und dann mit der Spitze eines 4B-Bleistiftes schattiert.

Tonwerte
Die positiven und negativen Flächen, die häufig in der Struktur moderner Bauten zu beobachten sind, werden am besten mit einem gut gespitzten 6B-Bleistift gezeichnet. Das ergibt die dunkelsten Töne.

Stahlkonstruktion

Im Gegensatz zum Glas bietet Stahl eine klar definierte Reflexionsfläche, die jedoch selten ein Spiegelbild der umliegenden Gebäude zeigt.

Die Schattierung gewölbter Flächen erzeugen Sie, indem Sie die senkrechten Linien zu den dunkleren Abschnitten hin enger zusammen ziehen.

Diese Reflexionen wurden durch das Zeichnen präzise definierter Linien mit der Spitze eines 2B-Bleistifts gestaltet – diese hält die klare Form länger als bei sehr weichen Minen.

Der maßstabsgetreue Bildaufbau trägt dazu bei, der Zeichnung Dynamik zu verleihen. Suchen Sie immer nach einem kleinen Detail, das die größeren Teile ergänzt.

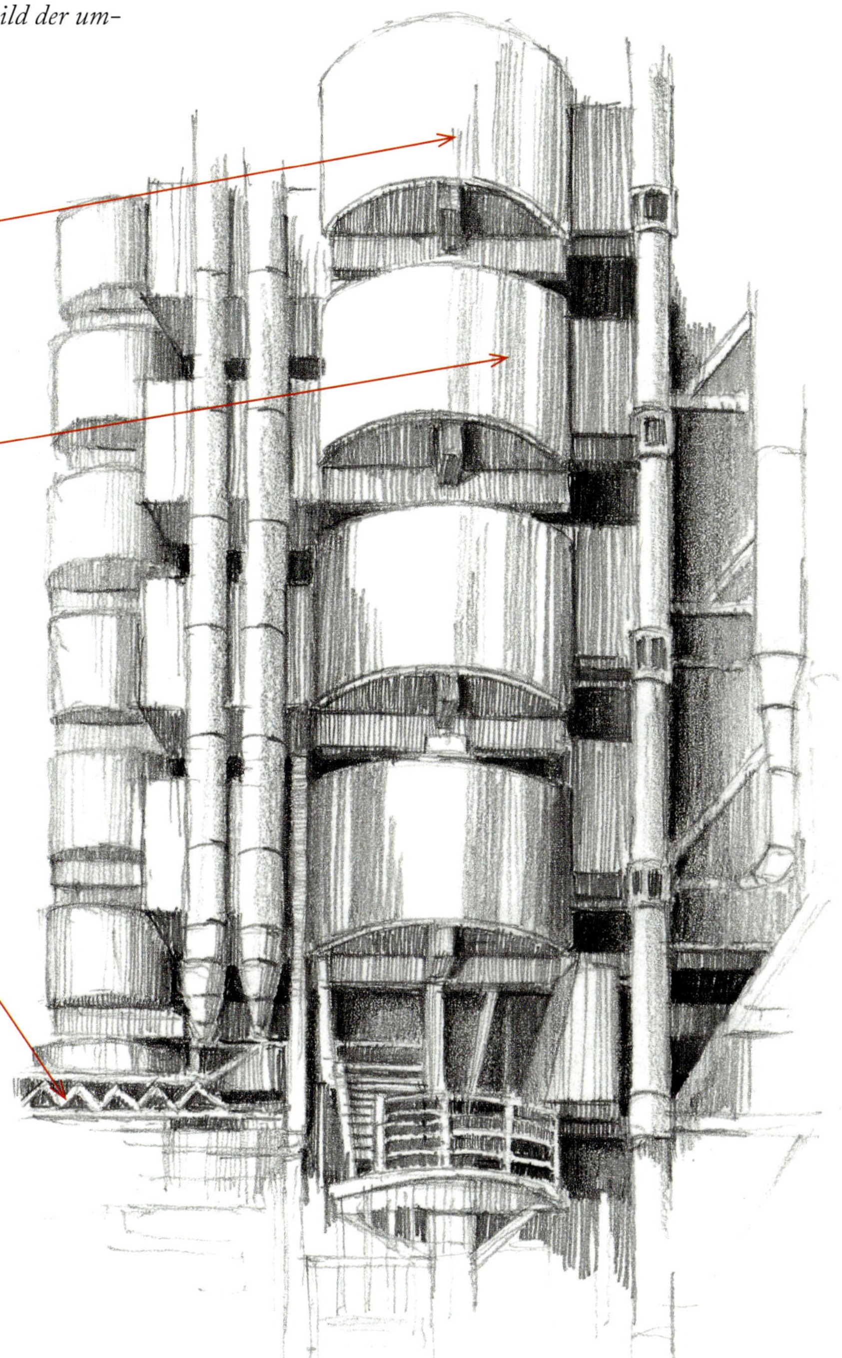

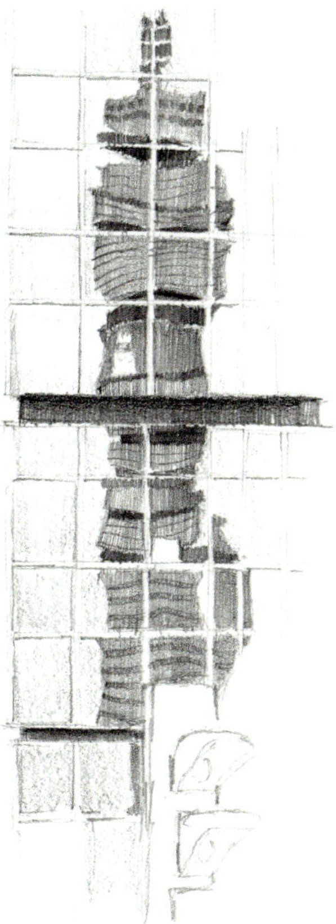

Details

Die leichte Verzerrung des reflektierten Bildes erzeugt hier ein faszinierendes Muster. Das ist ein häufig zu beobachtendes Merkmal moderner Glaskonstruktionen – es lohnt sich, darauf zu achten.

Projekt: Italienische Szene

Die meisten Städte und Gemeinden bewahren ihr kulturelles Erbe. In den alten Stadtvierteln mit ihren historischen Häusern und gepflasterten Gassen scheint die Zeit häufig stehen geblieben zu sein, selbst wenn man natürlich auch hier die Einflüsse des 21. Jahrhunderts etwa an Straßenschildern, Satellitenschüsseln und dergleichen erkennt. Um diese italienische Szene mit ihren unterschiedlichen Stilformen zeichnen zu können, musste ich eine Reihe von Studien durchführen: Ich wollte verstehen, wie die Steine in den Fensterrahmen und in den gemauerten Bögen sitzen, ob sie dunkler oder heller waren als der Mörtel dazwischen und ob die Steine unbearbeitet oder relativ gleichmäßig bearbeitet verwendet wurden.

Nehmen auch Sie sich die Zeit, die Gegebenheiten vor Ort genau zu studieren und in Ihrem Skizzenbuch Studien dazu zu machen – davon wird Ihre Zeichnung am Ende sehr profitieren.

Ich verwendete sowohl 4B- als auch 6B-Bleistifte, wobei ich die Kante des 4B-Bleistifts für die mittleren Töne und die Spitze des 6B-Bleistifts für die Lücken dazwischen sowie für den gelegentlichen Schattenwurf eines hervorstehenden Steins verwendete.

Bald fiel mir auf, dass bei vielen Gebäuden die traditionellen alten Holzfenster nicht nach hinten in die Mauer versetzt wurden, sondern bündig mit der Wand abschlossen. Das durch meine Studien gewonnene Verständnis des Wechselspiels von Licht und Schatten in der reliefartigen Struktur der Wände half mir auch bei der Ausarbeitung der Bildkomposition als Ganzes.

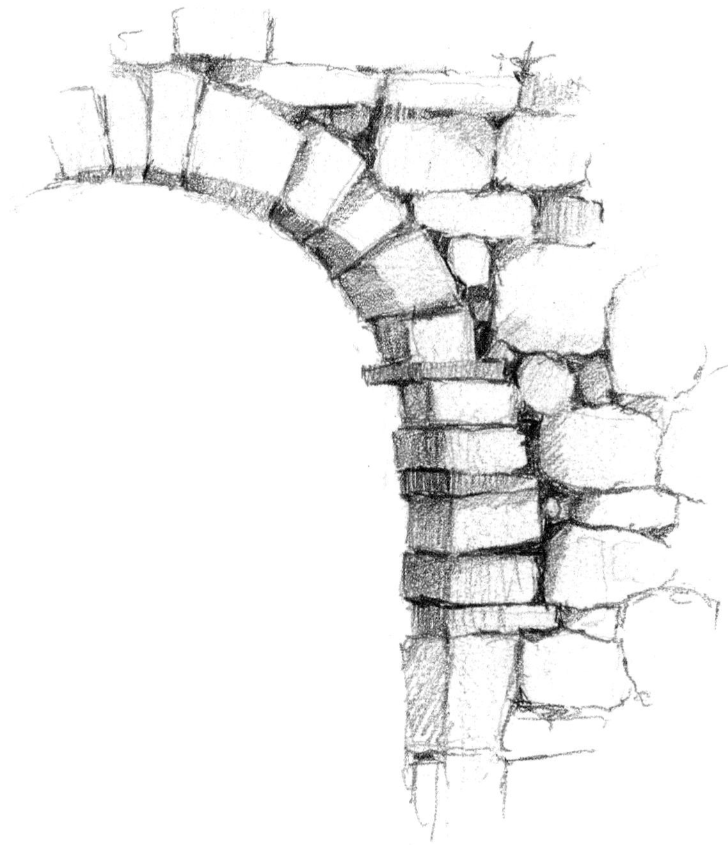

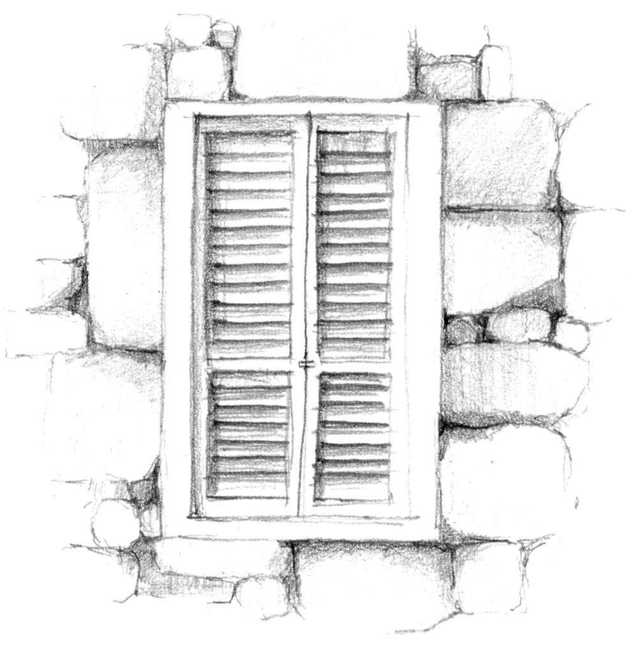

Details
Hier untersuchte ich die Art und Weise, wie sich das Fenster mit den Fensterläden in die Steinmauer einfügte. Der bündige Einbau hatte zur Folge, dass die Holzeinfassung keinen Schatten warf.

Konstruktion
Bei diesem Steinbogen kam es mir auf die positiven und negativen Formen an. Die Lücken zwischen den Steinen erschienen viel dunkler als die Steine selbst; ich zeichnete sie mit der Spitze eines 6B-Bleistifts.

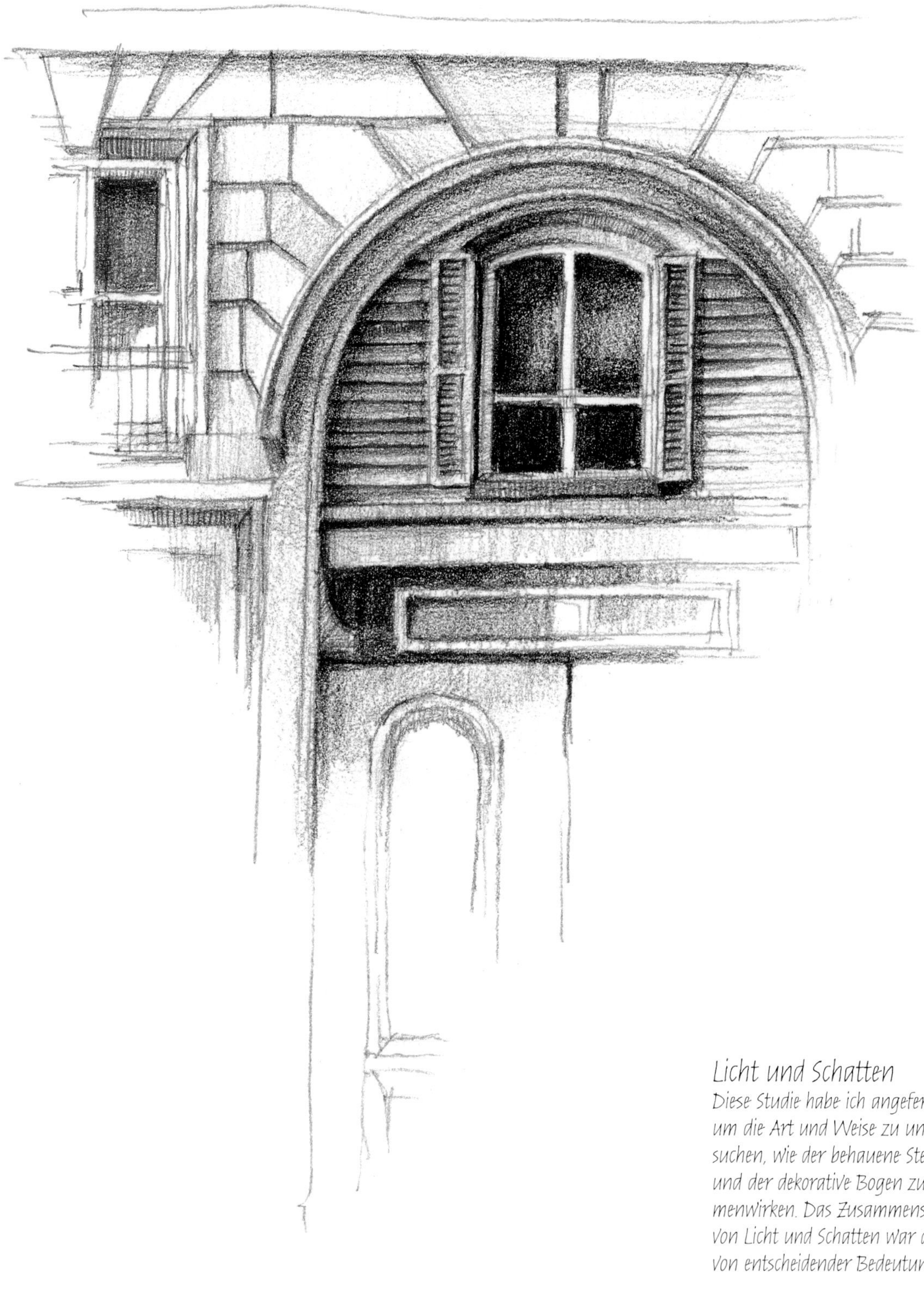

Licht und Schatten

Diese Studie habe ich angefertigt, um die Art und Weise zu untersuchen, wie der behauene Stein und der dekorative Bogen zusammenwirken. Das Zusammenspiel von Licht und Schatten war dabei von entscheidender Bedeutung.

PROJEKT: *Fortsetzung*

Da ich mich für einen Standpunkt am Fuß der Treppe, von dort nach oben blickend, entschieden hatte, musste ich diese Perspektive auch in meiner Bildkomposition beibehalten. Um die vielen unterschiedlichen Elemente der Szene eingehender zu studieren, machte ich einige Skizzen vorab. Dabei kam es mir nicht auf eine detailliert ausgefeilte Darstellung an, sondern darauf, mir visuelle Notizen zu machen, zu experimentieren und verschiedene Techniken zu erkunden.

Eine generelle Regel besagt, dass der Künstler das Auge des Betrachters vom dunklen Vordergrund zum hellen Hintergrund führen sollte. In diesem Fall hatte ich aber das Gefühl, dass das nicht der richtige Ansatz für meine Darstellung sein würde. Also entschied ich mich dafür, den Blick des Betrachters von einem hellen Vordergrund direkt in den hinteren Teil der Komposition zu lenken, wo in der überdachten Gasse die dunkelsten Tonwerte zu sehen sind. Das Ergebnis ist meiner Meinung nach viel dynamischer und effektvoller, als es andersherum gewesen wäre.

Um das gleiche Gefühl von Tiefe und Rhythmus auch bei den neben der Gasse auf dem Gehweg zu sehenden Stufen zu erreichen, veränderte ich den Winkel der Schraffur und sorgte dafür, dass der obere Teil der Stufen mit kurzen, scharfen, vertikalen Linien schattiert wurde. Das bringt das Auge des Betrachters dazu, von einer Linie zur anderen zu wechseln – als hüpfe man beim Gehen über die Stufen. Schließlich habe ich noch eine menschliche Figur in das fertige Bild integriert, um die Szene auch noch etwas zu beleben.

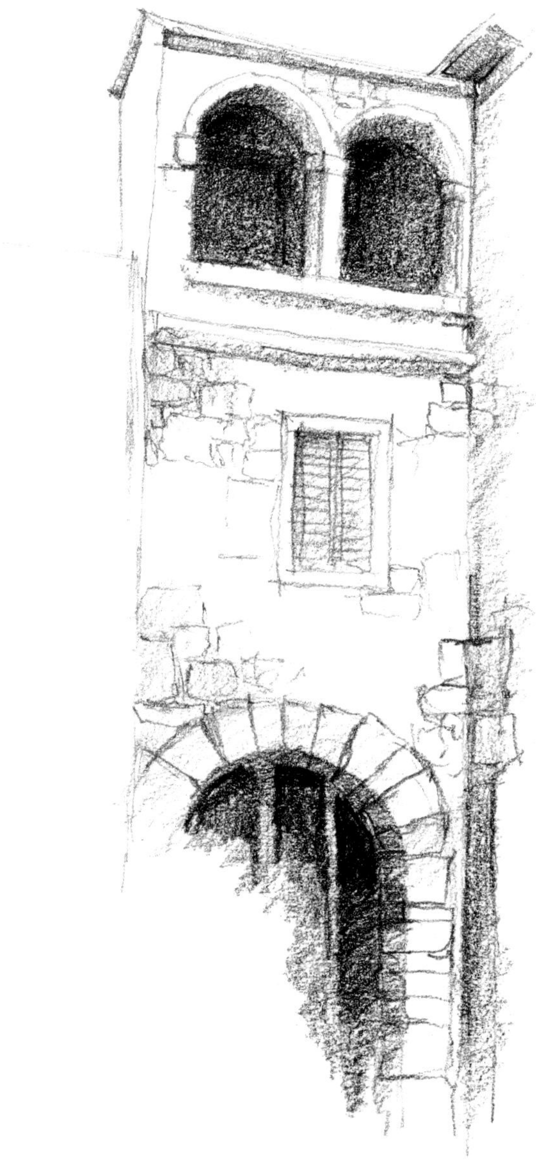

Tonwerte
Diese schnelle Skizze des alten Turms wurde mit einem 6B-Bleistift angefertigt – nicht nur, um seine Höhe zu bestimmen, sondern auch, um die Stärke der Schattierung innerhalb der Bögen zu erkunden.

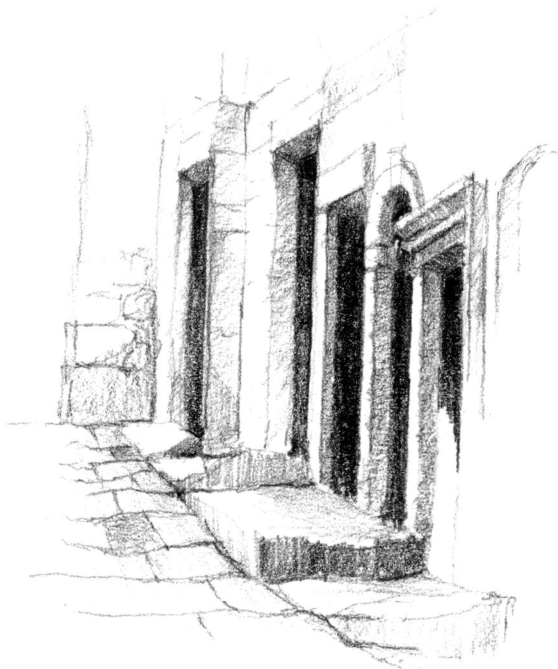

Perspektive
Die ungewöhnliche Perspektive erforderte auch eine genauere Studie der unregelmäßigen Türöffnungen, ehe ich mit dem Ausarbeiten der vollständigen Zeichnung begann. Dabei folgte mein Bleistift eher der Bodenlinie als den oberen Bogen.

Die fertige Zeichnung

Der pittoreske Eindruck dieser ruhigen italienischen Szene bekommt durch visuelle Hinweise (Straßenschilder, Wäscheleinen, Satellitenschüsseln) auf das urbane Leben ein humanes, zeitgenössisches Element.

Die weniger wichtigen visuellen Elemente können immer – negativ – als Weißfläche dargestellt werden. Hier helfen sie auch dabei, den Blick des Betrachters aus der Komposition herauszulenken.

Der Winkel der Schattierung lässt die Zeichnung hier überzeugender wirkender. Um einen solchen Effekt zu erzielen, sind Vorabstudien immer hilfreich.

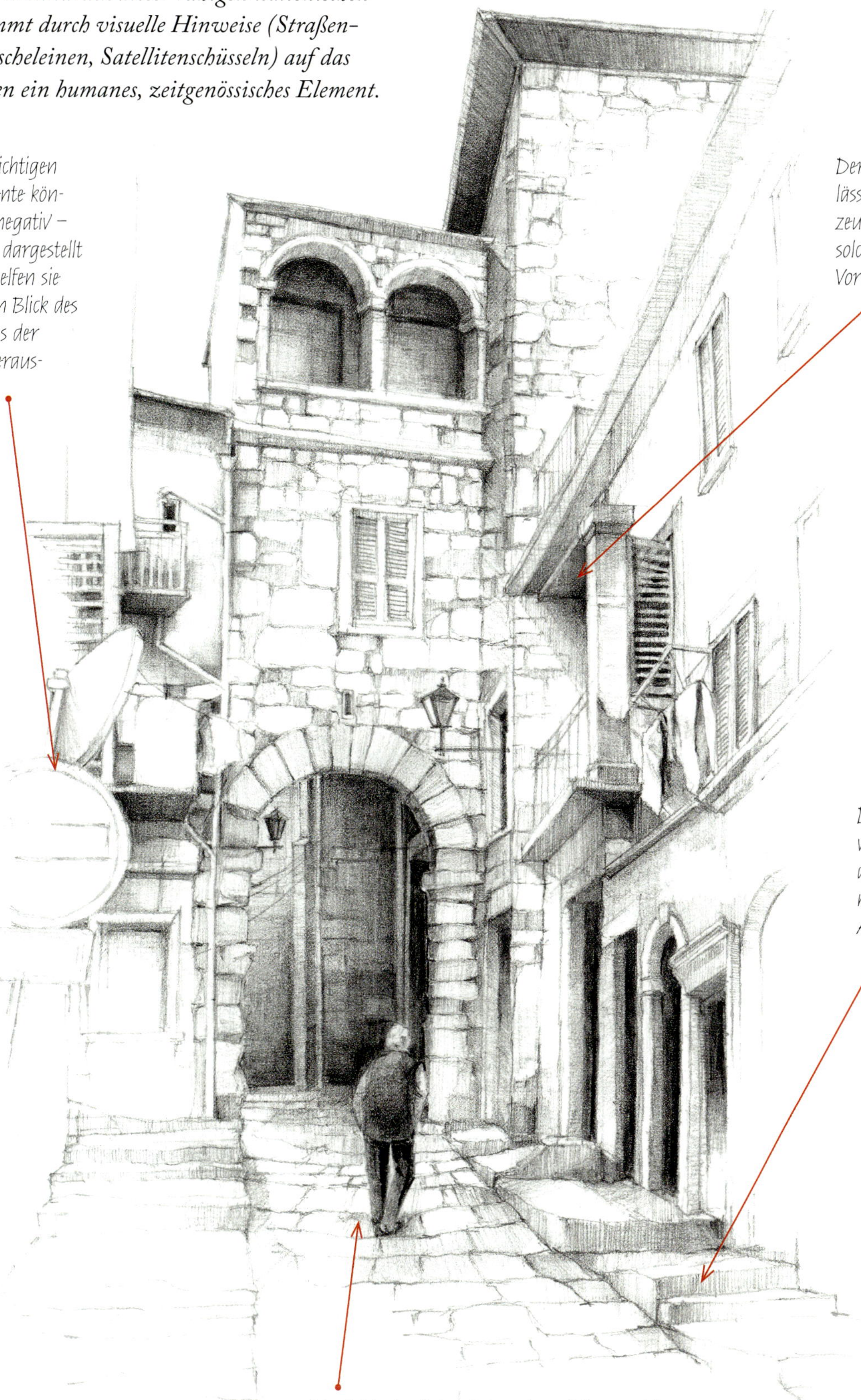

Die vertikale Struktur verleiht den Stufen und anderen Bildelementen mit harten Kanten den Anschein optischer Stabilität.

Die Gebäude allein wären mir auf dieser Zeichnung zu dominant erschienen. Zudem vermittelt der durch diese italienische Szene schreitende Mann ein Gefühl für Raum und Zeit.

Klassische Architektur

Die »klassischen«, stilbildenden Grundlagen der Architektur entstanden bereits in der griechischen Antike. In diesem Buch beziehen wir uns darauf aber nur indirekt – vermittelt durch Bauten der italienischen Renaissance, die vielfach auf der Basis antiker Entwürfe und Vorlagen entstanden und deren »klassizistischer« Stil sich später, oft auch nur als dekoratives Element, auf der ganzen Welt verbreitete. Am authentischsten und interessantesten lässt sich dieser Stil sowohl an Sakral- als auch an Profanbauten betrachten – an Kirchen, Museen, Universitäten und dergleichen –, wobei wir uns in diesem Kapitel mehr auf einzelne Details als auf das Zeichnen ganzer Gebäude konzentrieren.

Zunächst müssen wir ein wenig Zeit aufwenden, um unser Auge zu schulen und den komplizierten – häufig aus der Natur etwa in Form von Blättern und Ranken oder tierischer Motive – übernommenen Mustern folgen zu können. Auf das delikate Zusammenspiel von Licht und Schatten gilt es ebenso zu achten wie auf die Feinheiten der Perspektive – erst recht in einem so kleinen Maßstab, wie wir ihn hier anwenden. Die grundsätzlichen Prinzipien des Setzens von Glanzlichtern und der Erzeugung geeigneter Schatten, um die hellen Bereiche optisch hervorzuheben, müssen hier vielleicht sogar noch mehr als sonst berücksichtigt werden, was sich auch auf die Wahl des Materials auswirken wird.

Von besonderer Bedeutung ist die Erkundung der jeweiligen Textur: Da in der klassischen Architektur vornehmlich mit Stein gebaut wurde, werden wir auf den folgenden Seiten einige Möglichkeiten untersucht, wie Sie die Textur von bröckelndem Stein und andere Zeichen des Verfalls darstellen können.

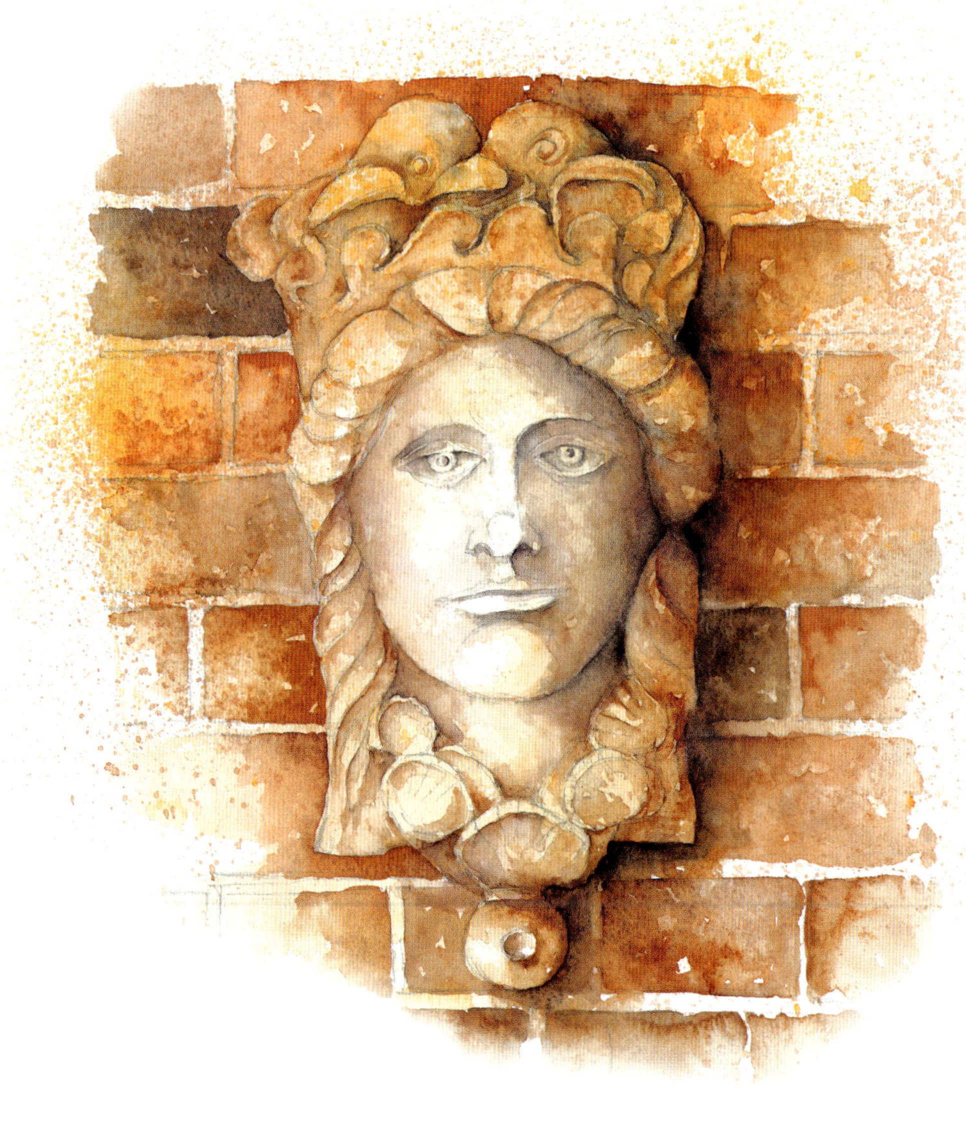

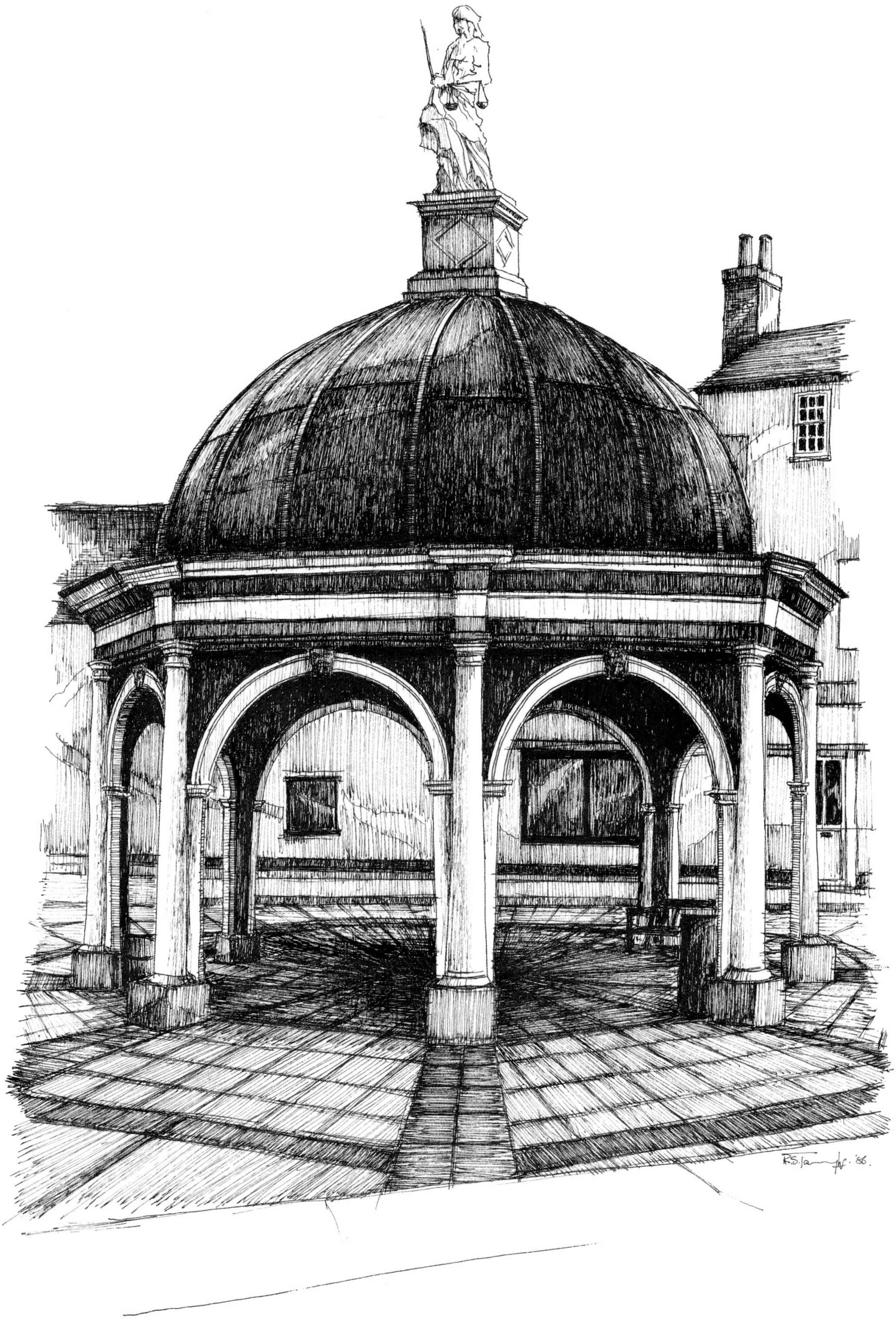

Kirchen

Kirchen sind immer eine gute Vorlage für das Studium klassizistischer Motive, mit denen man ganze Skizzenbücher füllen kann. Während einige davon klein und kompakt genug sind, um für sich als Ganzes gezeichnet zu werden, bieten viele der größeren Kirchen genug Material, um stundenlang zu skizzieren.

In Anbetracht der Komplexität vieler traditioneller dekorativer Ornamente werden Sie feststellen, dass eine Kombination aus Linienzeichnung und Pinselstrichen die beste Methode zum Skizzieren ist. Versuchen Sie einmal, innerhalb eines kleinen Bereichs des Papiers länger zu zeichnen, ohne die Stiftspitze vom Papier zu nehmen. So müssen Sie sich auf das – schnellere – Zusammenfügen der winzigen Verzierungen im oberen Teil der Säulen konzentrieren.

Wenn Sie mit Ihrer Linienzeichnung zufrieden sind, können Sie mit einem kleinen, weichen Tuschepinsel eine Lavierung vornehmen, um einen dreidimensionalen Eindruck zu erzielen.

Wählen Sie dazu die schattierten Bereiche zwischen den erhabenen Teilen des Reliefs aus und lassen Sie die Glanzlichter unangetastet.

Es gibt viele verschiedene Tuschefarben, aus denen Sie eine individuelle Auswahl treffen können; es lohnt sich, mit verschiedenen Farben zu experimentieren.

Braune und sepiafarbene Tuschefarben eignen sich besonders gut für das Zeichnen sakraler Bauten, da sie den Zeichnungen so etwas wie einen »antiken Charakter« verleihen – umso mehr, wenn sie auf einem leicht getönten Papier aufgetragen werden.

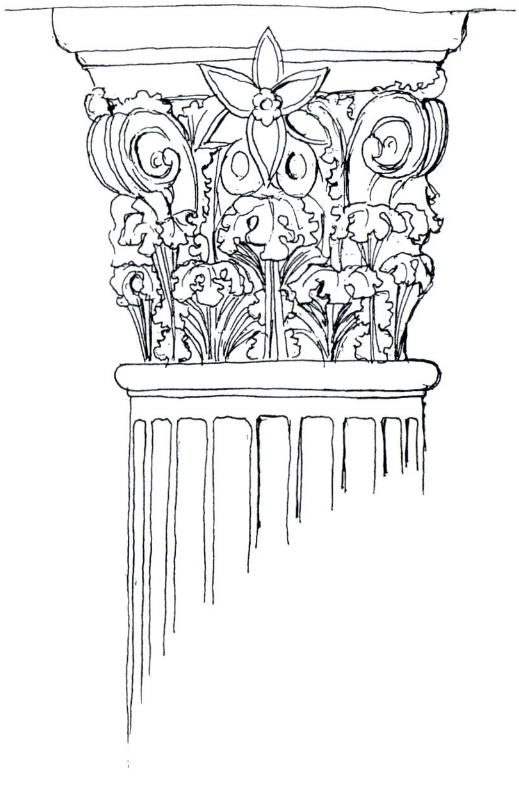

Details
Das Studium klassizistischer Motive ist gut geeignet, um Ihr Auge für die komplexe Struktur architektonischer Details zu schulen. Zu Beginn sollten Sie nur mit Linien arbeiten, da dies den Prozess vereinfacht.

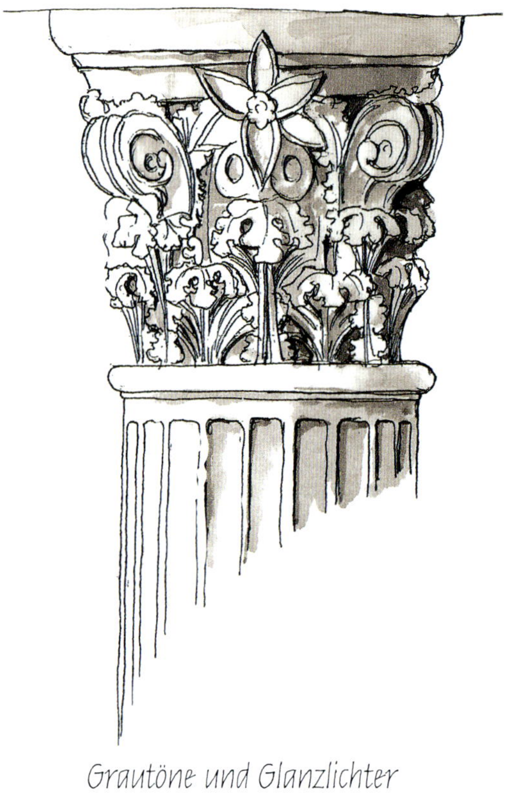

Grautöne und Glanzlichter
Mit einem kleinen Pinsel können Sie experimentieren, indem Sie eine Tuschelavierung hinzufügen, die Schatten herausnehmen und die Glanzlichter stehen lassen.

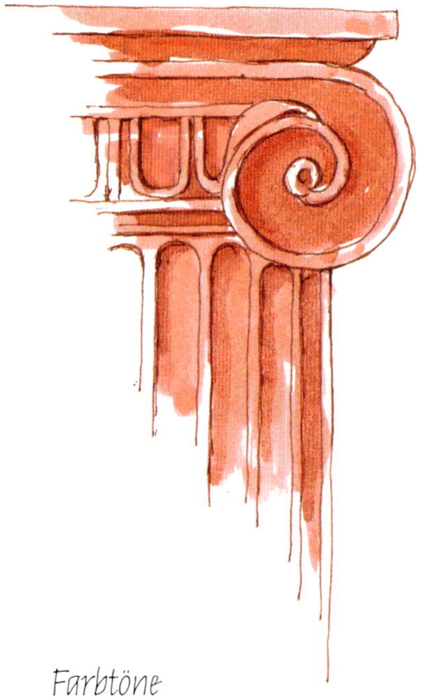

Farbtöne
Experimentieren Sie mit verschiedenen Farbtönen. Ein warmes Sandsteinrot mag wie die südliche Sonne leuchten, während ein antikes Braun eine gedämpftere Stimmung vermittelt.

Italienische Kirchenfassade

Die schiere Größe dieser beeindruckenden Kirche wirkte zunächst etwas einschüchternd – ihr symmetrischer Aufbau ist aber einfach zu konstruieren. Danach können Sie entscheiden, welche und wie viele zusätzliche Bildelemente Sie noch einfügen möchten.

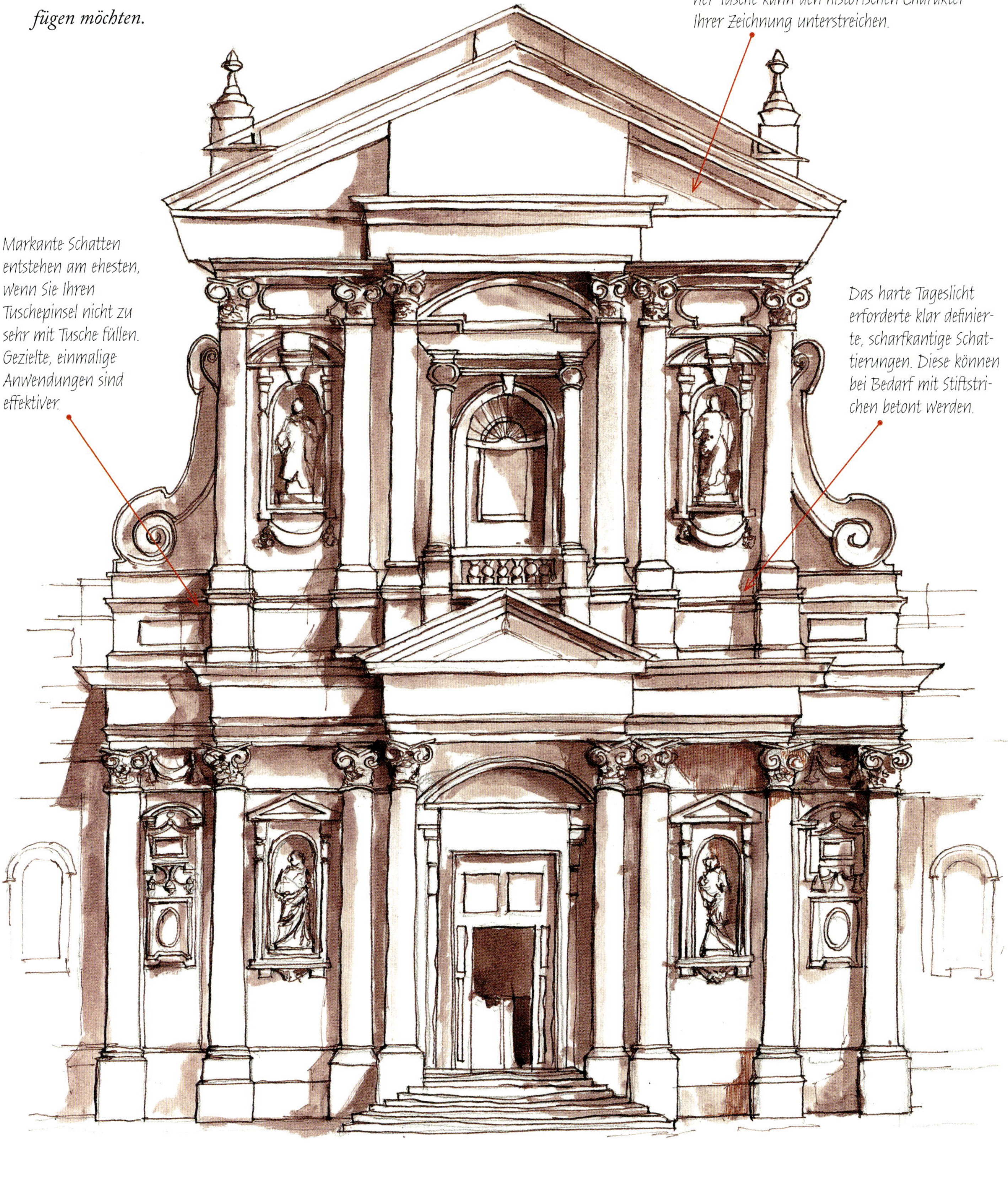

Die Verwendung von brauner oder sepiafarbener Tusche kann den historischen Charakter Ihrer Zeichnung unterstreichen.

Markante Schatten entstehen am ehesten, wenn Sie Ihren Tuschepinsel nicht zu sehr mit Tusche füllen. Gezielte, einmalige Anwendungen sind effektiver.

Das harte Tageslicht erforderte klar definierte, scharfkantige Schattierungen. Diese können bei Bedarf mit Stiftstrichen betont werden.

Statuen

Wenn Sie die Licht- und Schattendarstellung der Außenfassaden von Kirchen beherrschen, können Sie sich als Nächstes dem Zeichnen von Statuen zuwenden. Diese werden manchmal als Relief und manchmal als freistehende dreidimensionale Bildwerke dargestellt.

Eine der ersten Entscheidungen, die Sie treffen müssen, ist die Frage, wie viel Sie von Ihrem Motiv in Ihre Darstellung übernehmen wollen. Manchmal möchten Sie sich nur auf eine bestimmten Teil einer Statue oder auf eine Gruppe von Figuren konzentrieren. Oder Sie möchten eine komplette freistehende Statue zeichnen – in diesem Fall müssen Sie dann auch noch entscheiden, ob Sie die Umgebung mit einbeziehen wollen.

Wenn Sie einen kleinen Teil einer großen Statue isoliert darstellen möchten, sollten Sie die Ränder mit einer abgestuften Schattierung abschwächen. Statt die Zeichnung hartkantig auszuführen, verwenden Sie den Rand der Bleistiftmine und schattieren von der Mitte der Zeichnung weg, indem Sie den Druck auf den Bleistift verringern, bis er das Papier kaum noch berührt.

Wenn Sie eine Statue in ihrer natürlichen Umgebung zeichnen, können Sie mit negativen und positiven Formen arbeiten. Negative Formen umliegender Objekte leiten den Blick des Betrachters auf die positiven Formen der Statue.

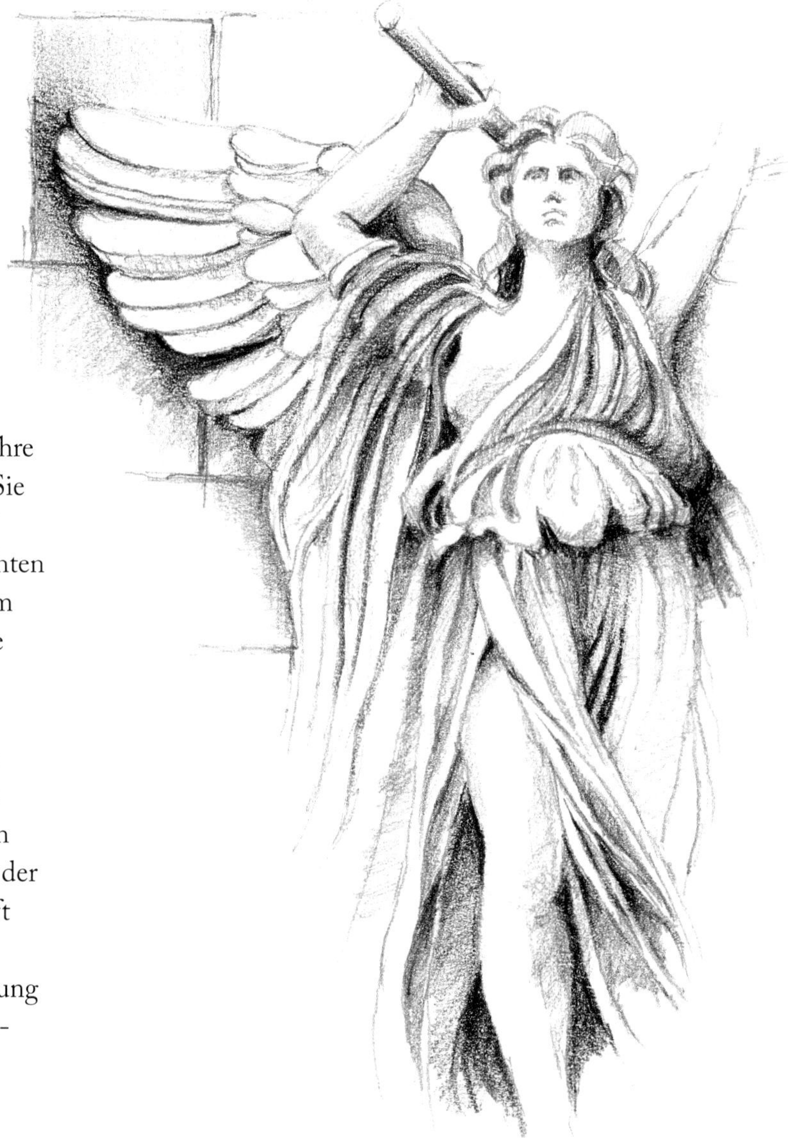

Tonwerte

Stein ist solide und sieht – sofern er nicht bröckelt – auch stets so aus. Sie müssen einige kräftige Schattierungen verwenden, um Statuen so aussehen zu lassen, als seien sie »in Stein gemeißelt«. Graphitstifte sind dafür ideal geeignet, weil sich damit unendlich viele Abstufungen in den Tonwerten gestalten lassen. Möglicherweise müssen Sie dieses Medium sogar noch bis an seine Grenzen ausreizen: Arbeiten Sie mit einem 8B-Bleistift, um die dunkelsten Töne in den Tiefen großer Statuen zu erzielen, in die nur wenig natürliches Licht eindringen kann.

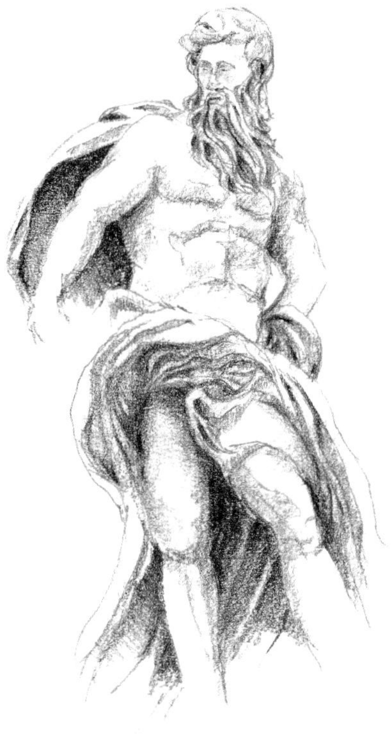

Technik

Wenn Sie Statuen mit einem 2B- und einem 8B-Bleistift zeichnen, können Sie den für Bildhauerarbeiten so charakteristischen Kontrast von Licht und Schatten erzeugen.

Details

Folgen Sie mit Ihrem Bleistift den Linien des geschnitzten Faltenwurfs und schattieren Sie dann zwischen den Glanzlichtern, um negative Formen zu schaffen.

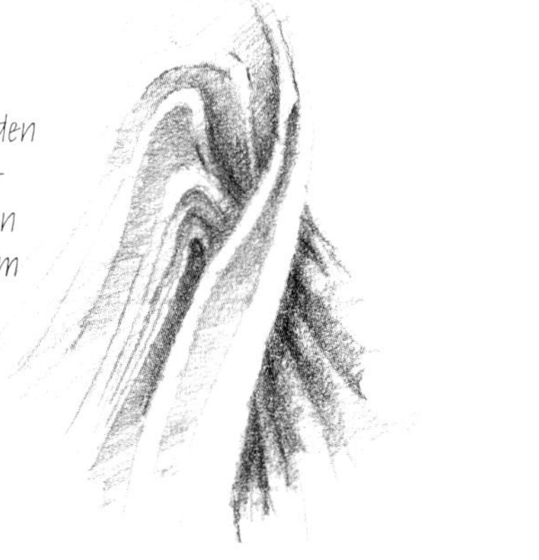

Italienischer Springbrunnen

Bei freistehenden Statuen und Brunnen ist es am besten, den Hintergrund zu ignorieren, da dieser visuell ablenken kann. Eine isolierte Darstellung Ihres Motivs ist in der Regel am besten.

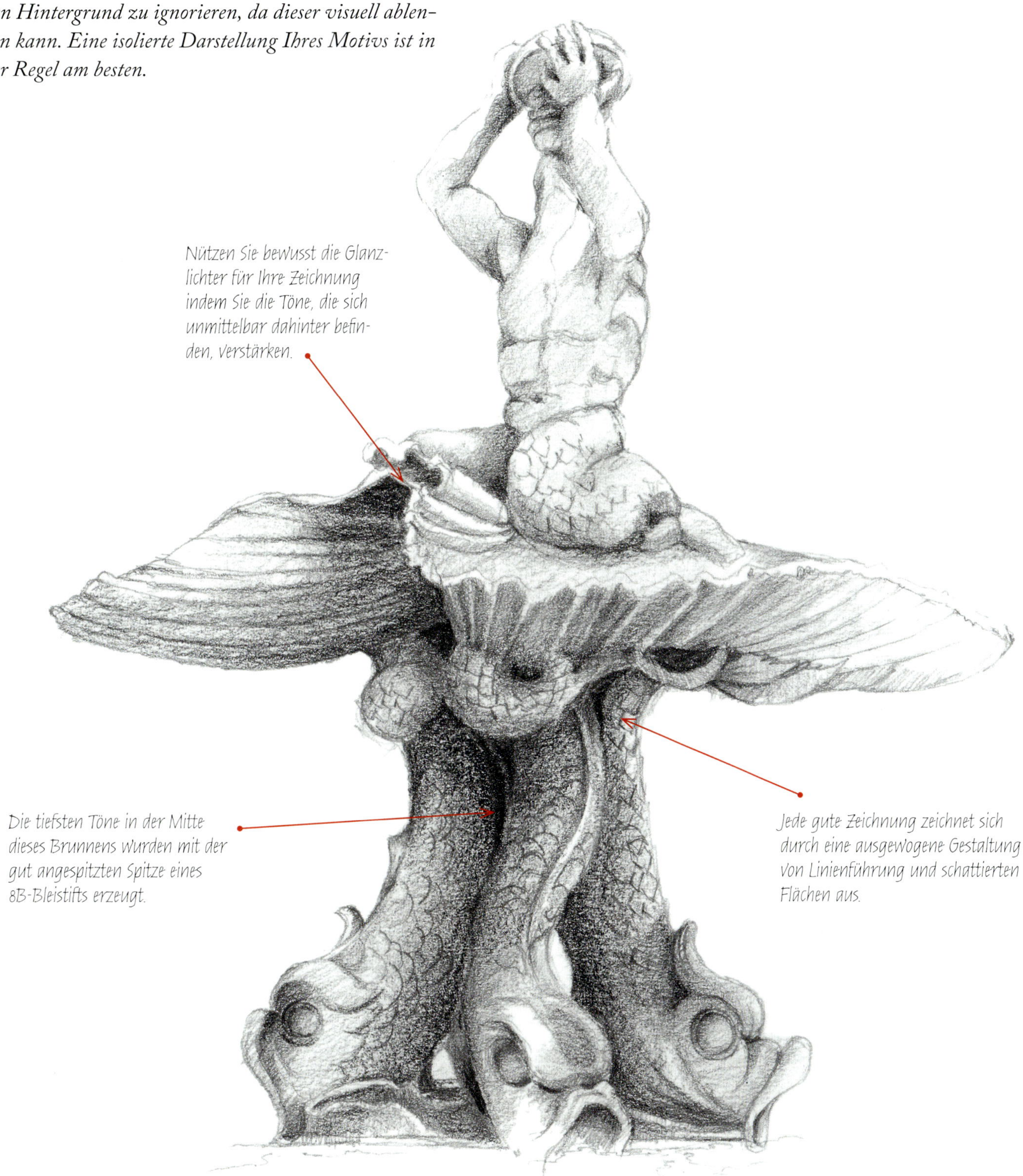

Reliefschnitzereien

Alte Universitätsstädte bieten fast immer eine Fülle von Motiven zum Zeichnen: Nicht nur die kunstvollen Schnitzereien an den Türen und Eingängen der Universitätsgebäude selbst, sondern auch an vielen Wohnhäusern in und rund um die Universitätsviertel stehen symbolisch für den oft schon seit Jahrhunderten gepflegten Geist von Wissenschaft, Bildung und Kultur.

Beim Zeichnen solcher – häufig Wind und Wetter ausgesetzten – Motive kann man gut mit Aquarellfarben arbeiten und sich dabei ein Phänomen zunutze machen, das man bei anderen Arbeiten mit diesem Medium als Fehler empfinden würde: Wenn man Aquarellfarbe trocknen lässt, ohne sie richtig zu vermischen, entsteht ein Fleck mit einem deutlich erkennbaren äußeren Rand. In den meisten Fällen ist das unschön – hier trägt es im Gegenteil dazu bei, den Alterungsprozess kenntlich zu machen und somit Ihre Zeichnung realistischer wirken zu lassen. (Es lohnt sich immer, zu experimentieren und auch mal »gegen die Regeln« vorzugehen!)

Nachdem Sie die Tonwerte wie die Textur in Ihrer Zeichnung gestaltet haben, stellen Sie vielleicht fest, dass die Tiefe in einigen Bereichen noch verstärkt werden muss. Das erreichen Sie, indem Sie eine dunklere Farbe an der entsprechenden Stelle auftupfen. Alternativ können Sie auch mit einem Filzstift auf den schattenwerfenden Bereich zeichnen und die Farbe mit einem feuchten Pinsel verwischen. Dies kann beim Trocknen einen ähnlichen Effekt erzielen wie die »Fleckenränder« beim Aquarellmalen – und ebenfalls die verwitterte Textur Ihres Gebäudes betonen.

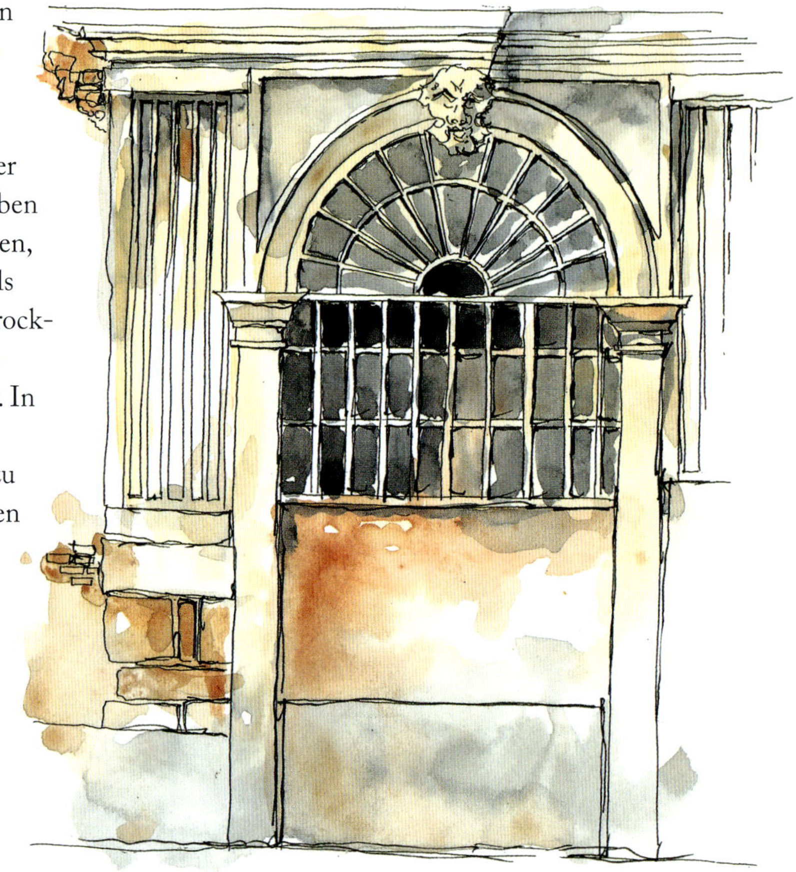

Details
Die Zugabe von Siena gebrannt kann einem Bild sowohl einen Ziegel- als auch einen rostigen Ton verleihen. In dieser Studie diente es beiden Zwecken.

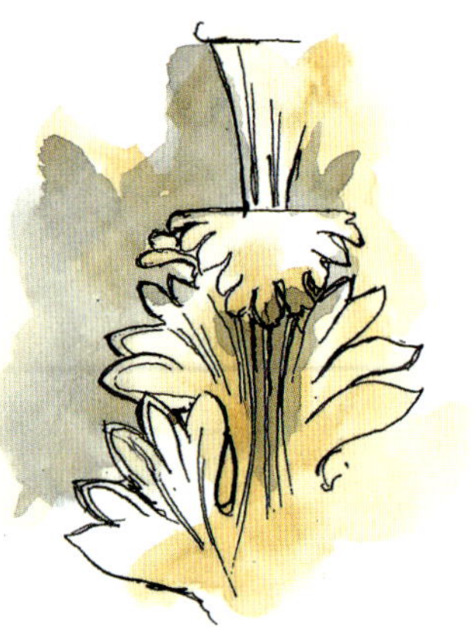

Details
Bedecken Sie niemals das gesamte Papier mit einer Aquarellfarbe. Lassen Sie immer ein wenig Weiß durchscheinen, um auf diese Weise Glanzlichter zu setzen.

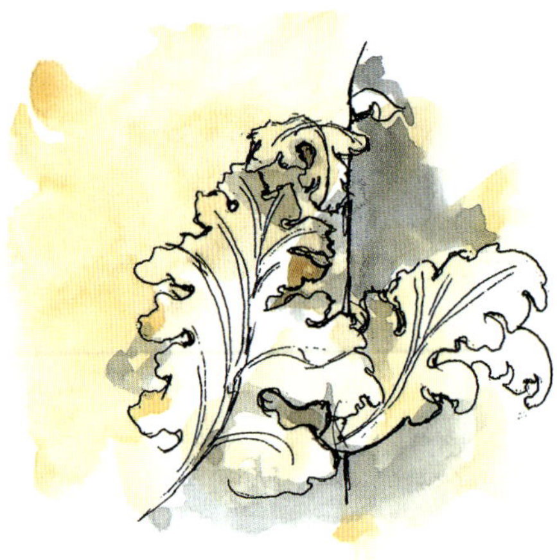

Technik
Lavieren Sie frei, am besten mit Siena natur, um gealterten Stein darzustellen. Dann lassen Sie die Farbe trocknen. Die dabei entstehenden Flecken unterstreichen in diesem Fall noch die gewünschte Textur.

Oxbridge-Tor

Die Universitäten von Oxford und Cambridge – auch Oxbridge genannt – sind die ältesten der englischsprachigen Welt. Hier findet man wunderschöne Tore wie dieses, deren Reliefs jahrhundertelangen Verwitterungsprozessen ausgesetzt sind, was eine besonders subtile Vorgehensweise beim Zeichnen verlangt.

Die Schattentöne wurden durch das Übermalen der ursprünglichen Zeichnung mit einem wasserlöslichen Graphitstift und anschließendem Lavieren mit sauberem Wasser erzeugt.

Sobald die Farbe getrocknet ist, können Sie die Schattierung verstärken, indem Sie die ursprünglichen Linien locker überzeichnen.

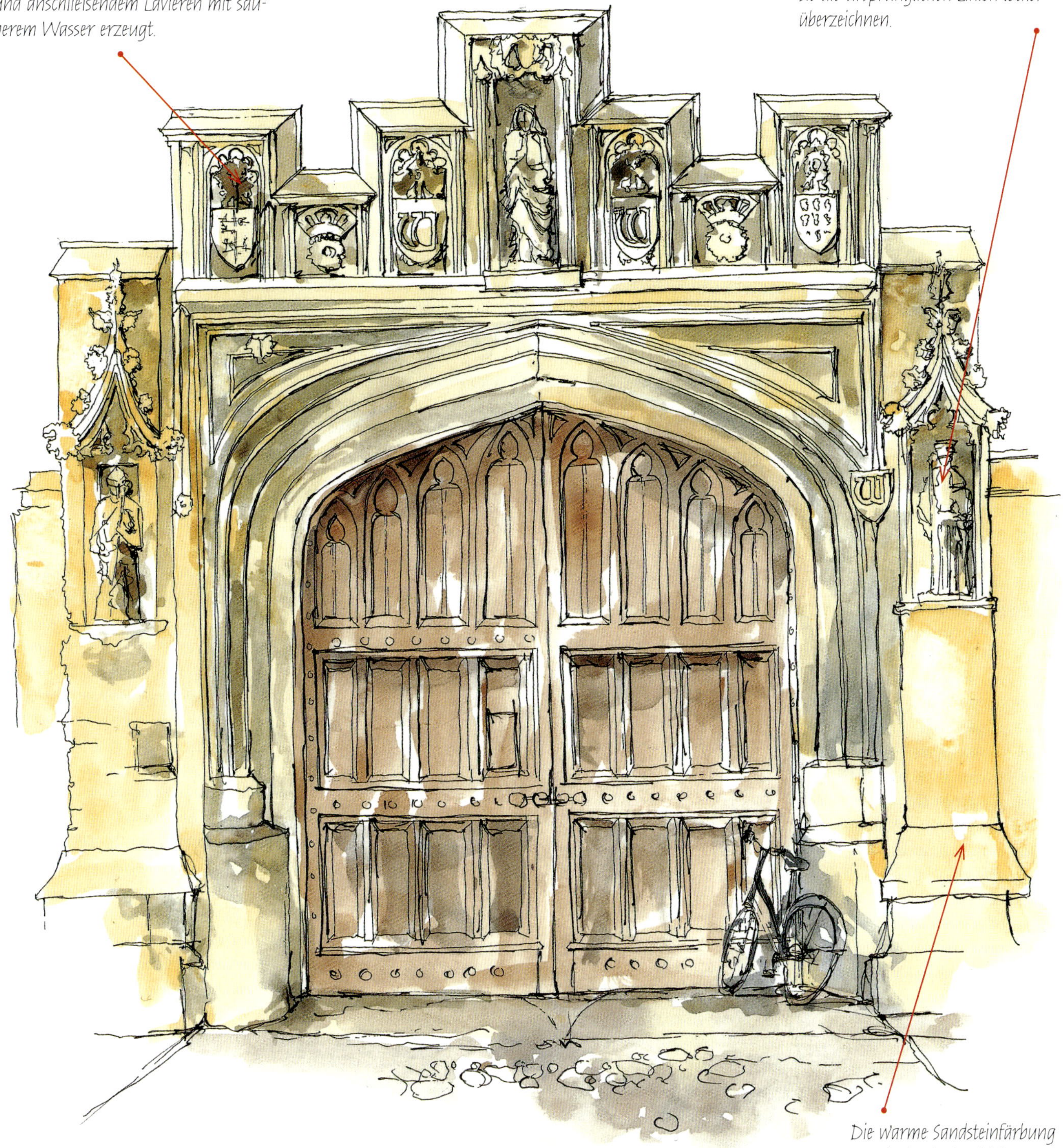

Die warme Sandsteinfärbung wurde durch eine leichte Lavierung mit Siena natur erzeugt.

Projekt: Stein modellieren

Ich liebe es, die besonderen Merkmale von altem Stein mit Graphitpulver zu erfassen. Der alte Brunnen aus behauenem Stein, den ich für dieses Projekt ausgewählt habe, war Teil einer älteren bebauten Umgebung. Überall in der Gegend fand ich ähnlich strukturierte und getönte Einzelmotive, mit denen ich mich in idealer Weise auf die Herausforderung vorbereiten konnte, die das Gesamtbild für mich bedeutete.

Ich finde es hilfreich, wenn man beim Auftragen von Graphitpulver mehr als einen Finger benutzen kann, denn wie bei Bleistiften und Pinseln sind auch die Finger unterschiedlich groß. Sobald ich eine einfache Umrisszeichnung angefertigt habe, trage ich das Graphitpulver in der Regel mit der ganzen Hand auf und benutze mindestens drei Finger, um den zu schattierenden Bereich des Papiers zu bedecken. Anschließend kontrolliere ich mit dem Zeigefinger die Verteilung des Pulvers, um dort, wo dunklere Töne gewünscht sind, zusätzliche Aufträge zu machen. Damit ich auch die diffizilsten Stellen erreiche, tupfe ich mit dem kleinen Finger etwas Puder in eine gezeichnete Spalte oder einen großen Riss. Bevor ich anfange, Details hinzuzufügen, besprühe ich die Zeichnung mit einem Fixiermittel. So verhindere ich, dass das Pulver auf dem Papier verrutscht oder dass beim nächsten Auftrag die bereits vorhandenen Grautöne verändert werden.

Übrigens haben Sie eine viel bessere Kontrolle über Ihr Pulver, wenn Sie es zusammen mit einem Bleistift verwenden. Ich nehme gerne mindestens einen 6B-Bleistift, um die Ränder einer Zeichnung zu vervollständigen, in den Schatten zu arbeiten und die Schattierung mit ein paar kräftigen Linien zu vertiefen. Sie können auch die Spitze Ihres Bleistifts verwenden, um das Graphitpulver zu bearbeiten und so eine wunderbare Kombination aus festem Bleistiftgraphit und dem weicheren Pulver auf Ihrer Zeichnung zu schaffen.

Details
Die dekorativen Schnitzereien unter den Dachvorsprüngen von Gebäuden können mit einem 4B-Bleistift gezeichnet und (mit dem kleinen Finger) leicht mit Graphitpulver eingerieben werden.

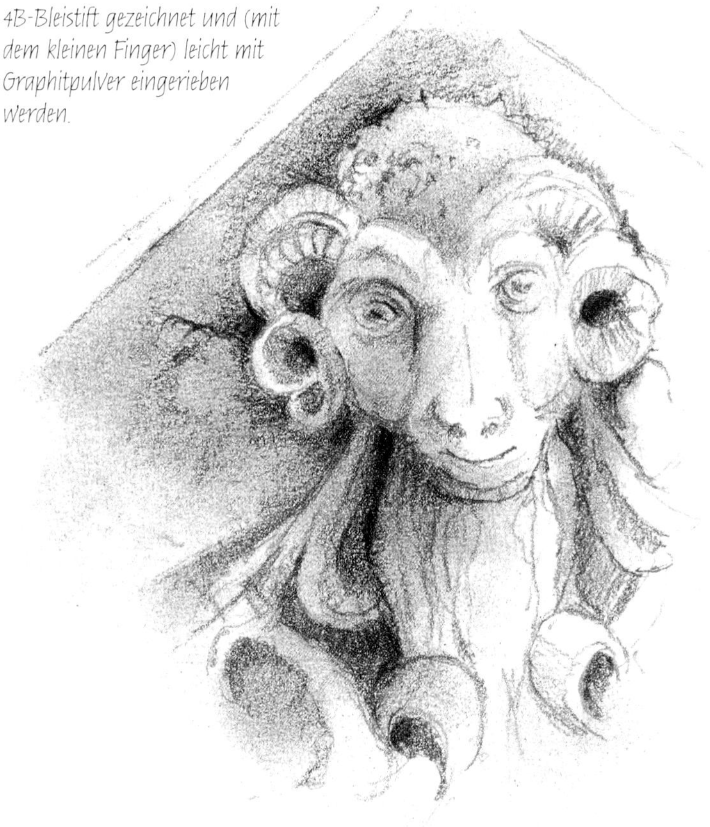

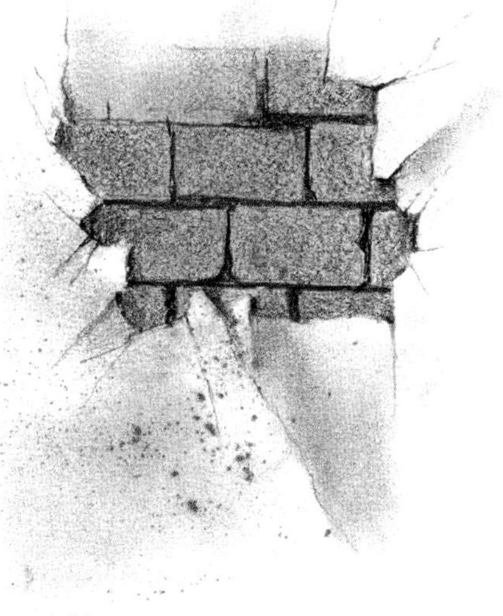

Technik
Texturen lassen sich darstellen, indem man etwas Graphitpulver auf das Papier streut und es dann fixiert. Bevor es vollständig getrocknet ist, streuen Sie mehr Pulver auf und fixieren es erneut: So entsteht das Aussehen von alterndem Stein.

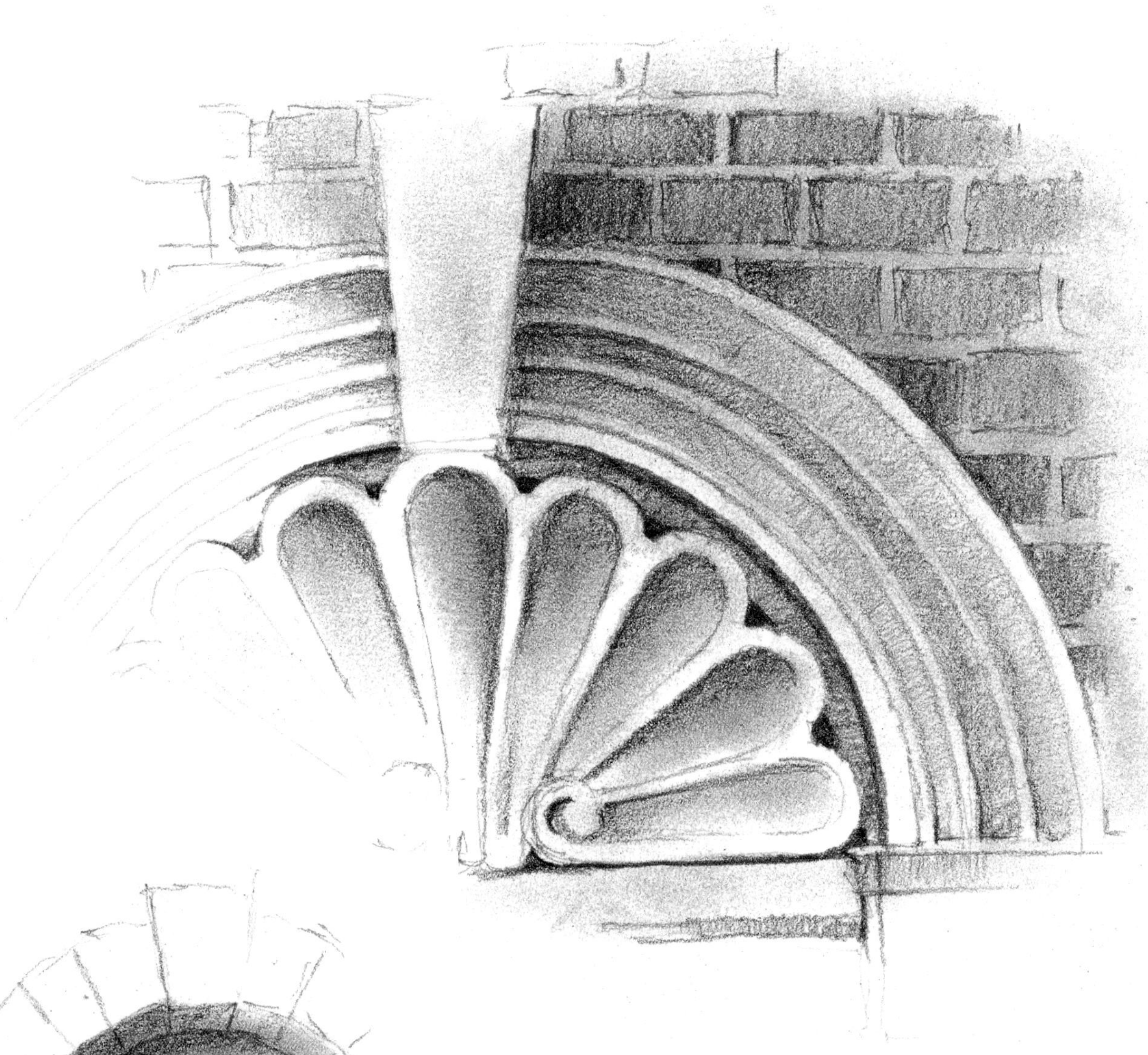

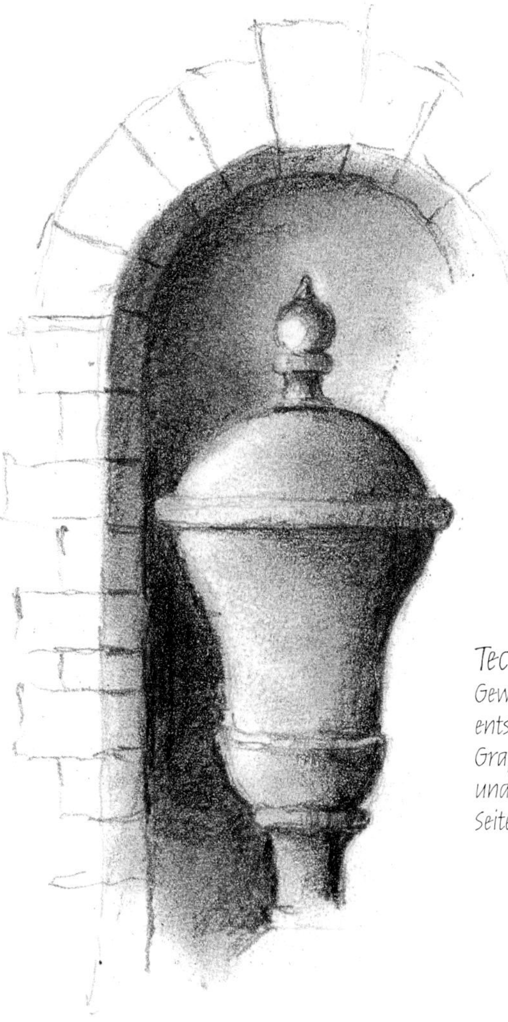

Technik

Glanzlichter gestalten Sie durch das Aufnehmen feiner Linien aus Graphitpulver mit einem Gummispachtel. Diese sind sehr biegsam, haben eine weiche Oberfläche und können auch dank ihrer besonderen Form sehr flexibel eingesetzt werden. Alternativ dazu kann auch mit einem Knetradiergummi gearbeitet werden.

Technik

Gewölbte oder abgestufte Schattierungen entstehen am besten, indem man zuerst das Graphitpulver aufträgt, von hell nach dunkel, und dann mit einem 6B-Stift über die dunkle Seite arbeitet.

PROJEKT: *Fortsetzung*

Der eigentliche Reiz dieser alten Brunnenskulptur lag für mich in der Art und Weise, wie der rissige Putz aufgeplatzt war und eine andere darunter liegende Textur zum Vorschein brachte – das Ziegelmauerwerk.

Bevor ich mich auf das Hauptbild festlegte, experimentierte ich mit einem kleinen Ausschnitt. Ich fand heraus, dass sich der aufgeplatzte Putz am besten zeichnen ließ, indem ich mit einem Finger eine Linie aus Graphitpulver entlang der Bruchstelle zog. Dann ritzte ich mit der angespitzten Spitze eines 6B-Bleistifts in die Textur und verlängerte diese Linie am Rand des Graphitpulvers. Der nächste Schritt bestand darin, den Putz so aussehen zu lassen, als könnte man einen Finger darunter schieben und ihn vom Papier abheben. Dazu benutzte ich einen 6B- oder 8B-Bleistift und schattierte das unter dem Putz hervorscheinende Mauerwerk so stark wie möglich. Diese dunkle Schattierung kontrastiert mit dem hellen Putz und hebt ihn optisch hervor. Anschließend streute ich noch etwas Pulver auf den Putz und besprühte ihn mit Fixiermittel, um die helle Schicht auf der Seite zu fixieren.

Ich wollte auch mit den Gesichtszügen experimentieren, um die Techniken festzulegen, die ich im Hauptbild verwenden würde. Die Genauigkeit, die notwendig war, um die Augen, die Nase und den Mund zu modellieren, erforderte eine Kombination aus Graphitpulver für die weichen Töne und Graphitstift für die präzise Linienführung. In diesem Stadium der Zeichnung habe ich einen Gummispachtel verwendet, um das Graphitpulver von der zentralen Linie entlang der Nase und der Augenbrauen abzuheben. Dieser Vorgang muss natürlich vor dem Aufsprühen des Fixiermittels durchgeführt werden – danach ist es zu spät!

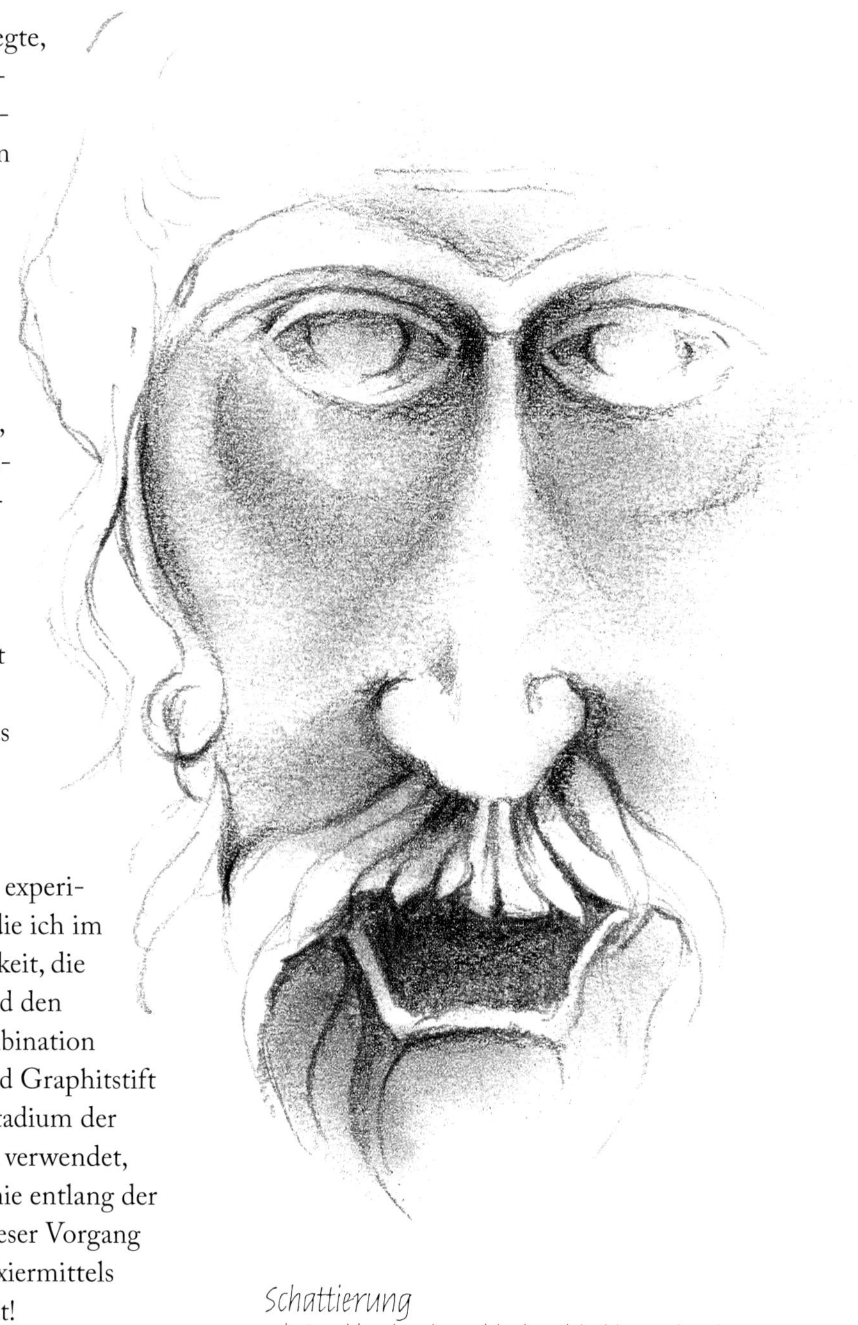

Schattierung

Mit Graphitpulver lässt sich eine Vielzahl von Abstufungen in den Grauwerten erreichen, indem man mehrere Schichten übereinander aufträgt. Dies kann dann noch mit einem 8B-Stift vollendet werden, um das tiefste Schwarz zu erreichen.

Die fertige Zeichnung

Die Kombination aus akkurater Ausarbeitung und zufälligen Verwitterungsprozessen machte dieses Motiv für die Arbeit mit Graphitpulver besonders reizvoll.

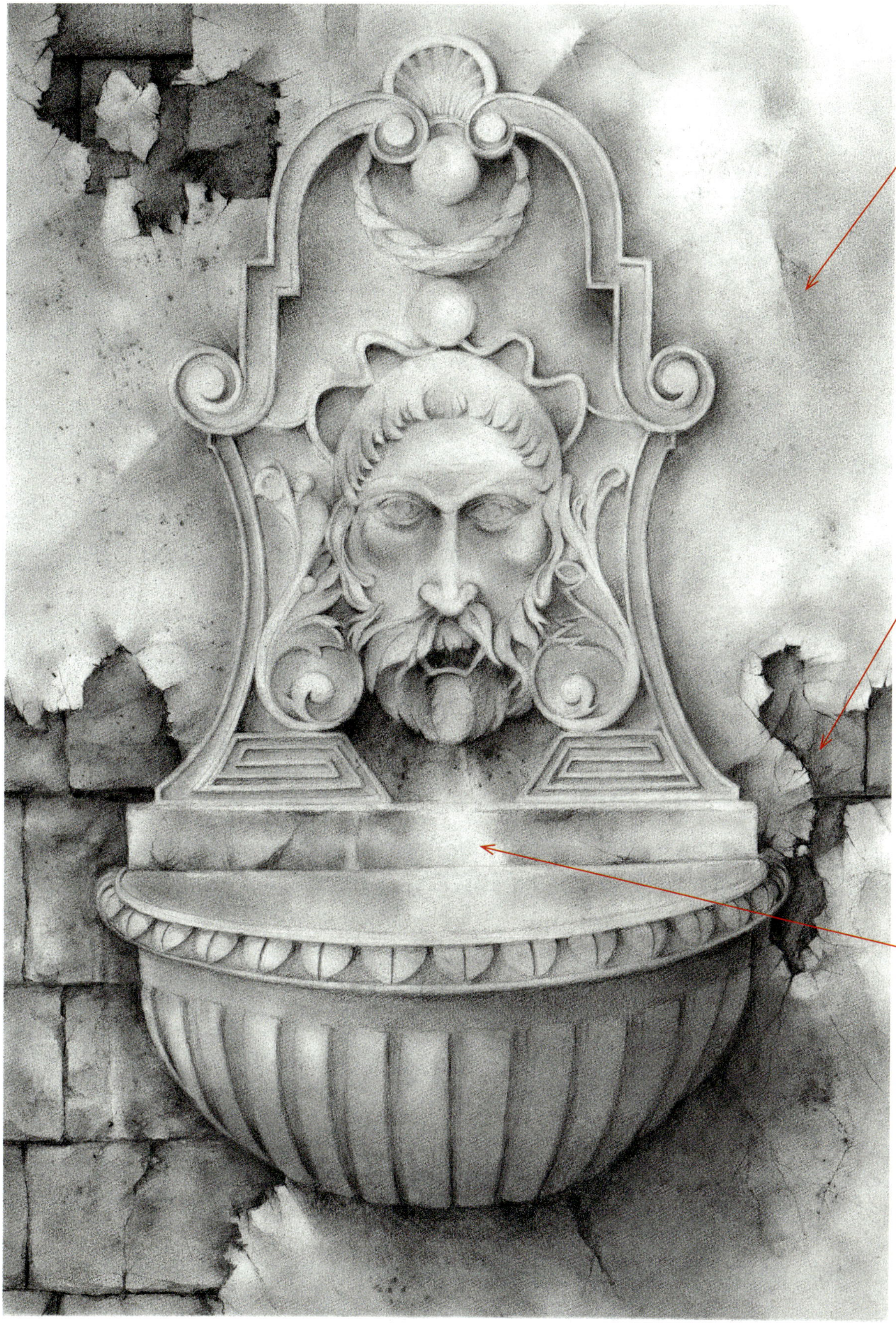

Der Anschein von rissigem Putz wurde durch ein behutsames Anheben des Graphitpulvers mit einem Gummispachtel erzielt. Die beste Wirkung erzielen Sie, wenn das Pulver ganz sachte abtupfen.

Risse im Gips wurden mit einer stark angespitzten Bleistiftspitze gezeichnet, wodurch eine harte Linie entstand, die den Alterungsprozess betont.

Der Anschein von verwittertem Stein wurde durch Einarbeiten des Graphitpulvers in eine Weißfläche erzeugt. Dies hat den Effekt, dass das Mauerwerk optisch »gereinigt« wird.

Öffentliche Gebäude

Öffentlich Gebäude – Ämter, Behörden et cetera –, die vor allem den Belangen des Gemeinwesens dienen sollen, scheinen nicht unbedingt eine inspirierende Wahl für die zeichnerische Darstellung zu sein. Doch bei einer genaueren Betrachtung erfüllen zwar viele von ihnen zunächst rein funktionale Zwecke – zugleich sind sie aber auch oft ein Ausdruck dafür, wie stolz eine Gemeinde auf eben dieses Gemeinwesen ist – und dieser Stolz spiegelt sich häufig ebenso in der Architektur.

Ich habe diese Kombination aus funktionalem Design und regionalem Stolz immer als besonders faszinierend empfunden, da sie einige unerwartete Designs und Strukturen hervorbringen kann. So entstanden vor allem im 19. Jahrhundert einige bemerkenswert attraktive öffentliche Gebäude.

Zeichnerisch interessant ist die Darstellung solcher Gebäude zudem, weil sich hier zwei elementare Voraussetzungen architektonischer Konstruktion studieren lassen: Geometrie und Raum sowie Mensch und Raum. In der geometrisch vereinfachten Grundorganisation lässt sich jede Formenvielfalt auf Dreieck, Quadrat und Kreis sowie auf Pyramide, Kugel und Würfel zurückführen. In der Vielfalt der Kombinationen – und im Finden der richtigen Maßverhältnisse – ergibt sich die Vielfalt der Architektur. Eine weitere Überlegung bei der Dokumentation öffentlicher Gebäude gilt der Tatsache, dass man dort häufig Personen sieht. Auf Bahnhöfen zum Beispiel halten sich fast immer sehr viele Menschen auf. Auf den folgenden Seiten finden Sie einige Vorschläge, wie Sie am besten mit Menschenmengen in ihrer Zeichnung umgehen und wie viele Details Sie darin aufnehmen können.

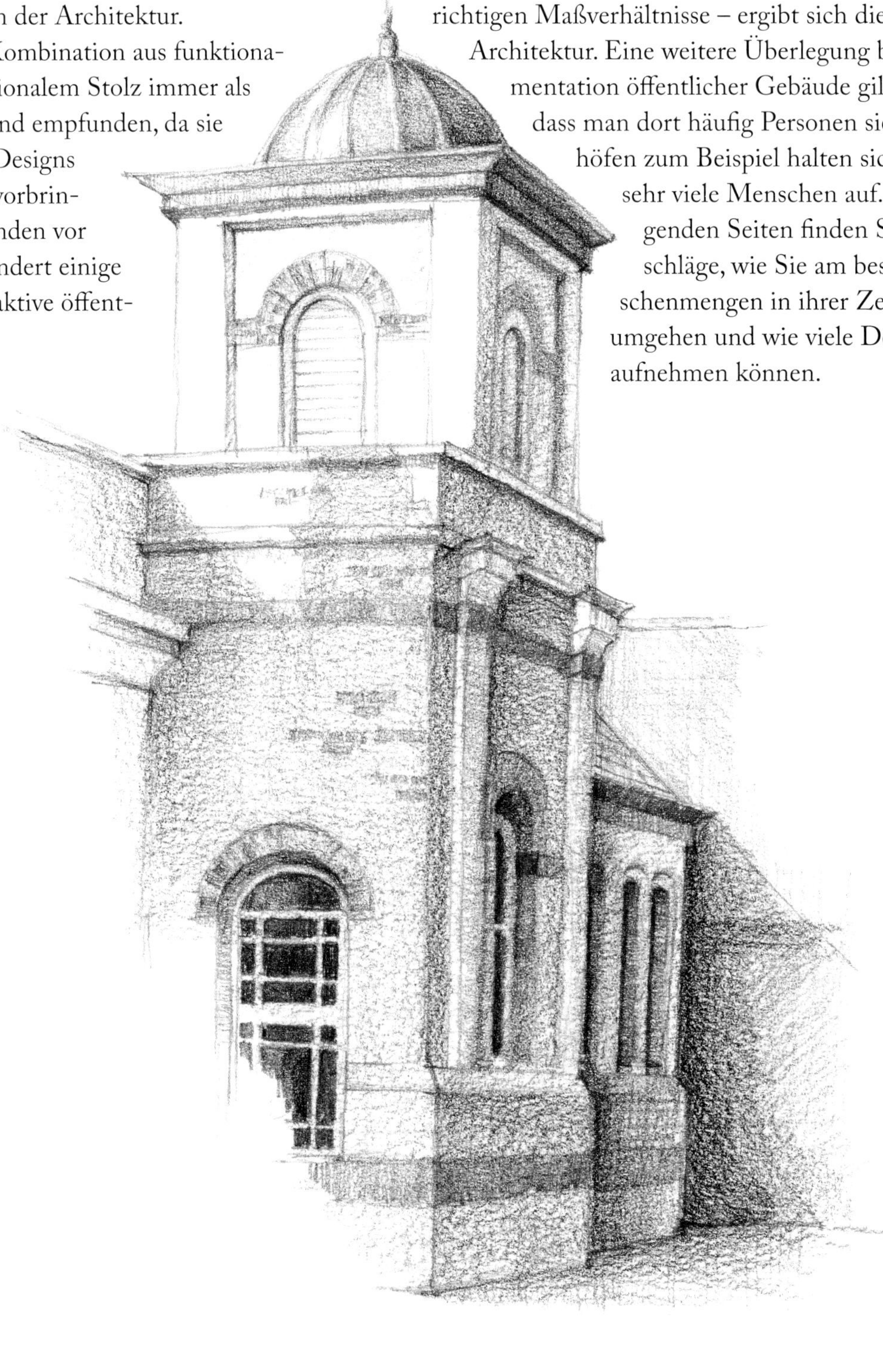

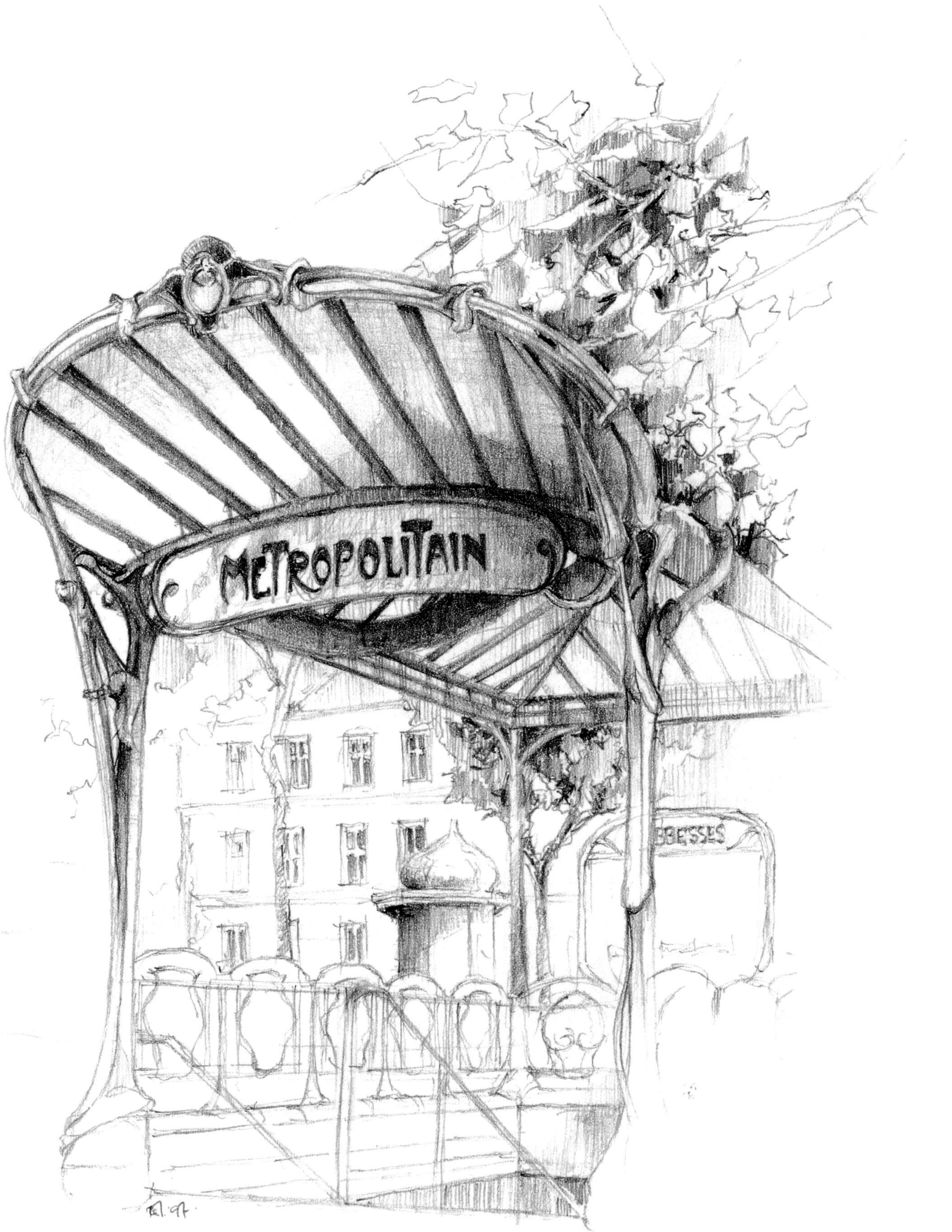
METROPOLITAIN
BBESSES

Bahnhöfe

Bahnhöfe sind als Durchgangsorte darauf angelegt, Menschenmassen für eine begrenzte Zeit zu beherbergen. Sie gliedern sich in der Regel in zwei Bereiche: die nackte, skelettartige Struktur der Stützkonstruktion im Inneren und das kunstvolle, inspirierende Dekor im Äußeren. Letzteres lässt sich wie der Gesamteindruck des Baus auch als Ausdruck von Macht und Wohlstand in einer bestimmten gesellschaftlichen Epoche interpretieren.

Im Bahnhof gibt es eine Vielzahl von Motiven zu entdecken. Nicht zuletzt werden Sie nur selten einen Bahnhof ohne menschliches Leben finden. Am besten begnügen Sie sich hier mit der zeichnerischen Andeutung. Sie könnten Figuren als Negativformen behandeln, die sich von den übrigen Details und dem Charakter des Gebäudes als Ganzes absetzen, und nur eine oder zwei davon für eine detailliertere Darstellung auswählen.

Ins richtige Maßverhältnis gesetzt, können die menschlichen Figuren auch ein Gefühl für die Größe des Baus vermitteln und den Blick perspektivisch im Sinne der gewünschten Bildkomposition leiten.

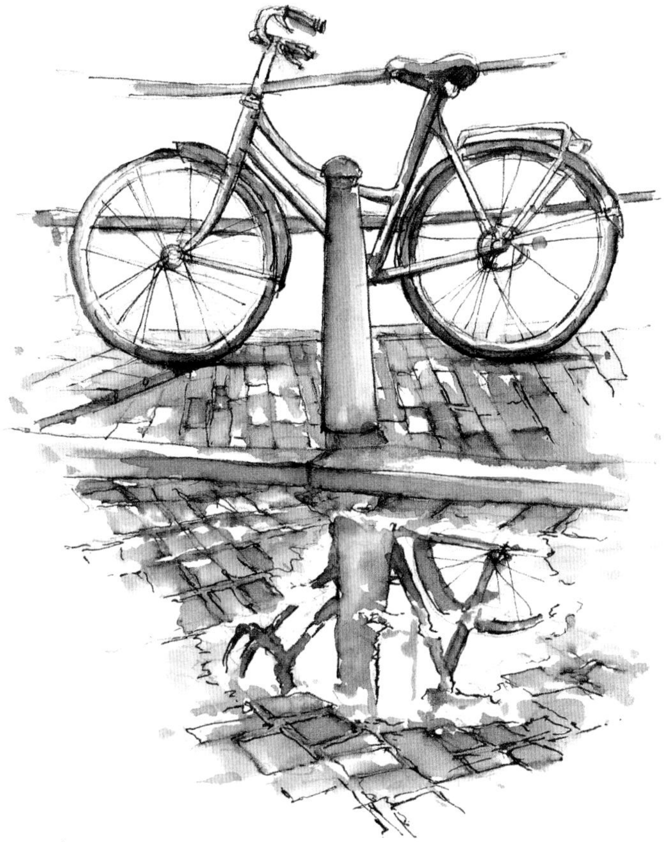

Details
Hinweisschilder und funktionale Elemente wie Bahnhofsuhren und Fahrkartenschalter sind gute Motive. Denken Sie daran, dass es beim Zeichnen von Gebäuden nicht immer nur um die Gebäude selbst geht.

Die Kombination aus den klaren perspektivischen Linien des Daches und der massiven vertikalen Säule interessierten mich hier besonders. Achten Sie immer auf kontrastierende Linienführungen, um eine spannende Bildkomposition zu erstellen.

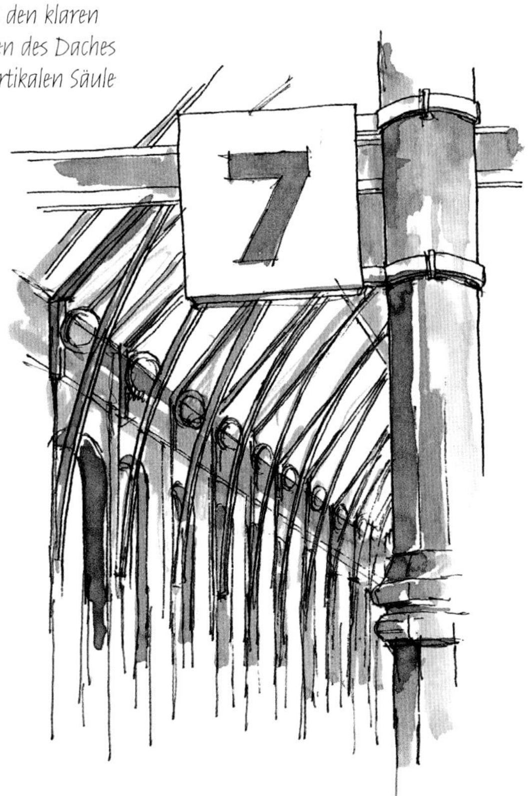

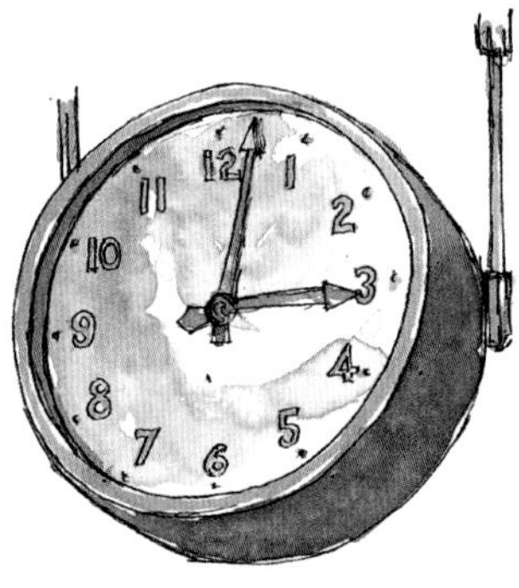

Zeit ist ein wichtiger Faktor auf einem Bahnhof. Von zentraler Bedeutung ist deshalb auch die Bahnhofsuhr. Versuchen Sie, die Glasfront zu gestalten, indem Sie einen weißen Streifen freilassen, der eine Spiegelung andeuten könnte.

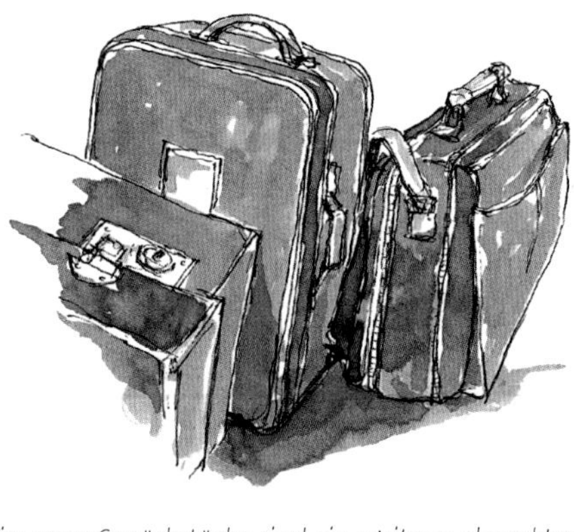

Ein paar Gepäckstücke sind ein weiteres charakteristisches Element einer Bahnhofillustration.

Amsterdam Centraal

Allein die enorme Größe des Hauptbahnhofs von Amsterdam wirkt zunächst ein wenig einschüchternd. Aber in der Vereinfachung von Details gelang es, eine übersichtliche Darstellung zu gestalten.

Es ist nicht immer möglich, alle Facetten großer Gebäude zu berücksichtigen, daher muss man sich manchmal mit der Andeutung von Details begnügen, um den vorhandenen Raum zu füllen.

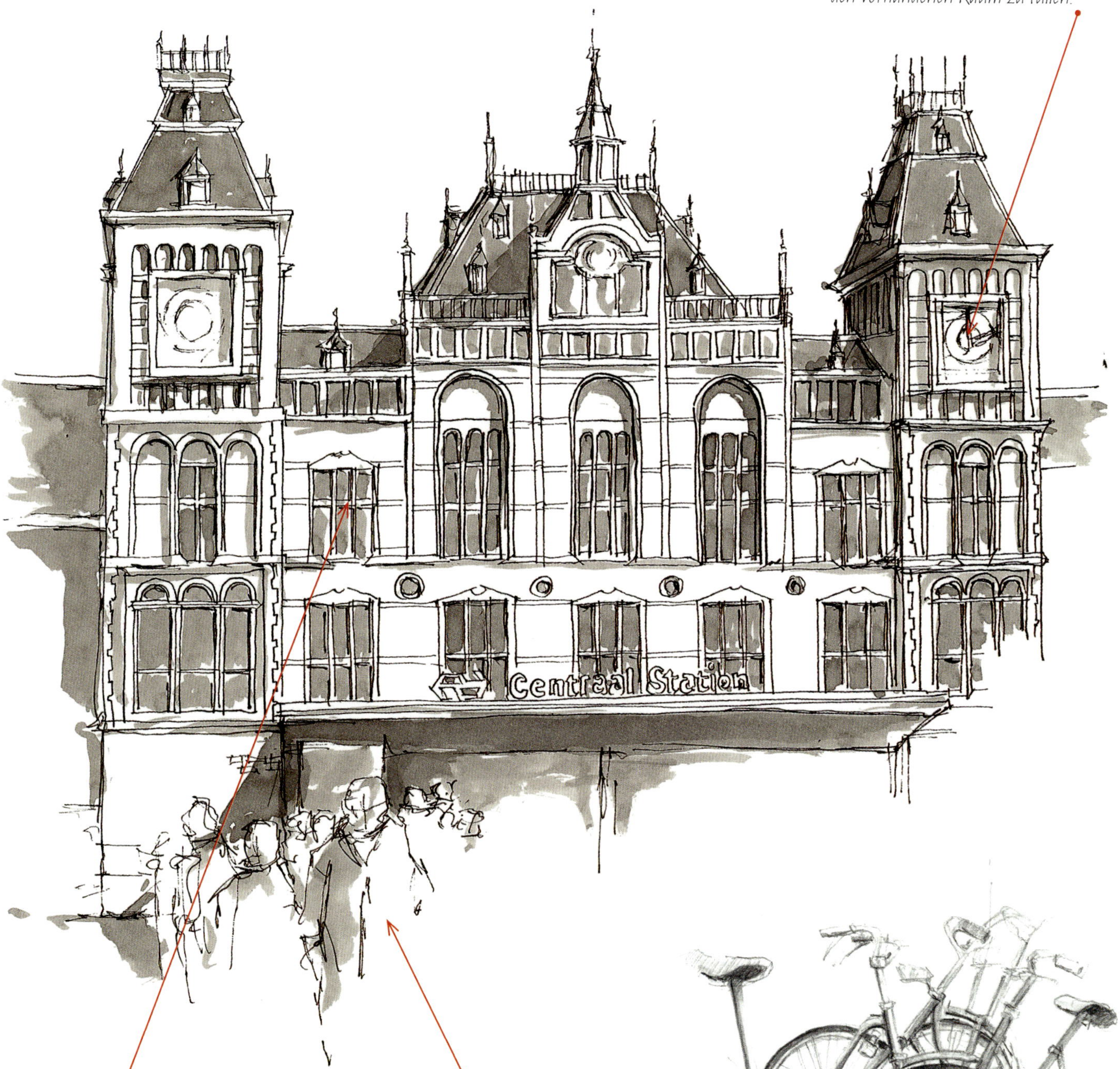

Bei so vielen Fenstern in dem Gebäude besteht die Gefahr, dass eine allzu detaillierte Zeichnung überladen wirkt. Im gleichen Grauton gezeichnet, werden alle Fenster optisch vereint.

Auch bei der Darstellung von Menschenmengen genügt die Andeutung. Hier wurden sie größtenteils als Negativformen in die Szene integriert. So entsteht ein Gefühl für die Größenverhältnisse und für den perspektivischen Blick.

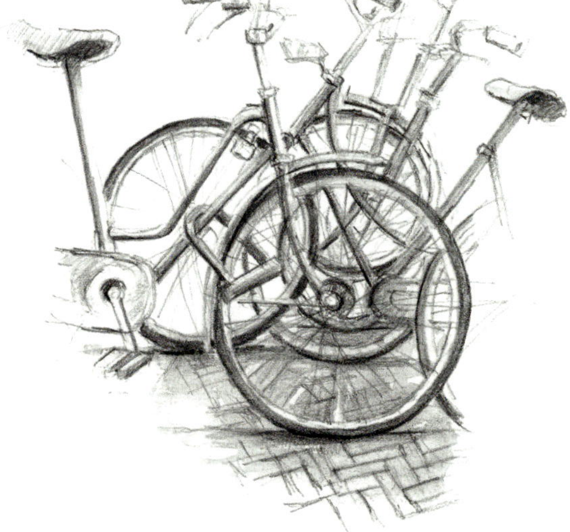

Öffentliche Gebäude aus dem 19. Jahrhundert

Aus dem 19. Jahrhundert sind zahlreiche – vor allem öffentliche – Gebäude erhalten geblieben, die sich vielfach durch einen strengen, disziplinierten Stil auszeichnen. Symmetrie und Vorhersehbarkeit sind oft die Hauptmerkmale dieser Art von Gebäuden. Auch wenn im Lauf der Jahre viele Anbauten vorgenommen wurden, durch die sich das Aussehen im Detail veränderte, blieben viele andere Elemente wie Türen, Fenster und Giebel doch so wie eh und je. Zeichnern bietet das eine wahre Fundgrube an Motiven.

Der symmetrische Aufbau dieser Gebäude ermöglicht es Ihnen, sehr einfach eine Schnittzeichnung in Voll- oder Schrägansicht zu konstruieren. Beginnen Sie mit dem geometrischen Aufbau unter Berücksichtigung der perspektivischen Richtlinien. Fügen Sie eine vertikale Linie in der Mitte des Quadrats oder Rechtecks hinzu, da die horizontale Linie (der imaginäre Horizont) bereits vorhanden ist. Richten Sie dann die übrigen Bildkomponenten ebenfalls unter Berücksichtigung der perspektivischen Vorgaben aus.

Da viele dieser Gebäude größtenteils mit Ziegelsteinen gebaut wurden, bietet sich ein wasserlöslicher Graphitstift für die Zeichnung an. Damit können Sie schnell große Flächen ausfüllen, ohne sich Gedanken über Ungleichmäßigkeiten machen zu müssen. Keine Ziegelmauer erscheint jemals in einem einzigen Ton, also können Sie einige der Ziegel auch einfach mit der angefeuchteten Spitze Ihres Stifts andeuten.

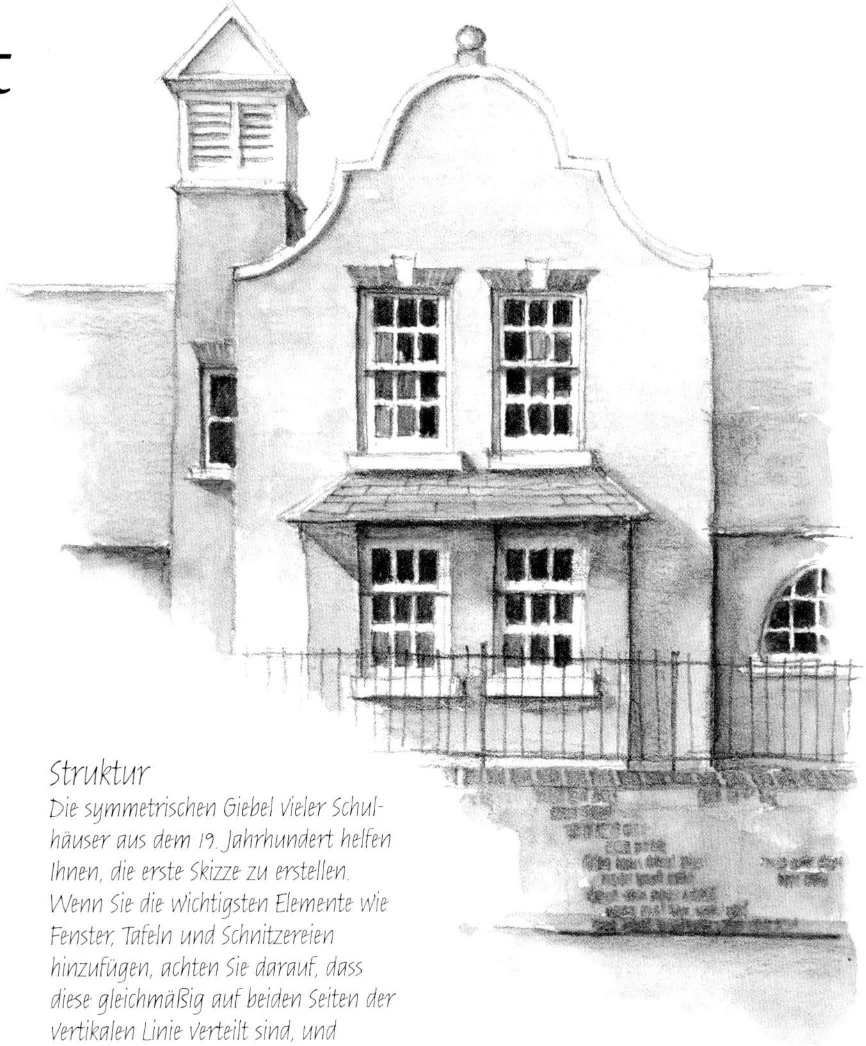

Struktur
Die symmetrischen Giebel vieler Schulhäuser aus dem 19. Jahrhundert helfen Ihnen, die erste Skizze zu erstellen. Wenn Sie die wichtigsten Elemente wie Fenster, Tafeln und Schnitzereien hinzufügen, achten Sie darauf, dass diese gleichmäßig auf beiden Seiten der vertikalen Linie verteilt sind, und verwenden Sie die horizontale Linie, um sicherzustellen, dass alles richtig gerade ausgerichtet ist.

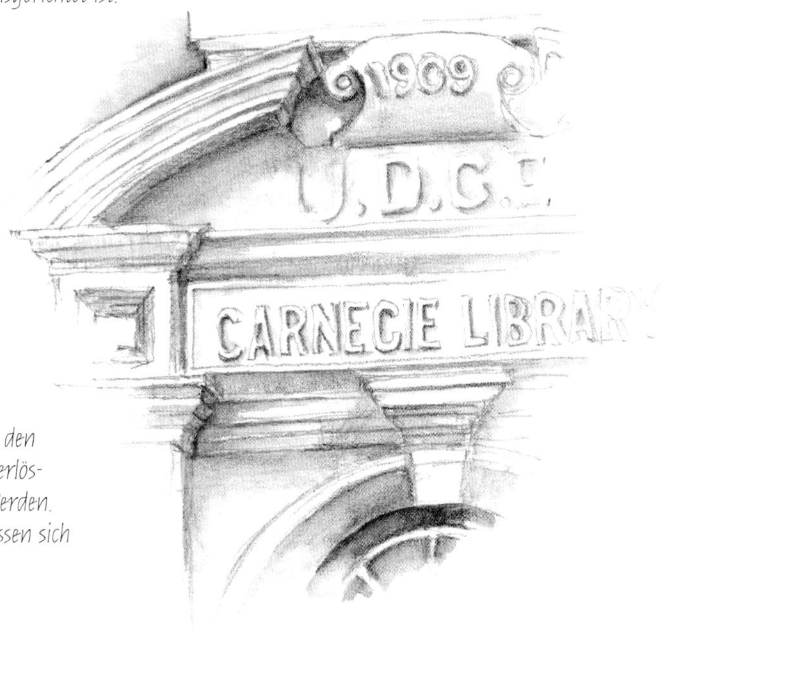

Details
Die Schnitzereien und Verzierungen an den Türen sind es oft wert, mit einem wasserlöslichen Graphitstift nachgezeichnet zu werden. Durch eine anschließende Lavierung lassen sich schnell und einfach Schatten erzeugen.

Carnegie-Bibliothek

Die Form dieses Gebäudes erforderte ein besonders gründliches Nachdenken über die richtige Perspektive. Ich wusste, dass der Baum ein wichtiges Gestaltungselement sein würde, also suchte ich nach dem besten Blickwinkel, aus dem ich ihn zeichnen konnte.

Die Tonwerte des Baumes mussten variiert werden, da dieser ein sehr dominanter Teil der Bildkomposition ist. Dunkle und helle Töne wurden sorgfältig ausgeglichen.

Schatten und Schattierungen tragen dazu bei, den charakteristischen Eindruck des Gebäudes zu definieren. Hier mussten sie klar und präzise definiert werden, um seine besten Qualitäten zu betonen.

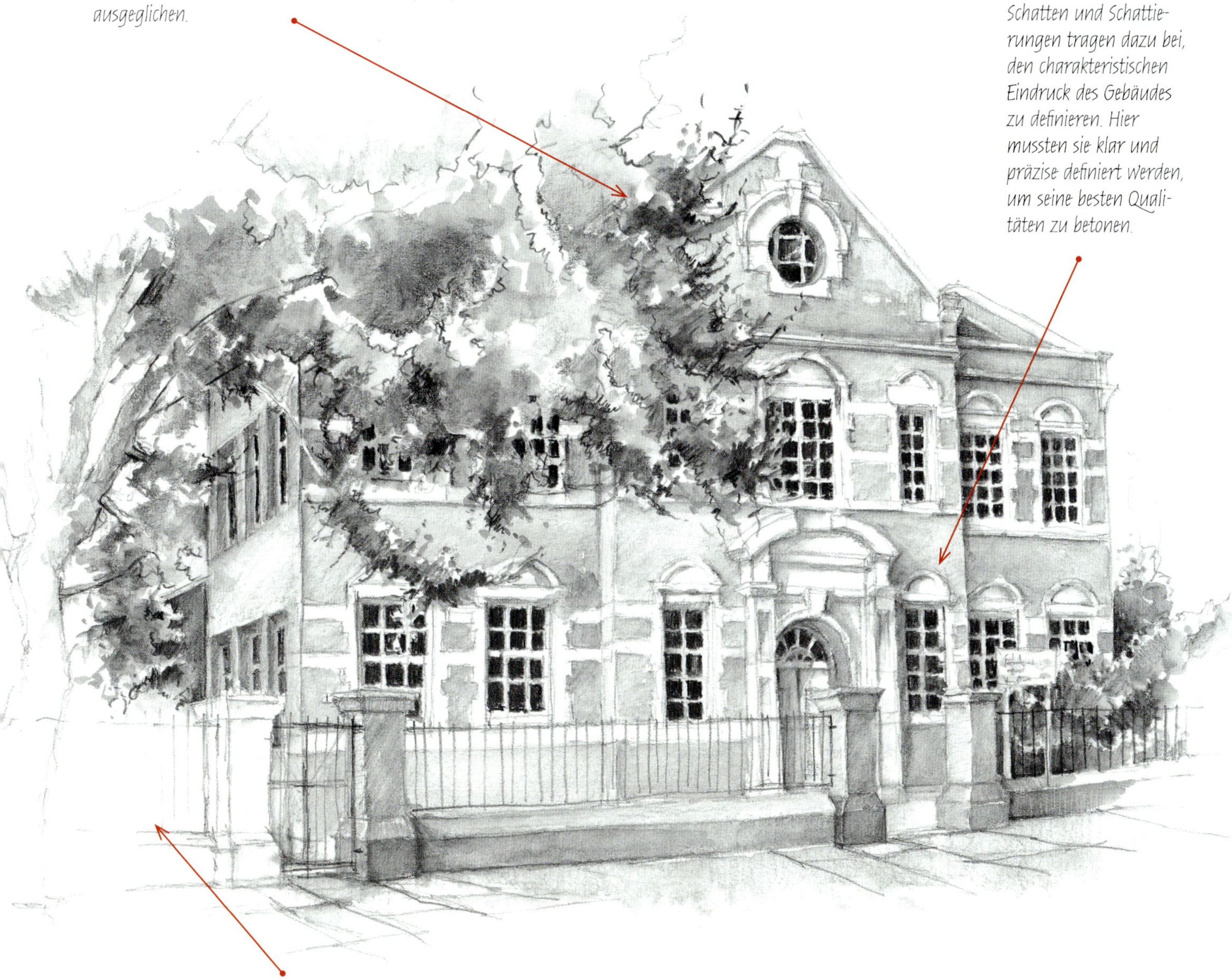

Das Ausblenden ist ein hilfreiches bildkompositorisches Mittel bei großen Szenen, wenn man nicht genau weiß, wo die Zeichnung enden soll.

Projekt: Rathaus

Welchen Eindruck ein Gebäude macht, hat nicht nur mit der Art und Weise zu tun, wie es gebaut wurde, sondern auch mit der Bedeutung, die man ihm gibt. Manchmal genügt es schon, ein paar Fahnen oder Wimpel aufzuhängen, um einem Gebäude eine besondere Bedeutung zu verleihen. Dies ist häufig bei Rathäusern der Fall: Als ich einige Vorstudien für die Zeichnung dieses Rathauses hier anfertigte, schien es mir angebracht, neben dem Gebäude auch die Fahnen zu untersuchen. Denn selbst wenn sie optisch nur einen kleinen Teil des Bildrahmens einnahmen, war ihr Stellenwert doch wesentlich größer: Sie verliehen dem Gebäude seine spezifische Identität im öffentlichen Raum. Fasziniert von den Drehungen und Wendungen der im Wind flatternden Fahnen, beschloss ich schon bald, diesen Effekt mit Aquarellfarben umsetzen zu wollen.

Da das Mauerwerk mit verschiedenen Techniken bearbeitet worden war, musste ich noch einige weitere Studien dazu machen. Dabei fiel mir auf, dass der Stein in der Fläche immer heller erschien als in den Nischen. Deshalb entschied ich mich dazu, für den Gesamteindruck den Stein mit Siena natur zu kolorieren.

Technik

Steinmetzarbeiten an öffentlichen Gebäuden sind fast immer interessant zu zeichnen. Um dieser Skizze etwas Farbe zu verleihen, machte ich eine Lavierung mit Siena natur. Nach dem Trocknen zeichnete ich mit der Spitze eines kleinen Pinsels die Linien der Nischen nach. Dazu verwendete ich eine Mischung aus Ultramarin und Umbra gebrannt – etwas mehr Ultramarin im Verhältnis, um die Schatten unter den steinernen Fenstereinfassungen zu erzeugen.

Verwendete Farben

Siena natur

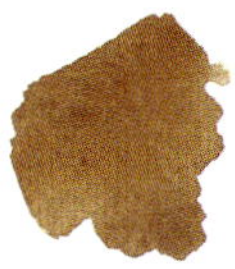

Siena gebrannt

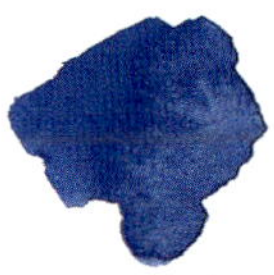

Ultramarin

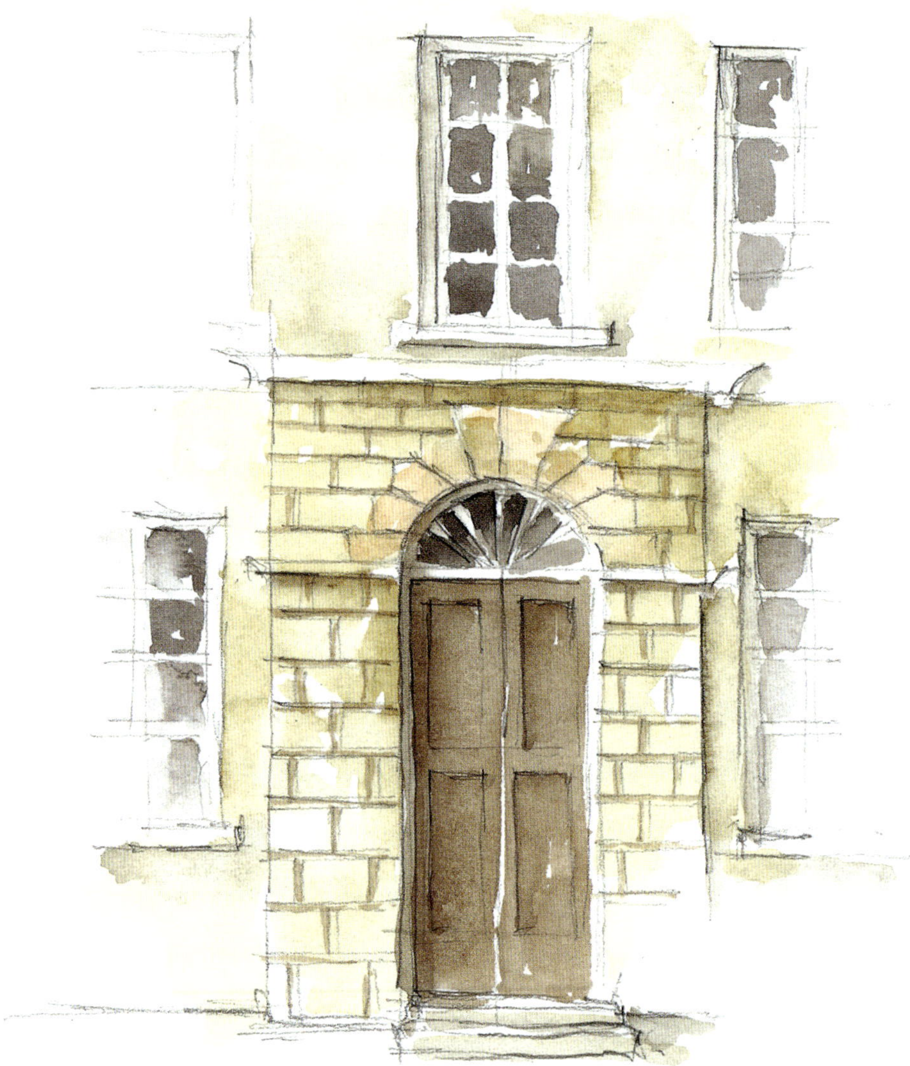

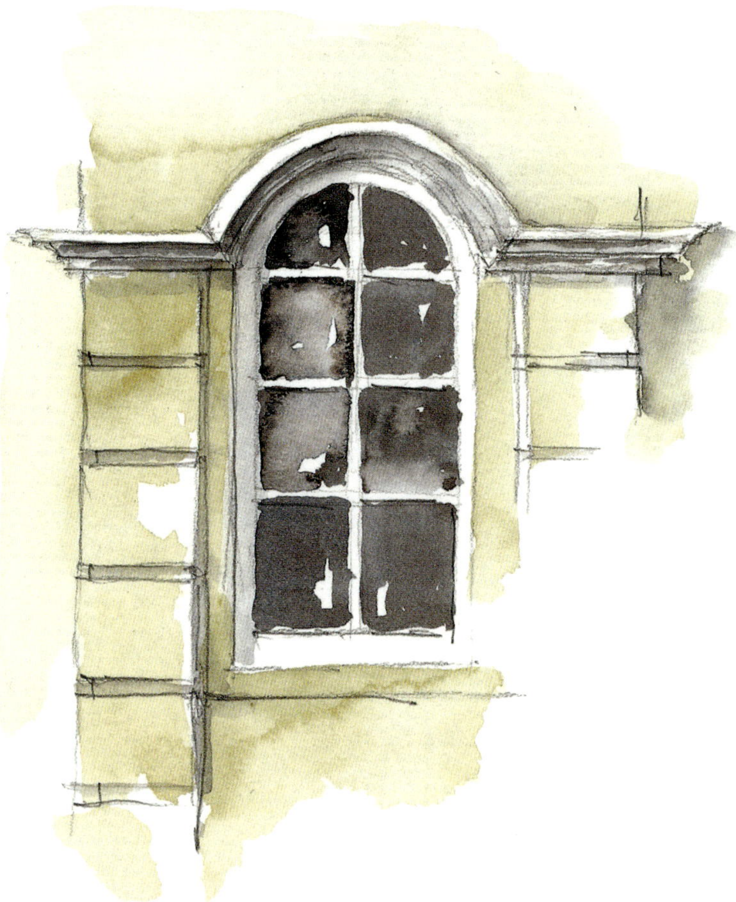

Farbgebung

Für die Fensterfarbe verwendete ich eine Mischung aus Umbra und Ultramarin. Diese trug ich mit der Spitze eines sehr nassen Pinsels auf, um einen freien Farbfluss ohne Pinselstriche zu ermöglichen.

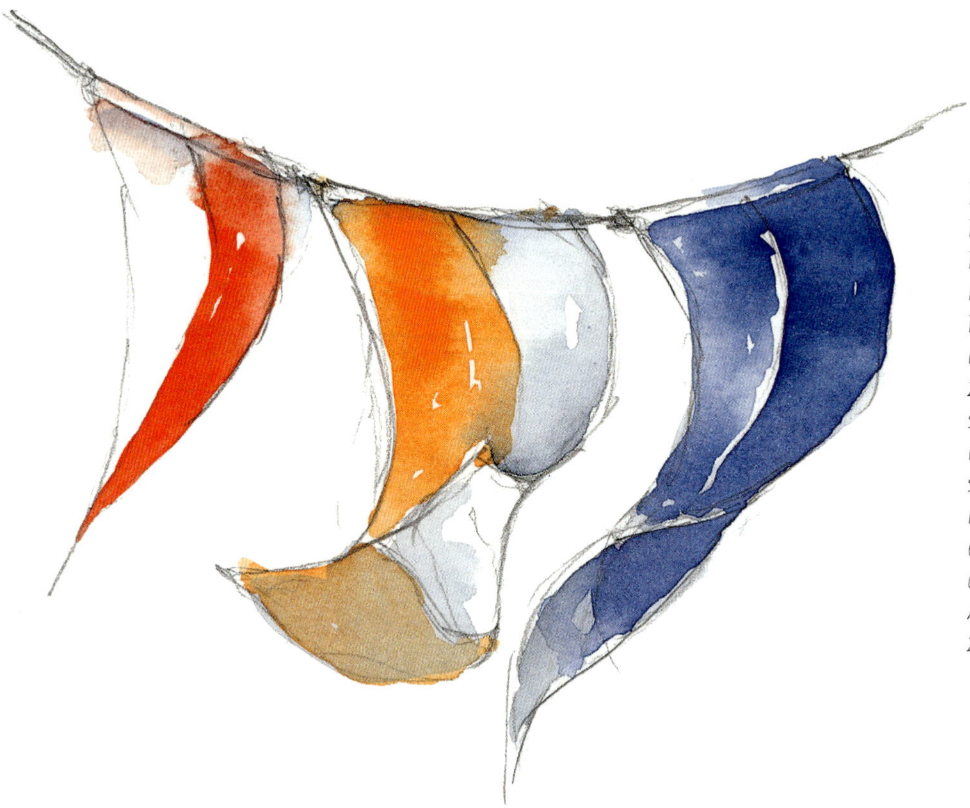

Farbgebung

Fahnen und Wimpel bringen zusätzlich Farbe ins Spiel und lockern die Flächigkeit alter Steinbauten auf. Achten Sie auf die Falten und Windungen und zeichnen Sie die Farblinien nach, um den besten Effekt zu erzielen. Ich fertigte eine schnelle Bleistiftskizze der einfachsten Grundformen (Dreieck und Rechteck) an und beobachtete, wie sie sich im Wind drehten. Dann bereitete ich mir eine Mischung aus Ultramarin mit einem Hauch von Umbra gebrannt, um die Windungen zu lavieren und so die Anmutung eines leichten Schattenwurfs zu erzeugen.

PROJEKT: *Fortsetzung*

Ich nutzte meine perspektivischen Kenntnisse, um die Gesamtform dieses Rathauses zu zeichnen, und erkannte bald, dass der Schlüssel zum Gelingen darin läge, sicherzustellen, dass die Fensterrahmen und Türöffnungen korrekt dargestellt werden. Anderenfalls würden die Wände flach wirken. Da ich die präzise Linienführung aber auch nicht durch eine übertriebene Kolorierung aufweichen wollte, wurde mir bewusst, dass ich mit unterschiedlichen Farbtönen arbeiten sollte. Nach einigem weiteren Nachdenken erschien es mir dabei zweckmäßig zu sein, mit leichter Pinselführung und nur dann mit dunklen Tönen zu gestalten, wenn es wirklich nötig war.

Nachdem ich die Fenster- und Türformen skizziert hatte, trug ich mit einem mittelgroßen, weichen Aquarellpinsel eine dünne Mischung Siena natur großzügig auf. Vor dem nächsten Schritt ließ ich die Farbe gründlich trocknen. In der Zwischenzeit wechselte ich zu einem kleineren Pinsel und erstellte eine Mischung aus Ultramarin und Umbra gebrannt. Damit strich ich um die Innenseite der Fensterrahmen herum, um eine Schattierung anzudeuten. Während diese trocknete, änderte ich die Farbmischung auf drei Viertel Ultramarin und ein Viertel Umbra. Damit konnte ich die Fenster malen, in denen sich der Himmel spiegelte. Zuletzt kolorierte ich noch die Flagge, um die nationale Identität und die Bedeutung des Gebäudes zu signalisieren. Manchmal sind es die kleinsten Details, die den größten Unterschied in einem Stadtbild ausmachen …

Einfarbig

Um der Zeichnung Gestalt zu geben, wurde in einem ersten Schritt mit einem großen, nassen Pinsel Siena natur über die gesamte Steinfläche laviert.

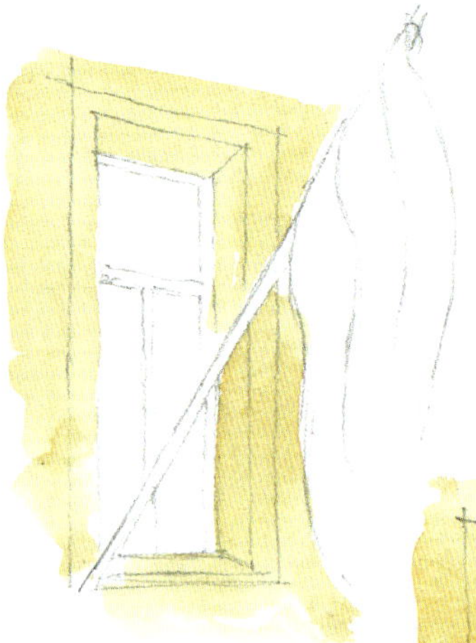

Verwendete Farben

Siena natur

Umbra gebrannt

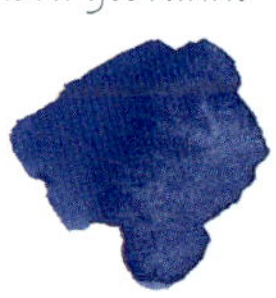

Ultramarin

Zweifarbig

Um ein Gefühl von Tiefe zu erzeugen, mischte ich etwas Umbra gebrannt mit Siena natur und trug die Mischung mit der Spitze eines dünnen Pinsels in einem Zug auf.

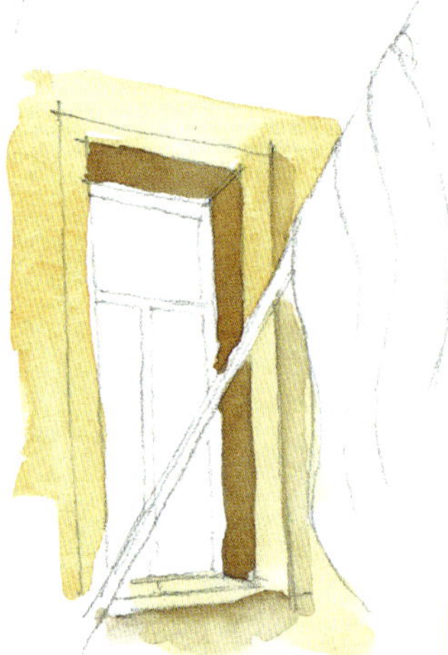

Dreifarbig

Dann fügte ich der Mischung einen Hauch von Ultramarin hinzu, wobei ich nur ein paar papierweiße Stellen als Glanzlichter freiließ, um reflektierendes Licht auf der Fensterscheibe anzudeuten.

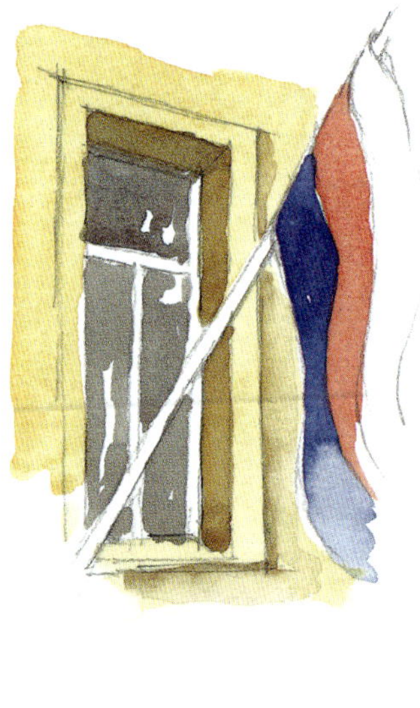

Die fertige Zeichnung

Die kastenartige Form dieses traditionellen Rathauses wird durch die Größe und Form der vielen Fenster optisch aufgelockert. Diese tragen dazu bei, dem Gebäude ein helles, luftiges Aussehen zu geben.

Das Freilassen einiger dekorativer Details als Glanzlichter kann dazu beitragen, eine große Wandfläche optisch aufzulockern und der Zeichnung einen luftigeren Charakter zu verleihen.

Widerstehen Sie der Versuchung, es mit dem Kolorieren zu übertreiben. Ein leichte Lavierung reicht aus, um der Zeichnung Farbe zu geben.

Mit einem wässrigen Pinsel wurde eine sehr helle Aquarellfarbe aufgetragen. Das ermöglichte einen freien Farbfluss und einen ungleichmäßigen Farbauftrag, der gut zum wirklichen Aussehen eines alten Gebäudes passt.

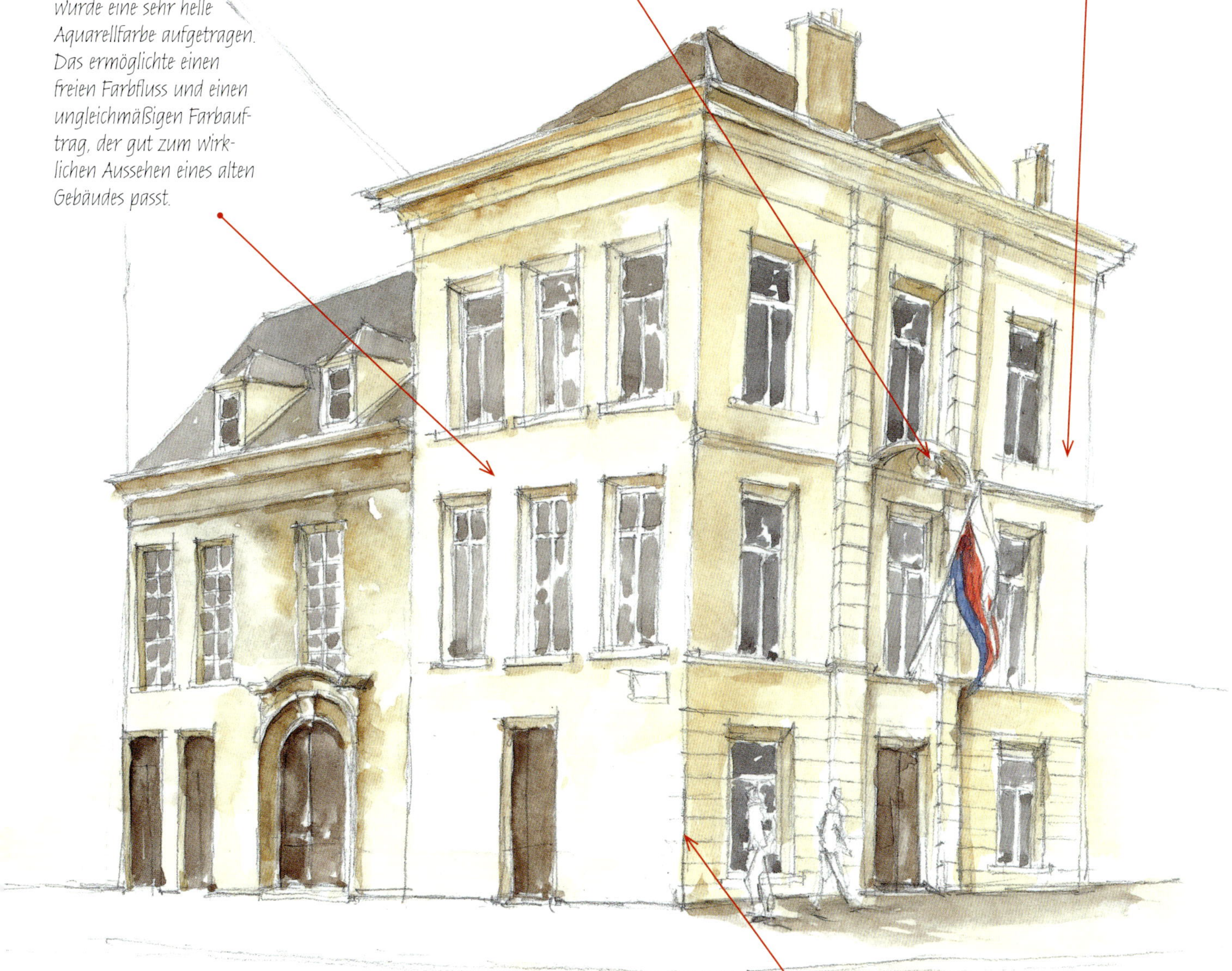

Schärfen Sie die Kanten der Gebäude mit einem 4B-Bleistift, sobald die Farbe getrocknet ist – das verleiht der Zeichnung optisch zusätzlich Solidität.

Strassenszenen

In diesem Kapitel geht es darum, die Peripherie genauer zu erkunden, die jede bebaute Umgebung zu etwas mehr als nur zu einer Ansammlung von Gebäuden aus unterschiedlichen Materialien macht. Dazu gehören Details wie Schilder, Plakate, Cafétische und Marktstände als Teil des urbanen Alltags, die jede bebaute Umgebung auflockern. Oft werden diese in einem Stadtbild weggelassen, weil wir uns auf die Darstellung der Gebäude konzentrieren. Doch die Gebäude bilden mit der Straße, an der sie stehen, eine Einheit, weshalb es sinnvoll ist, auch ganze Straßenszenen zu zeichnen, die beides umfassen. Und natürlich gehören dazu auch die Menschen, die eine solche Szene beleben.

Unser Hauptaugenmerk liegt auf der visuellen Interaktion von Gebäuden, Objekten, Straße. Wir betrachten Werbeschilder vor Fischbuden am Meer, Menschen, die auf einem Straßenmarkt einkaufen, Gäste in einem Café – sie alle interagieren in ihrem Erscheinungsbild mit dem der bebauten Umgebung.

Aber welcher Teil einer Szene ist der wichtigste? In welchem Verhältnis stehen Hintergrund und Vordergrund der Zeichnung?

Beides sollte die Aufmerksamkeit des Betrachters gleichermaßen erfordern – und lohnen.

Typisch für die meisten Straßenszenen sind die vielen Schilder: vom Verkehrsschild bis zu den Reklametafeln. Je heller und einfacher sie gestaltet sind, desto mehr fallen sie auf. Wir setzen aber auch Farben ein, um Details hervorzuheben, und bedienen uns bestimmter Maltechniken, die solche Details – etwa durch das Hinzufügen einiger Rostflecken – noch interessanter aussehen zu lassen.

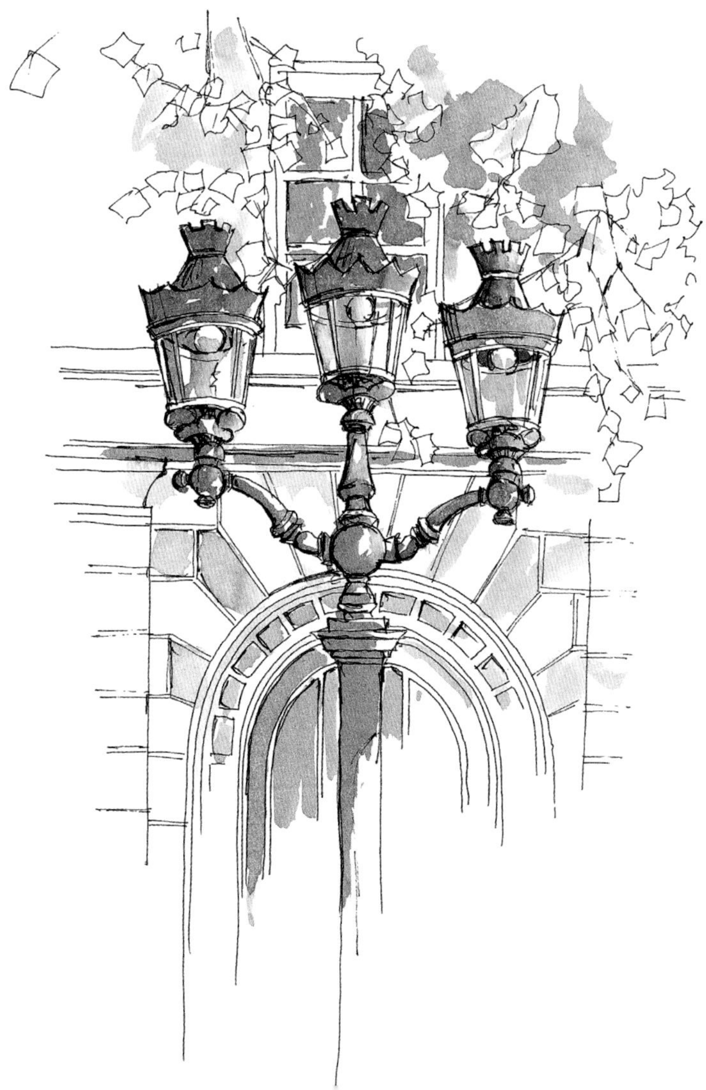

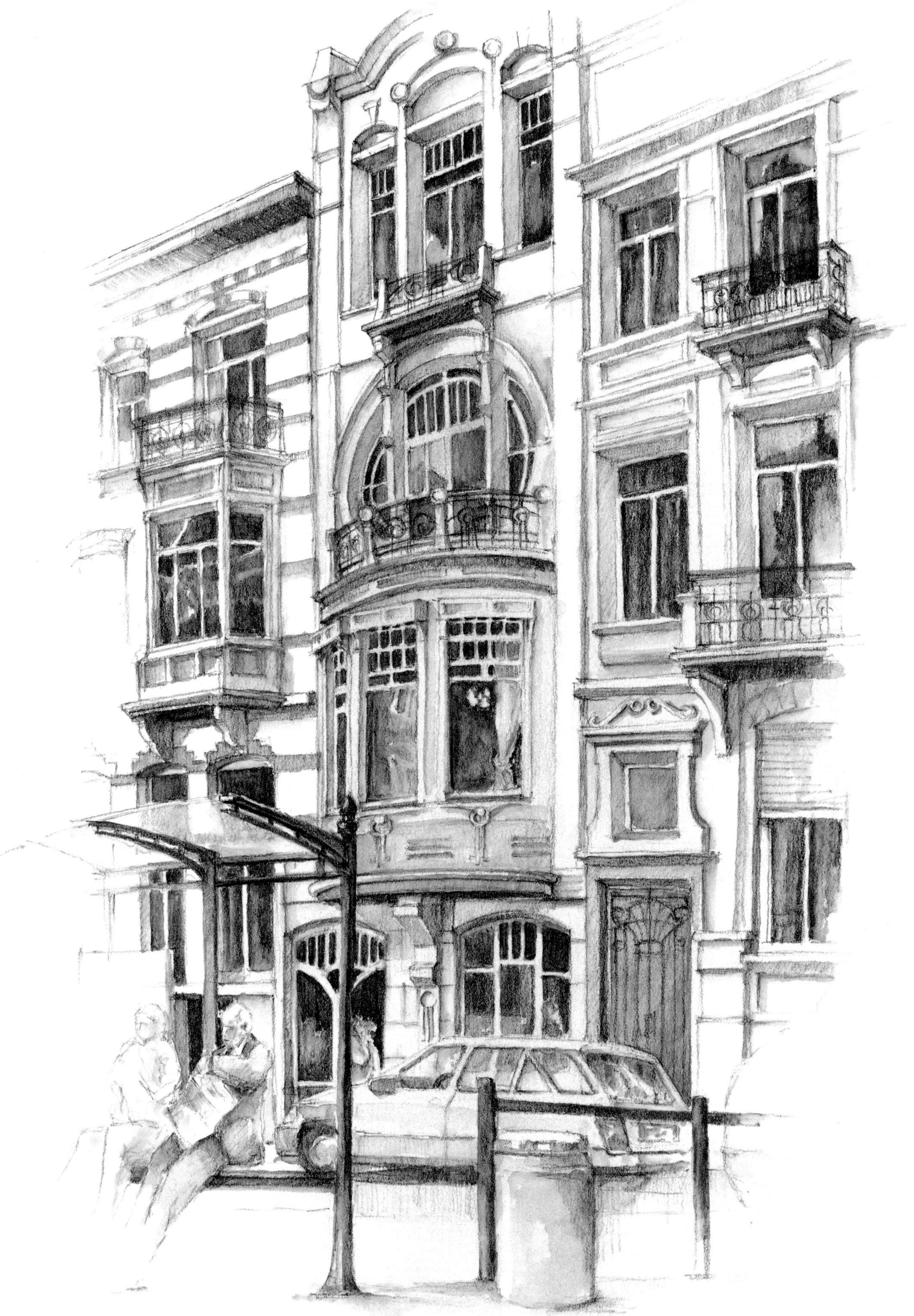

Cafés und Bars, Schaufenster

Cafés und Bars sollen einladende Orte sein; sie haben oft große Fenster und Türen, durch die man ins Innere sehen und sich von den darin angebotenen Köstlichkeiten verführen lassen kann. Im Gegensatz zu den Fenstern der Wohnblöcke sind die Schaufenster von Cafés und Bars, Buchhandlungen und anderen Läden häufig mit Aufklebern und Werbehinweisen bedeckt, die als »visueller Störfaktor« Ihre Aufmerksamkeit erregen sollen.

Da Sie in der Regel weiter ins Innere solcher Einrichtungen hineinsehen können als in ein übliches Wohnhaus, empfiehlt es sich, mit Tuschestiften oder alternativ mit Feder und Tinte zu arbeiten, um die schwärzesten Töne zu erzielen. Gehen Sie dabei so vor, als wollten Sie ein Aquarell malen – nur dass Sie hier mit Grautönen statt mit unterschiedlichen Farben arbeiten.

Zeichnen Sie zunächst mit einem Tuschestift die lineare Hauptstruktur des Gebäudes, einschließlich aller Gegenstände, die im Inneren des Cafés oder im Fenster der Bar zu sehen sind. Dann mischen Sie in einer Untertasse oder einem Plastikbecher eine wässrige Tuschelösung. Verteilen Sie die hellen Töne mit einem weichen Pinsel auf dem Gebäude und den Fenstern. Geben Sie dann schnell mehr Tusche in die Untertasse, um die mittleren Töne zu erzeugen, und lavieren Sie diese über einige der helleren Töne. Sie haben nun drei Grautöne auf Ihrem Gebäude. Zum Schluss tragen Sie mit der Pinselspitze tiefschwarze Tusche auf.

Aber gehen Sie dabei vorsichtig vor: Wenn Sie zu viel Schwarz verwenden, verliert die Zeichnung an Kontrast. Fügen Sie dann noch einige Striche hinzu, um manche der lavierten Strukturen zu verstärken oder auch teilweise zu überdecken.

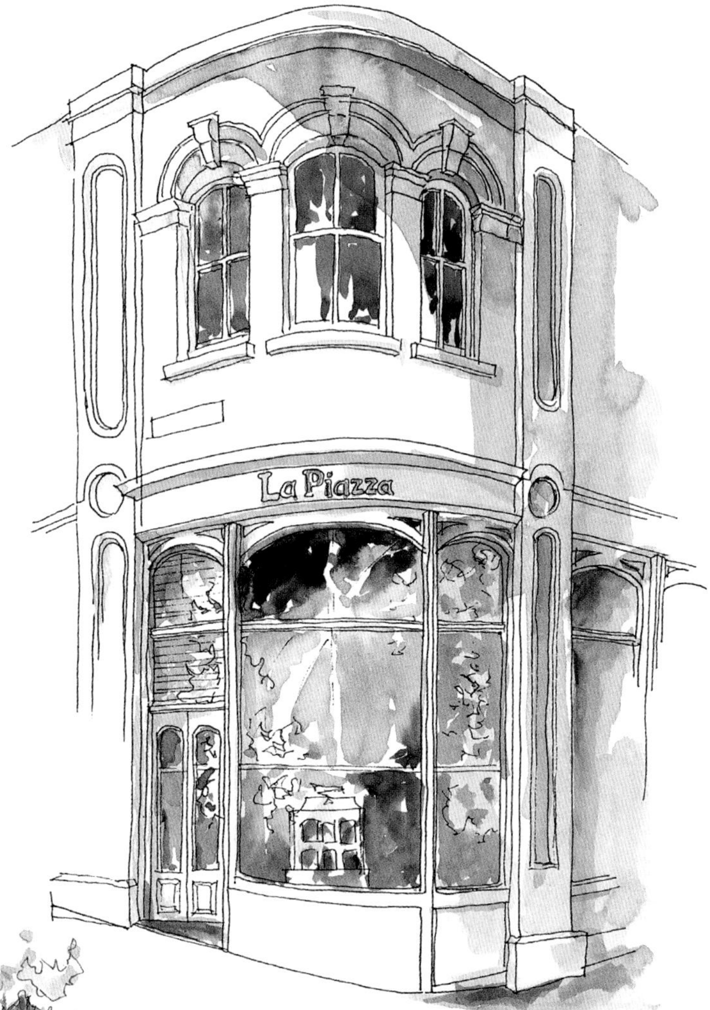

Details
Gewölbte Fenster erfordern oft eine dementsprechende Schattierung. Versuchen Sie, einen papierweißen Glanzpunkt zu setzen, der einer gebogenen Linie folgt, um die Wölbung des Fensters anzudeuten.

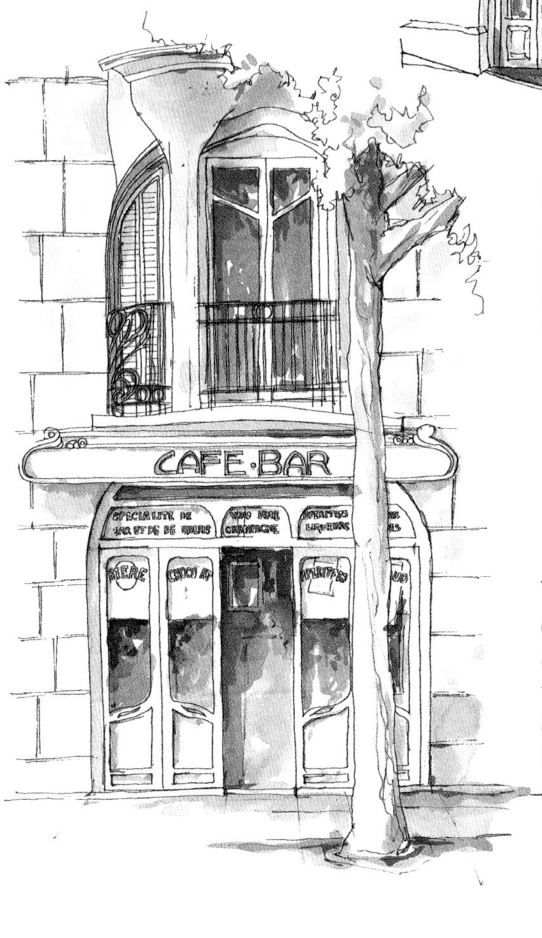

Technik
Um die gewünschte Tiefe im Inneren eines Ladens oder eines Cafés zu illustrieren, versuchen Sie, eine wässrige Tusche aufzutragen, gefolgt von ein paar unverdünnten Tropfen reiner Tusche.

Shakespeare and Company, Paris

Stift und Lavierung waren nötig, um die Komplexität dieser Szene einzufangen: Shakespeare and Company ist eine berühmte Buchhandlung in der Rue de la Bûcherie in Paris.

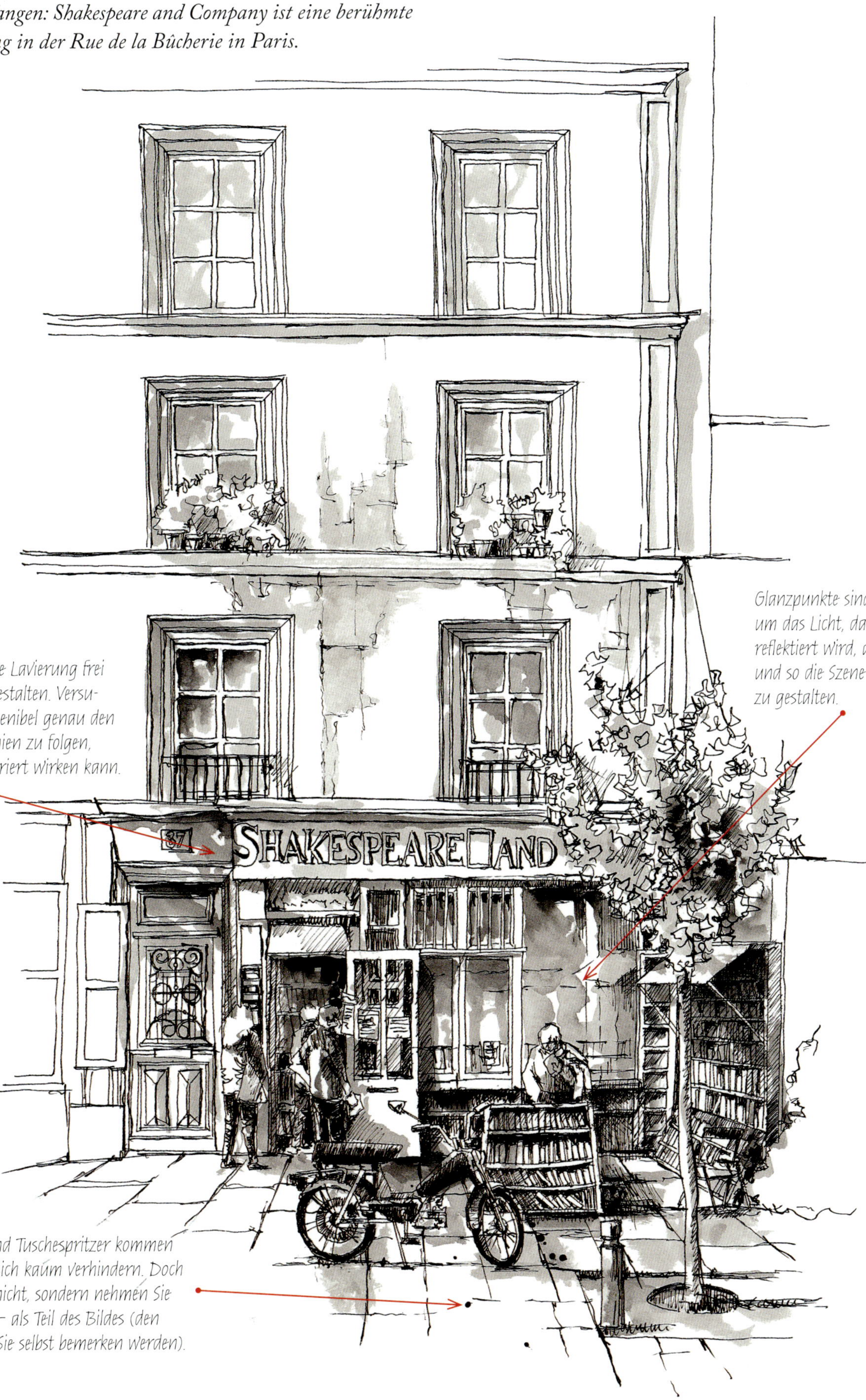

Es ist wichtig, die Lavierung frei und locker zu gestalten. Versuchen Sie nicht, penibel genau den gezeichneten Linien zu folgen, da dies zu elaboriert wirken kann.

Glanzpunkte sind wichtig, um das Licht, das vom Glas reflektiert wird, anzudeuten und so die Szene attraktiver zu gestalten.

Tintenkleckse und Tuschespritzer kommen vor – das lässt sich kaum verhindern. Doch verzweifeln Sie nicht, sondern nehmen Sie es so, wie es ist – als Teil des Bildes (den vermutlich nur Sie selbst bemerken werden).

Straßencafés

Was wäre eine Straßenszene ohne ein paar Menschen? Das gilt erst recht für die Darstellung eines Cafés, das erst mit den Menschen, die hier zusammenkommen, um etwas zu trinken, sich zu unterhalten oder auch einfach nur das Geschehen zu beobachten, seinen eigentlichen Charme entwickelt.

Was die praktische Seite des Zeichnens vor Ort betrifft, sollten Sie sich allerdings darüber im Klaren sein, dass es nicht jeder mag, wenn er beobachtet (und skizziert) wird. In manchen – eher seltenen – Fällen kann das unerwünschte Reaktionen hervorrufen, die Sie freundlich und gelassen erwidern sollten.

Um eine Figur in ihrem Kontext zu erfassen, müssen Sie schnell und ziemlich präzise arbeiten. Sie zeichnen zwar kein detailliertes Porträt, aber Sie wollen schon, dass die Proportionen und die Gesichtszüge stimmen.

Wasserlösliche Graphitstifte sind ideal, um den Großteil einer Figur zu zeichnen, etwa den Mantel, wenn sie einen trägt, und die Haare. Diese Zeichenutensilien ermöglichen Ihnen auch, die Gesichtszüge sorgfältig zu skizzieren.

Was den Bildaufbau betrifft, ist es von Vorteil, wenn Ihre Figuren mit der Umgebung interagieren. Achten Sie darauf, dass Sie Tischplatten, Stuhlbeine, Fenster- und Türrahmen gleichermaßen betonen. Machen Sie Studien von solchen Details, um sie dann als integralen Bestandteil in Ihre Zeichnung einarbeiten zu können.

Und scheuen Sie nicht davor zurück, wesentliche Teile Ihrer Bildkomposition nur als Negativform anzudeuten – Sie werden vor Ort kaum die Zeit haben, alles zu erfassen, was Sie sehen, bevor sich Ihr Motiv bewegt.

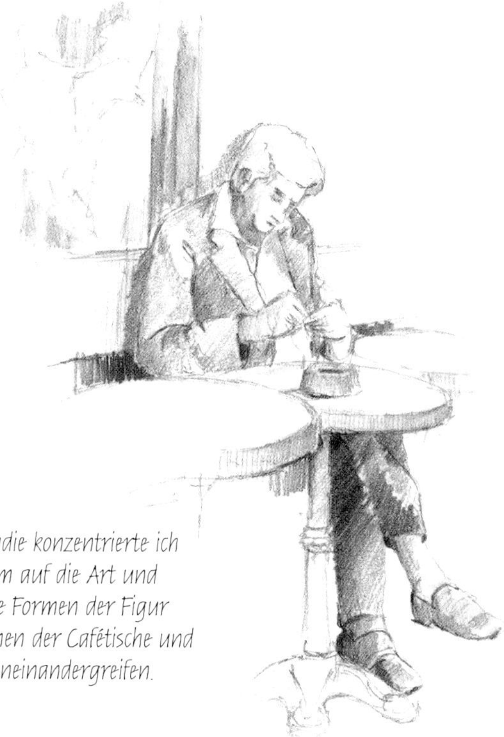

Struktur
Bei dieser Studie konzentrierte ich mich vor allem auf die Art und Weise, wie die Formen der Figur mit den Formen der Cafétische und des Fensters ineinandergreifen.

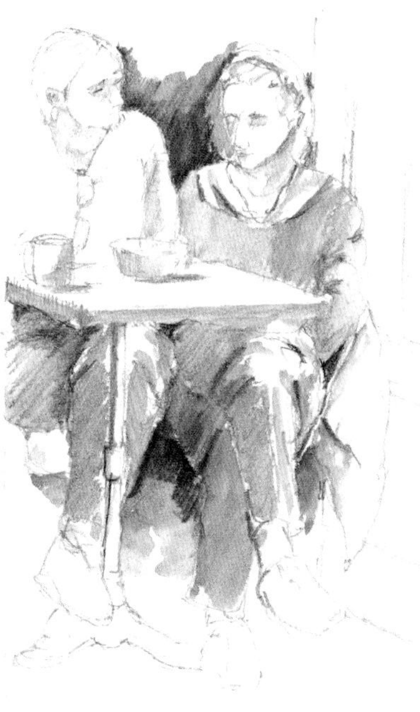

Tonwerte
Wasserlösliche Graphitstifte sind ideal für schnelle Skizzen. Sie können die dunklen und hellen Töne einzeichnen, bevor sich Ihr Motiv bewegt, und später mit Wasser die subtilen Grauwerte erzeugen.

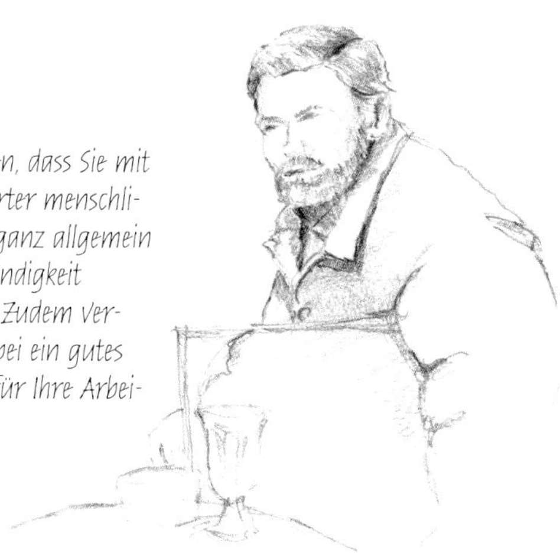

Details
Sie werden feststellen, dass Sie mit dem Zeichnen isolierter menschlicher Figuren auch ganz allgemein Ihre Skizziergeschwindigkeit verbessern können. Zudem verschaffen Sie sich dabei ein gutes Ausgangsmaterial für Ihre Arbeiten zu Hause.

Pariser Straßenszene

Eine Straßenszene ohne Menschen wirkt leer und steril – erst recht, wenn darauf ein Café zu sehen ist. Tatsächlich bekommen solche Orte erst durch die sie frequentierenden Gäste ihren eigentlichen Sinn.

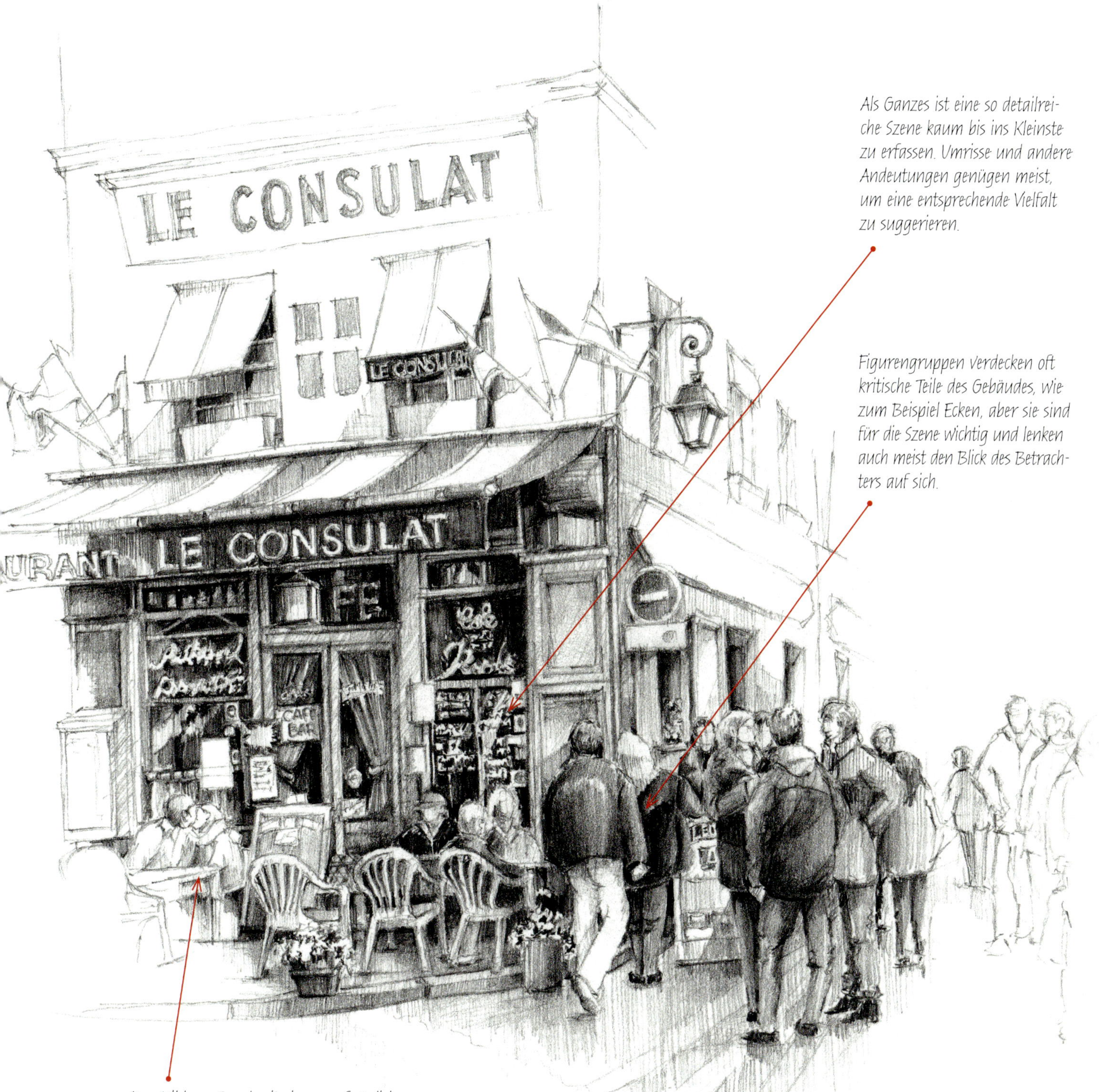

Als Ganzes ist eine so detailreiche Szene kaum bis ins Kleinste zu erfassen. Umrisse und andere Andeutungen genügen meist, um eine entsprechende Vielfalt zu suggerieren.

Figurengruppen verdecken oft kritische Teile des Gebäudes, wie zum Beispiel Ecken, aber sie sind für die Szene wichtig und lenken auch meist den Blick des Betrachters auf sich.

Das Bild am Rand mit ein paar figürlichen Umrissen und anderen Negativformen auszublenden, entledigt Sie der Frage, wo Sie den besten optischen Schlusspunkt setzen.

Straßenschilder

Bunte Straßenschilder können noch in der tristesten Szene Farbtupfer setzen, die unsere Aufmerksamkeit erregen. Zudem sind sie ein ideales, informatives Motiv für unser Skizzenbuch.

Da die meisten dieser Schilder aus Metall gefertigt wurden, sind sie anfällig für Rost, was sie optisch noch ansprechender machen kann. Um authentisch wirkende Rostflecken zu erzeugen, müssen Sie ein bisschen experimentieren – beim Verlauf der Darstellung kommt es auf das richtige Timing an.

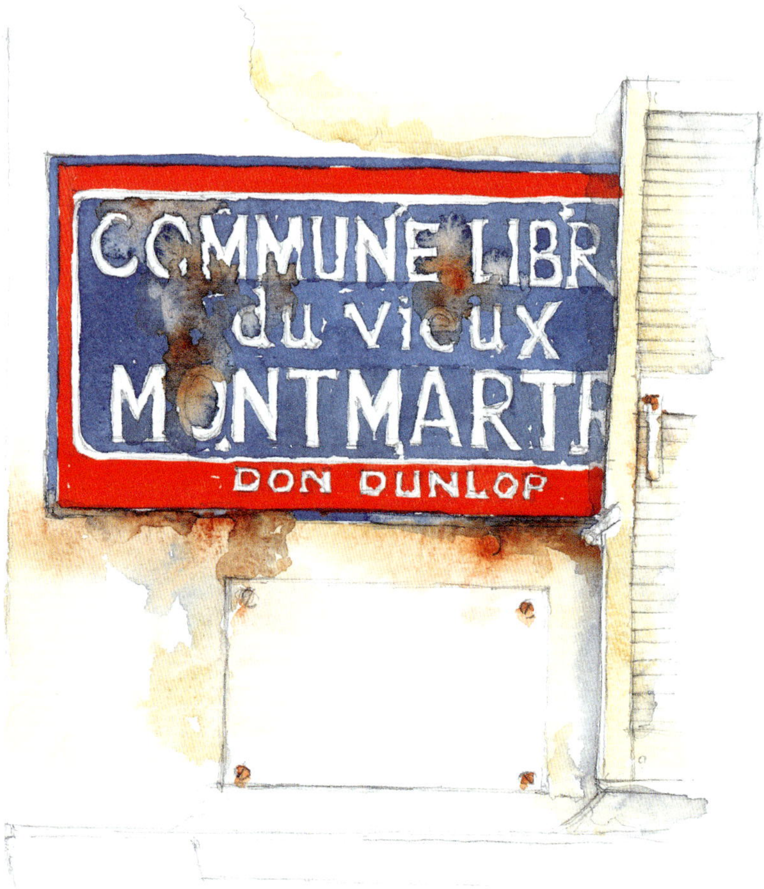

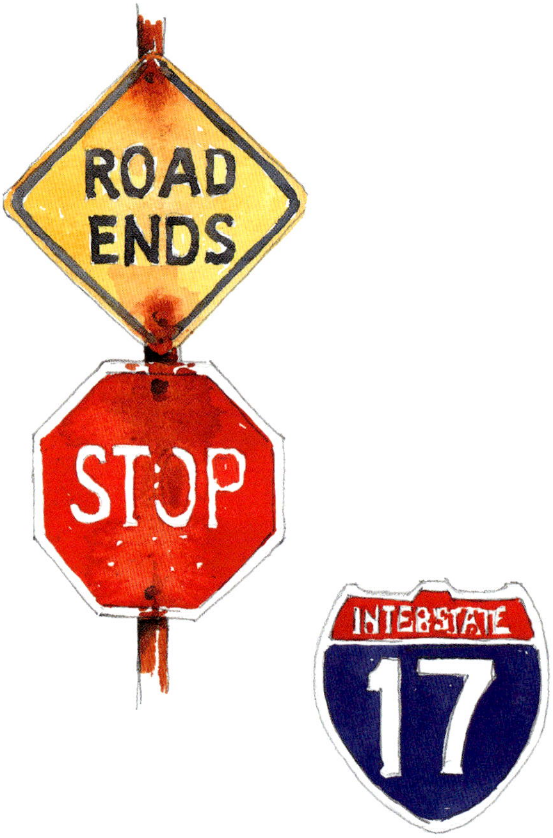

Farben

Da Straßenschilder dazu gemacht sind, schnell und unmissverständlich erfasst werden zu können, arbeitet man hier gern mit den Grundfarben und einer einfachen, übersichtlichen Beschriftung.

Technik

Mischen Sie eine wässrige Version der Grundfarbe (Sie benötigen viel Wasser, da die Farbe nicht zu schnell trocknen darf) und tragen Sie diese großzügig auf. Rühren Sie eine intensive Mischung aus der Aquarellfarbe Siena gebrannt an und tragen Sie diese mit der Pinselspitze genau auf die Stelle auf, an der der Rostfleck nach außen hin verlaufen soll. Wenn der erste Farbauftrag noch feucht ist, wird die Farbe einfach verlaufen und sich leicht mit der Zeichnung vermischen. Wenn Sie zu lange warten, bis die Farbe getrocknet ist, erhalten Sie einen wenig überzeugenden (Rost-)Fleck. Das richtige Timing ist entscheidend: Warten Sie, bis das Wasser an der Oberfläche verdunstet, das Papier selbst aber noch feucht ist. Das ist der richtige Zeitpunkt, um die Farbe so aufzutragen, dass sie nach und nach in die feuchten Fasern des Papiers eindringt.

Pariser Straßenecke

Das Sammelsurium visueller Informationen in dieser Szene gefiel mir vor allem wegen der Farben: Die grellbunten Straßenschilder hoben sich von den verblassten Farben der Umgebung ab.

Es ist nicht nötig, die gesamte Szene zu malen. Wenn Sie die Bereiche um das Zentrum herum unbemalt lassen, können Sie den Fokus mehr auf den Bildmittelpunkt legen.

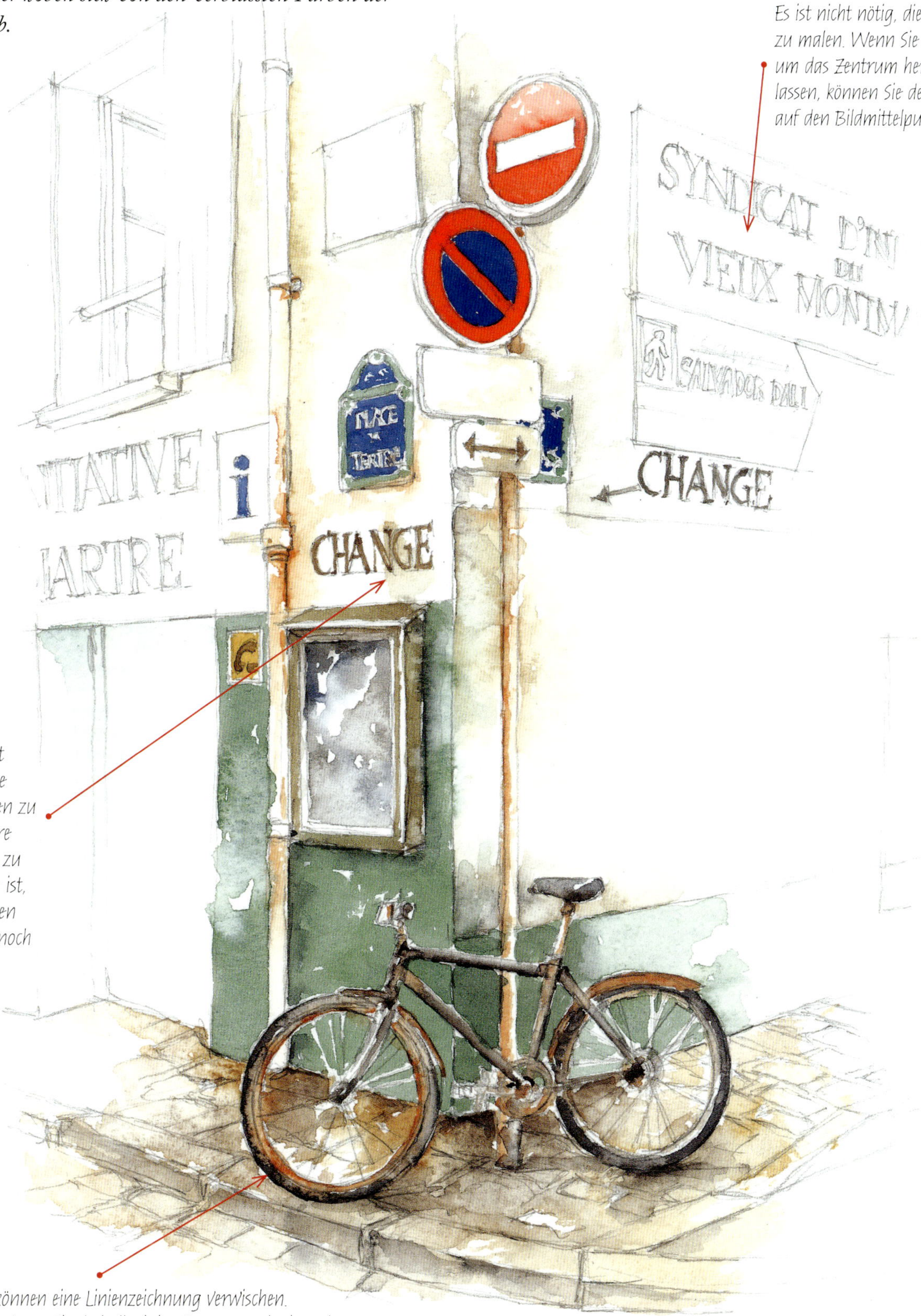

Scheuen Sie nicht davor zurück, die Farben frei fließen zu lassen. Wenn Ihre Linienzeichnung zu fest aufgetragen ist, werden die Farben die Darstellung noch etwas beleben.

Aquarellfarben können eine Linienzeichnung verwischen. Möglicherweise müssen Sie deshalb einige Formen noch einmal neu definieren, indem Sie diese nach dem Trocknen des Papiers mit einem harten 2B-Bleistift nachzeichnen.

Am Strand

Gebäude am Strand sind oft einzigartig. Sie scheinen meist einen ganz eigenen Charakter zu haben, der nur selten einem bestimmten Baustil oder Genre zuzuordnen ist. Im Allgemeinen handelt es sich um eine faszinierende Mischung aus funktionalen, straßennahen Gebäuden und offenen, überdachten Buden.

Was an diesen Gebäuden auffällt, ist, dass sie nur selten von anderen Gebäuden an der Strandpromenade in den Schatten gestellt werden, da sie im Gegenteil oft im grellen Sonnenlicht stehen. Das wiederum kann harte, schräge Schatten erzeugen.

Ein weiterer faszinierender visueller Aspekt dieser Gebäude am Strand oder an einem Pier sind die vielen Schilder, die man hier häufig sieht. Dabei handelt es sich vielfach um zusammenklappbare und/oder bewegliche Schilder bzw. Anzeigetafeln, die gern an eine Außenwand gelehnt werden. Es lohnt sich, diese Schilder genauer zu studieren, da ihre Winkel starke Schatten erzeugen können, die eine dynamische Wirkung auf den Vordergrund Ihrer Bildkomposition haben. Wenn Sie Bleistifte verwenden, müssen Sie einen sehr dunklen Ton in der V-Form erzeugen, die durch das Schild und das Objekt, an das es gelehnt ist, entsteht. Dadurch wird es optisch in den Vordergrund geholt. Vergessen Sie nicht, auch den Schattenwurf des Schildes auf den Boden zeichnen. Durch ihn wird das Schild »visuell verankert« – anderenfalls bekäme man vielleicht den Eindruck, es würde über dem Boden schweben.

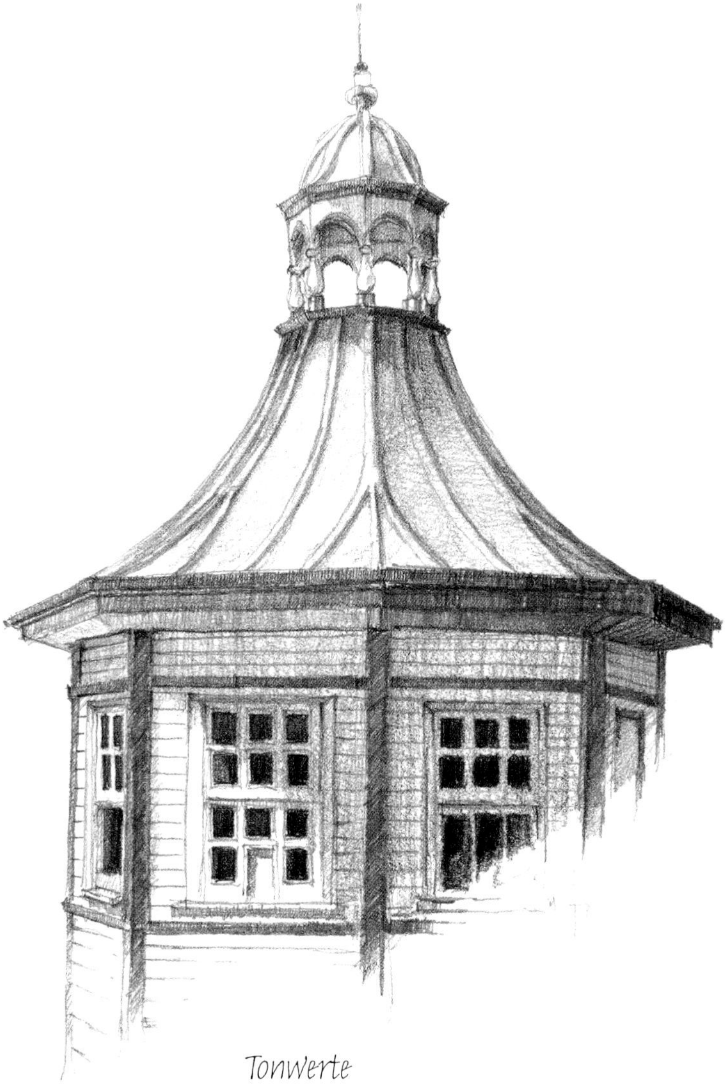

Tonwerte
Die Dächer von Gebäuden am Strand wie an den Piers sind oft ihr interessantestes Detail und manchmal heller gestaltet als der restliche Bau.

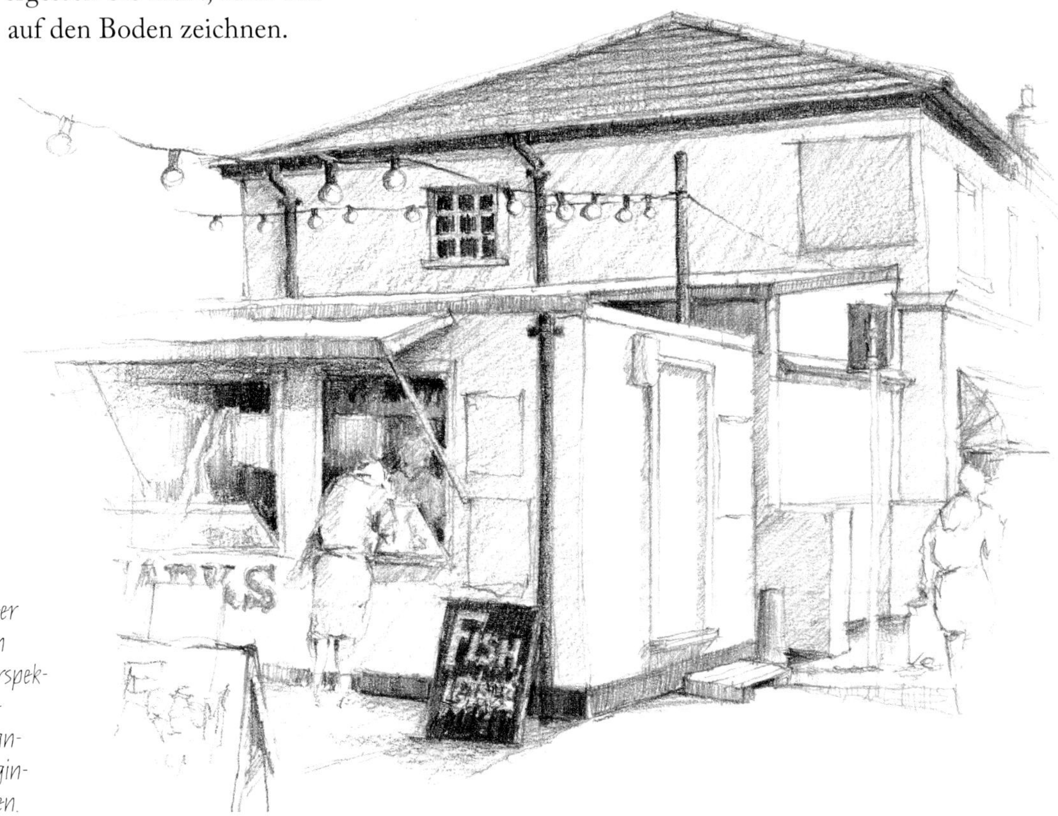

Struktur
Diese Reihe von Gebäuden am Meer wurde mit Hilfe der auf den Seiten 24–25 erläuterten Zwei-Punkt-Perspektive aufgebaut. Betrachten Sie, die Gebäude als einfache Kästen, die aneinander gesetzt wurden, und beginnen Sie dann, Details hinzuzufügen.

Fischbude am Ende des Piers

Der frühe Morgen ist oft die beste Zeit, um Szenen wie diese zu zeichnen. Es sind nur wenige Menschen in der Nähe, und die intensiven, langen Schatten tragen dazu bei, das Bild genauer zu definieren.

Glasreflexionen lassen sich am besten andeuten, indem man papierweiße Glanzlichter zwischen den schattierten Bereichen platziert.

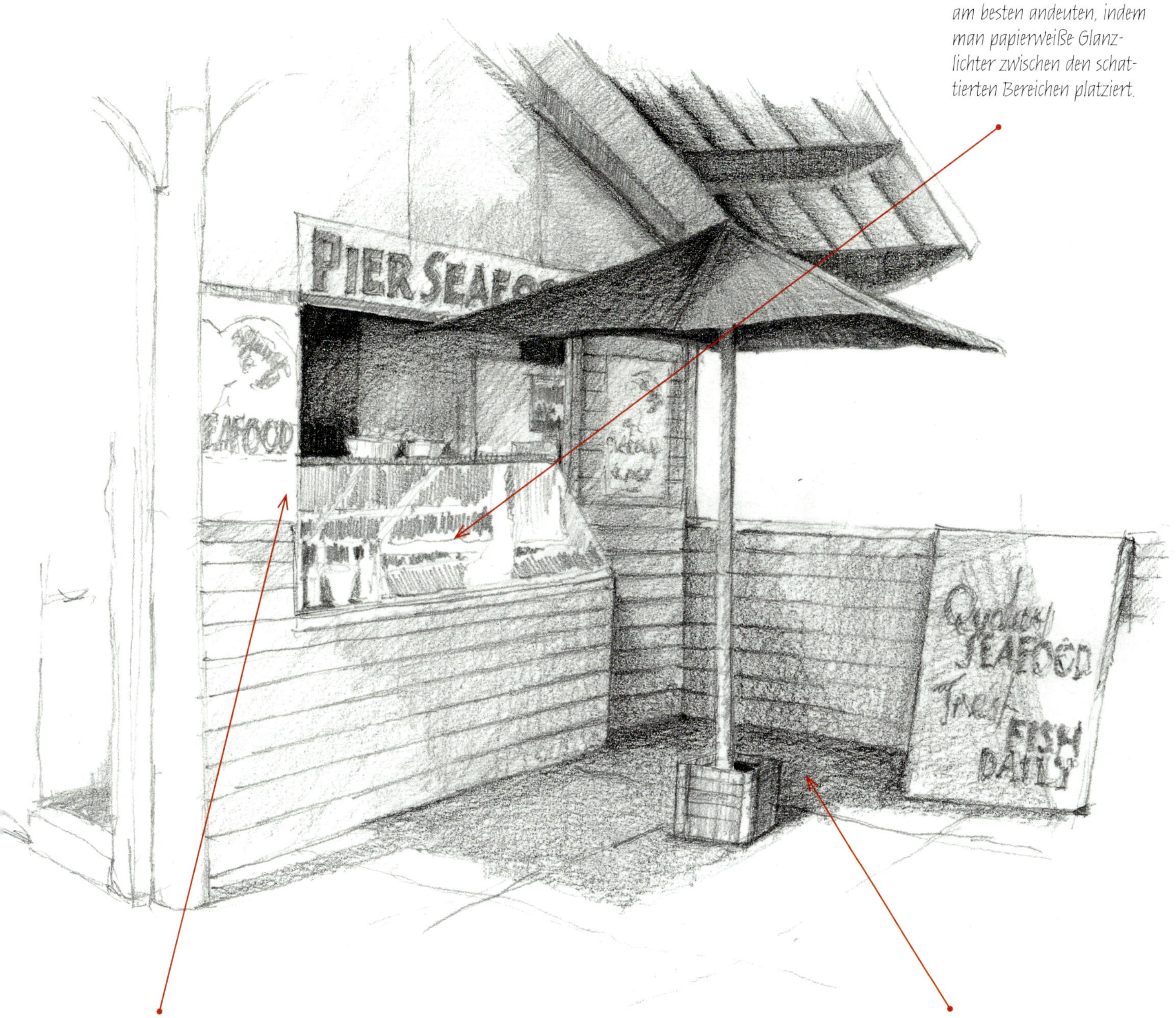

Versuchen Sie nicht, alle Informationen, die Sie auf Schildern sehen, wiederzugeben: Wählen Sie nur die Schlüsselbegriffe aus und deuten Sie alle anderen Details nur an.

Eine abgestufte Schattierung trägt dazu bei, einer Szene Tiefe zu geben. Verwenden Sie einen 2B-Bleistift für den Grundton und verstärken Sie diesen mit einem 6B-Bleistift.

Projekt: Strassenmarkt

Straßenmärkte sind eine wunderbare Fundgrube für Künstler. Es wäre ein Leichtes, einen ganzen Tag damit zu verbringen, an einem solchen Ort zu skizzieren und zu zeichnen.

Zunächst war ich versucht, diesen besonders quirligen Straßenmarkt in Farbe zu malen. Doch je länger ich das Geschehen beobachtete, desto mehr interessierte ich mich für die Art und Weise, wie die Marktstände und die übrigen Gebäude mit den Häusern, die die angrenzende Straße säumten, ein gemeinsames Ensemble bildeten. Letztlich war es das Spiel von Licht und Schatten, das mich mehr fesselte als die Farben, und so beschloss ich, die Szene einfach mit Stift und Lavierung zu zeichnen, was einen schönen, minimalistischen Effekt ergibt.

Als die Markthändler begannen, ihre Stände aufzubauen, wurde ich zunächst von den dabei entstehenden Formen und Mustern abgelenkt. Die Körbe mit den – in karierte Tücher eingebetteten – Produkten bildeten eine faszinierende Studie. Auch die Marktbesucher wurde immer interessanter, je mehr sie sich zwischen all den Ständen, Schirmen und Schildern positionierten.

Auch wenn nicht alle meine Studien für die Ausarbeitung des fertigen Bildes wesentlich waren, so halfen sie mir doch, ein besseres Verständnis für die vielen Facetten zu entwickeln, die eine solche Szenerie ausmachen. Und selbst, wenn sie nicht alle in die fertige Zeichnung eingeflossen sind, so beeinflussten sie doch unbewusst die Entscheidungen, die ich beim Zeichnen getroffen habe.

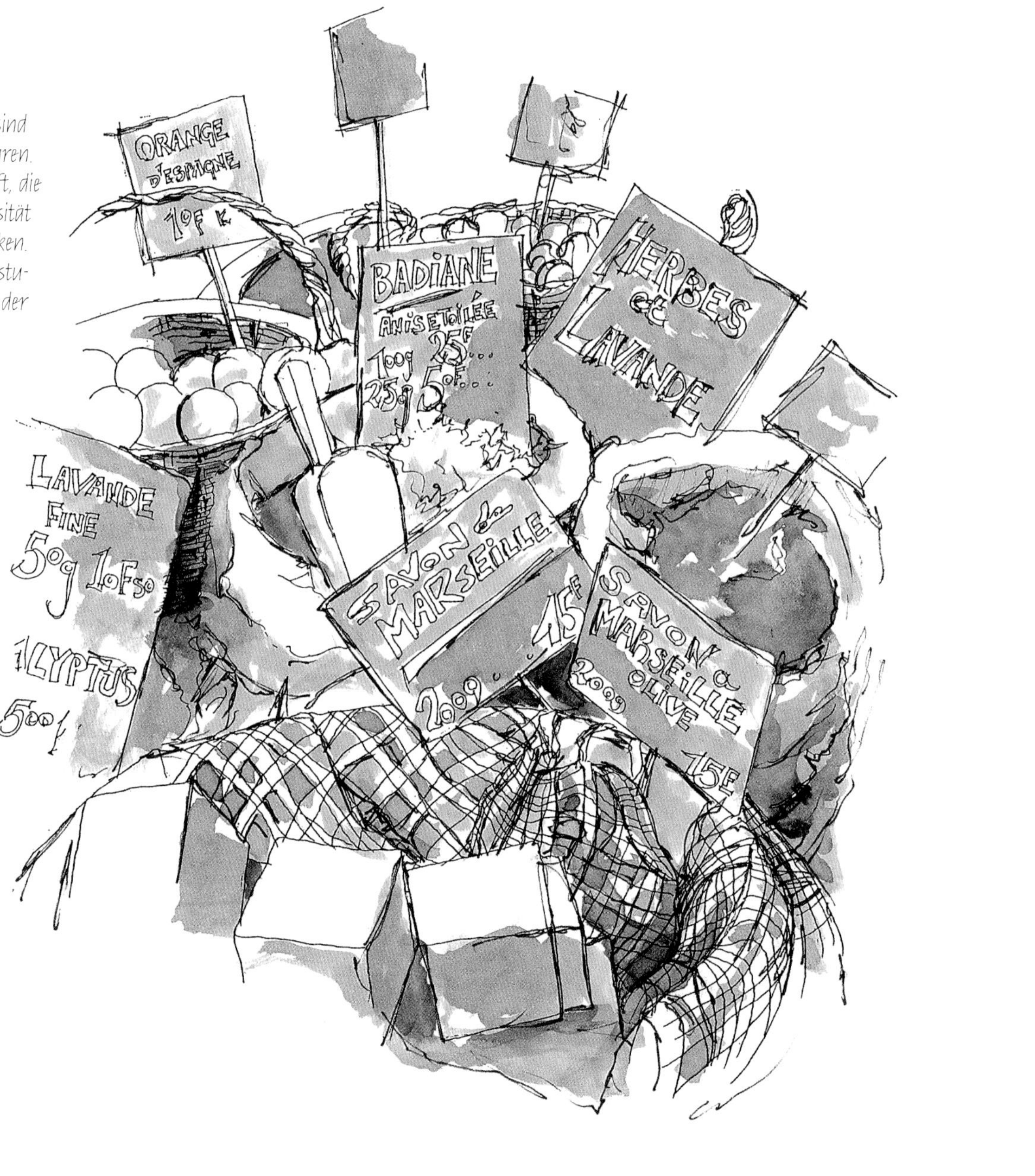

Details
Ein Straßenmarkt bietet viele Motive – mit am wichtigsten sind natürlich die angebotenen Waren. Eine kleine Studie wie diese hilft, die Aufmerksamkeit auf die Intensität von Licht und Schatten zu lenken. Eine lockere, aber intensive Abstufung der Grauwerte war hier der Schlüssel zum Erfolg.

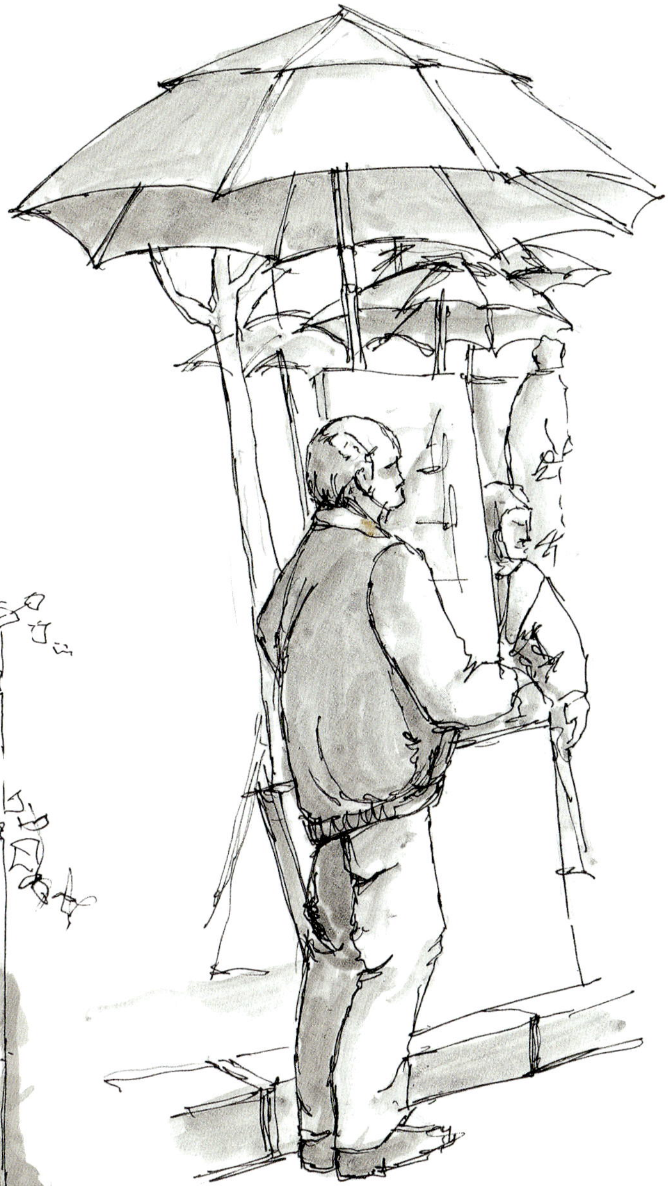

Tonwerte

Diese – sehr schnell mit einem wässrigen Tuschestift gezeichnete – Studie eines der Häuser an der Straße, in der sich der Markt befindet, half mir dabei, die von der frühen Morgensonne geworfenen Schatten genauer zu untersuchen. Um den Einfall des frühen Morgenlichts anzudeuten, wurden die Striche immer mal wieder unterbrochen.

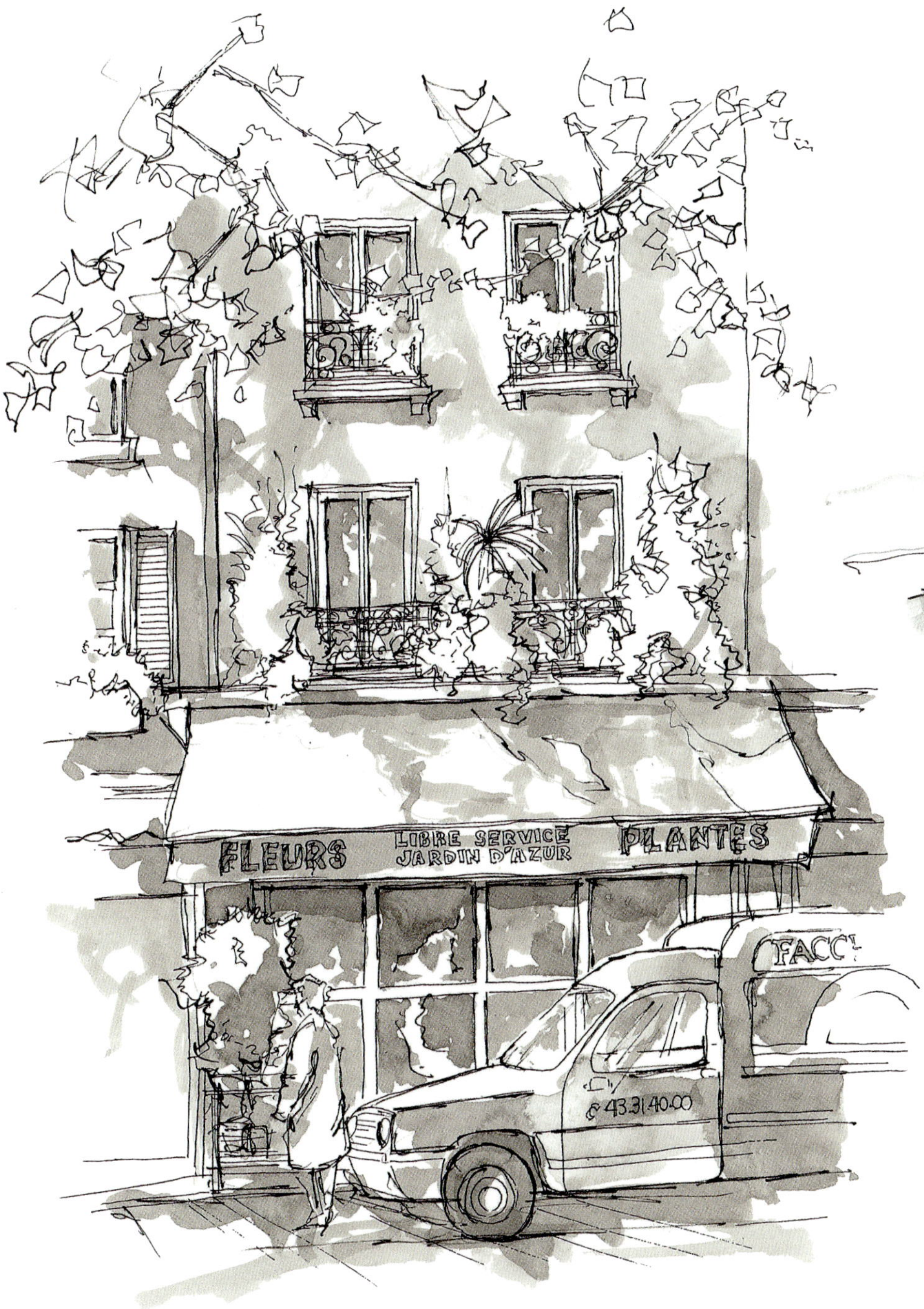

Struktur

Die Art und Weise, wie die Figuren optisch mit ihrer Umgebung interagieren – mit Schirmen, Ständen und Waren zum Beispiel –, ist ein wesentlicher Aspekt einer Straßenmarktszene. Stift und Lavierung sind ideal, um solche Szenen schnell zu skizzieren.

PROJEKT: *Fortsetzung*

Als Erstes galt es wieder einmal zu entscheiden, was ich in die fertige Zeichnung aufnehmen und was ich weglassen wollte. Dabei halfen mir die auf den vorherigen Seiten gezeigten Studien. Die Höhe der Bäume war zwar von entscheidender Bedeutung, da sie einen Großteil der Schattierungen im Vordergrund ausmachten, aber ich beschloss, sie trotzdem knapp oberhalb der Marktstände zu beschneiden, weil mich die Stände und die Gebäude im Hintergrund wesentlich mehr interessierten als die Baumkronen.

Als die Zeichnung fertig war, konnte ich mich zurücklehnen, ein Auge schließen und durch das andere blinzeln, um eine bessere Vorstellung von den wichtigsten Licht- und Schattenbereichen zu bekommen. Diese Bereiche überdeckte ich mit einem wässrigen Tuschestrich, wobei ich darauf achtete, dass der Auftrag frei und locker war, um das Bild nicht zu statisch aussehen zu lassen.

Mit einem mittelgroßen Pinsel arbeitete ich mich in den Bildvordergrund vor. Ich wusch verdünnte Tusche über die Pflastersteine in Richtung der Bäume und verdunkelte anschließend die Seiten der Bäume selbst, wo sie im Schatten lagen.

Als nächstes bereitete ich eine weniger verdünnte Tuschemischung vor. Diese verteilte ich auf die tiefsten, dunkelsten Stellen der Szene, unter den Schirmen und unter den Marktständen.

Zuletzt nahm ich meinen Tuschestift wieder zur Hand und zog weitere Striche über den Vordergrund, wobei ich locker Details herausarbeitete, manchmal auch überzeichnete oder zuvor gezeichnete Linien verstärkte, die durch das Lavieren der Tusche verwischt worden waren.

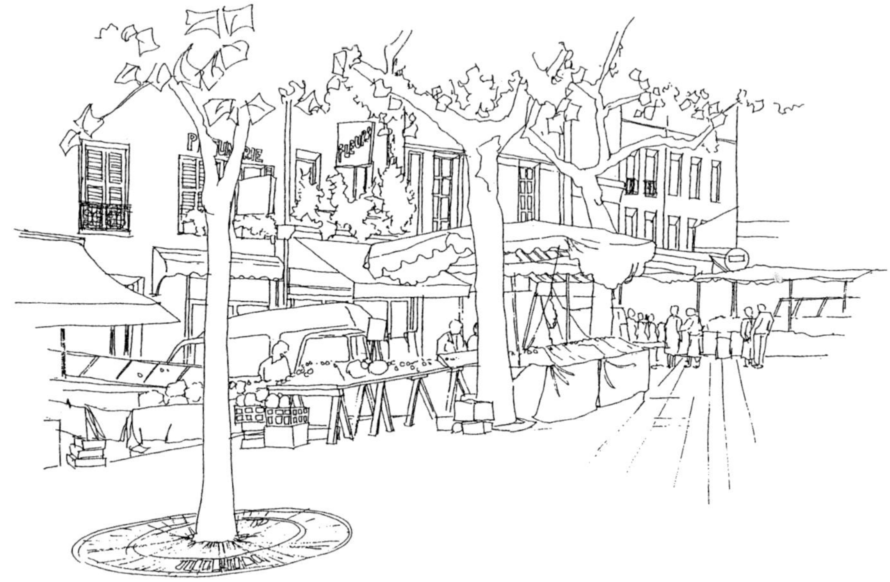

Struktur

Ich fertigte eine erste Strichzeichnung an, um sicherzustellen, dass die wichtigsten Details sowohl in den Proportionen stimmten als auch an der richtigen Stelle platziert waren. Das nahm einige Zeit in Anspruch, da die Szene aus einer Vielzahl verschiedenster Formen bestand. .

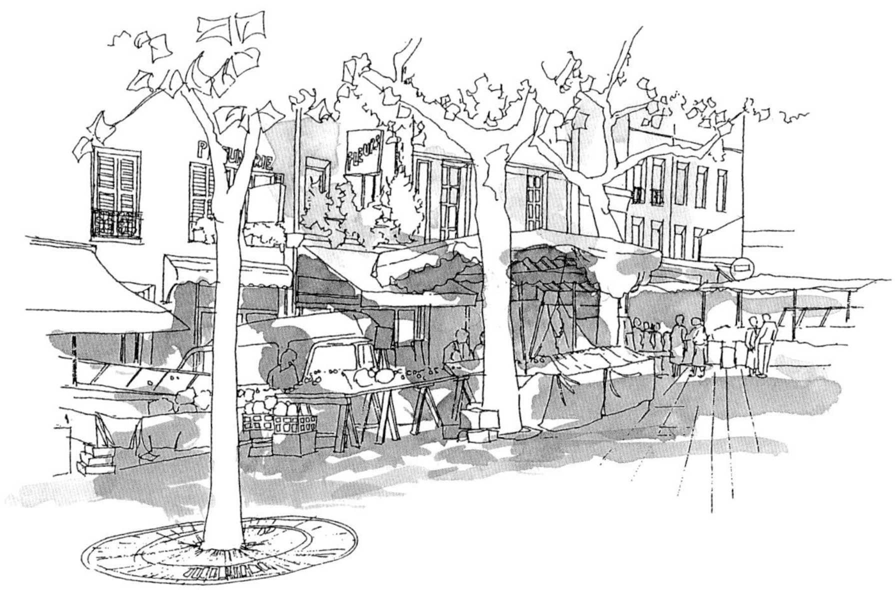

Technik

Als Nächstes ging es darum, die schattierten Bereiche zu definieren. Diese wurden mit einem großen, weichen, in verdünnte Tusche getauchten Pinsel sehr locker über die Strichzeichnung laviert.

Die fertige Zeichnung

Eine frühmorgendliche Szene wie diese, ins intensive Licht der mediterranen Sonne getaucht, wird fast noch mehr durch Licht und Schatten bestimmt als durch die Marktstände mit ihren Überdachungen.

Es ist wichtig, die Richtung des einfallenden Lichts festzulegen und sicherzustellen, dass die Schatten ihm folgen. Papierweiße Glanzlichter helfen, dies zu verdeutlichen.

Während das Laub im oberen Teil der Bildkomposition dazu beiträgt, Licht und Schatten am Boden zu erzeugen, geht es im unteren Teil vor allem um die Marktstände und die Art und Weise, wie sie sich optisch in die Häuser im Hintergrund einfügen. Halten Sie das Blattwerk einfach und unauffällig.

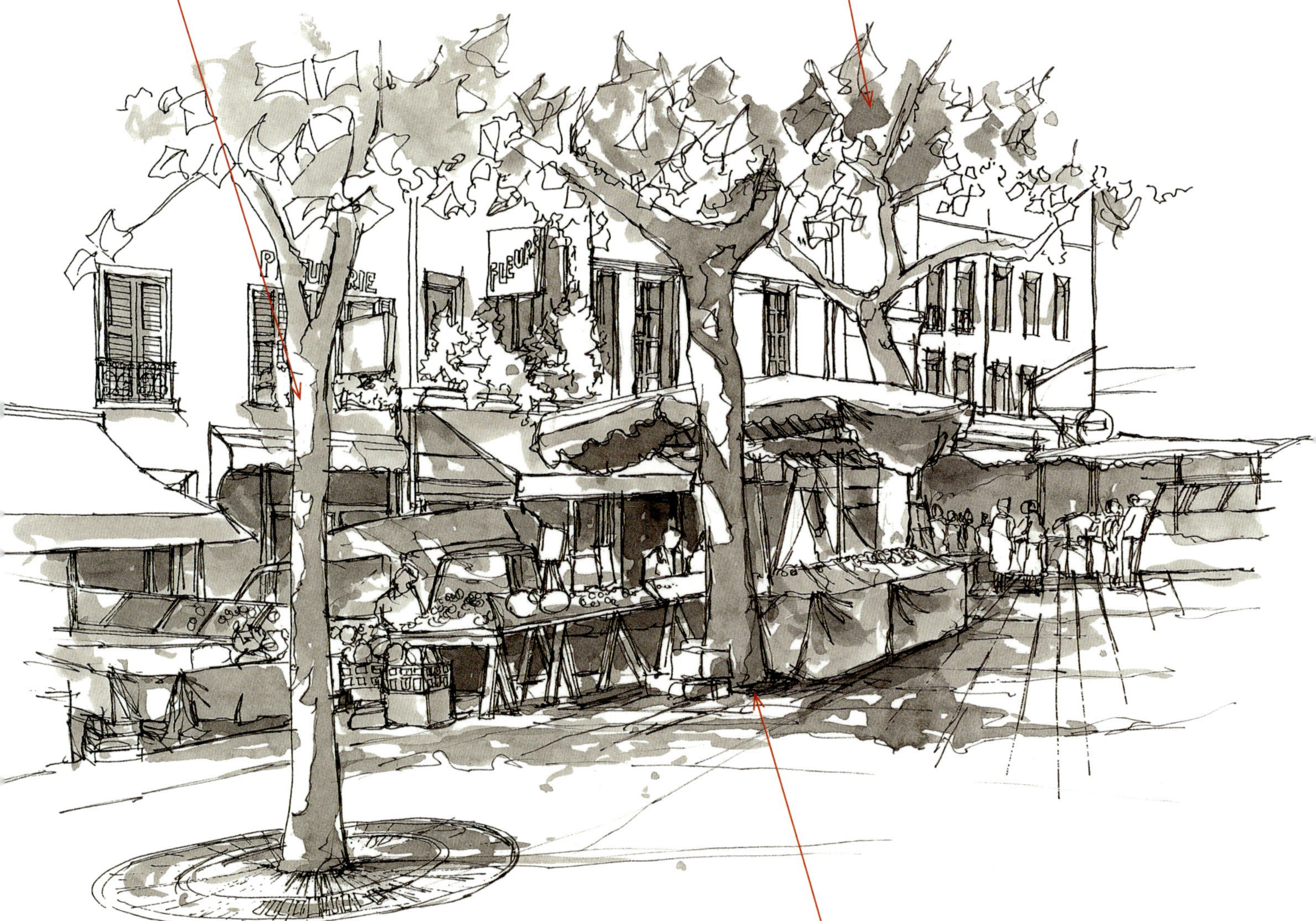

Nach dem Trocknen der Tusche können Sie die dunkelsten Stellen noch einmal intensivieren, indem Sie mit einem Filzstift oder Füller über die Tusche zeichnen. Dies verleiht einer solch quirligen Szene noch etwas mehr Leben und ein Gefühl von Bewegung.

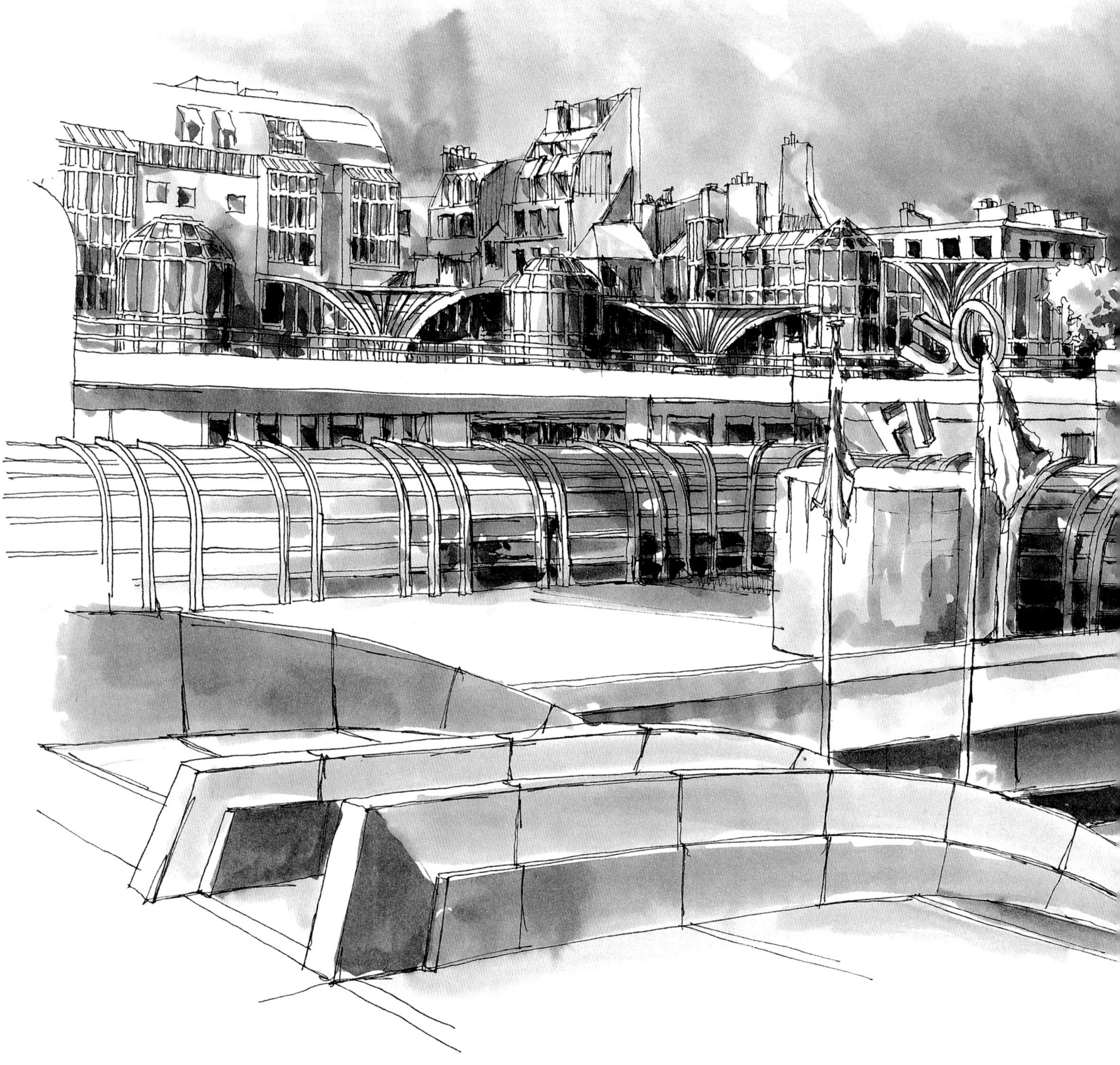

DAS GROSSE GANZE

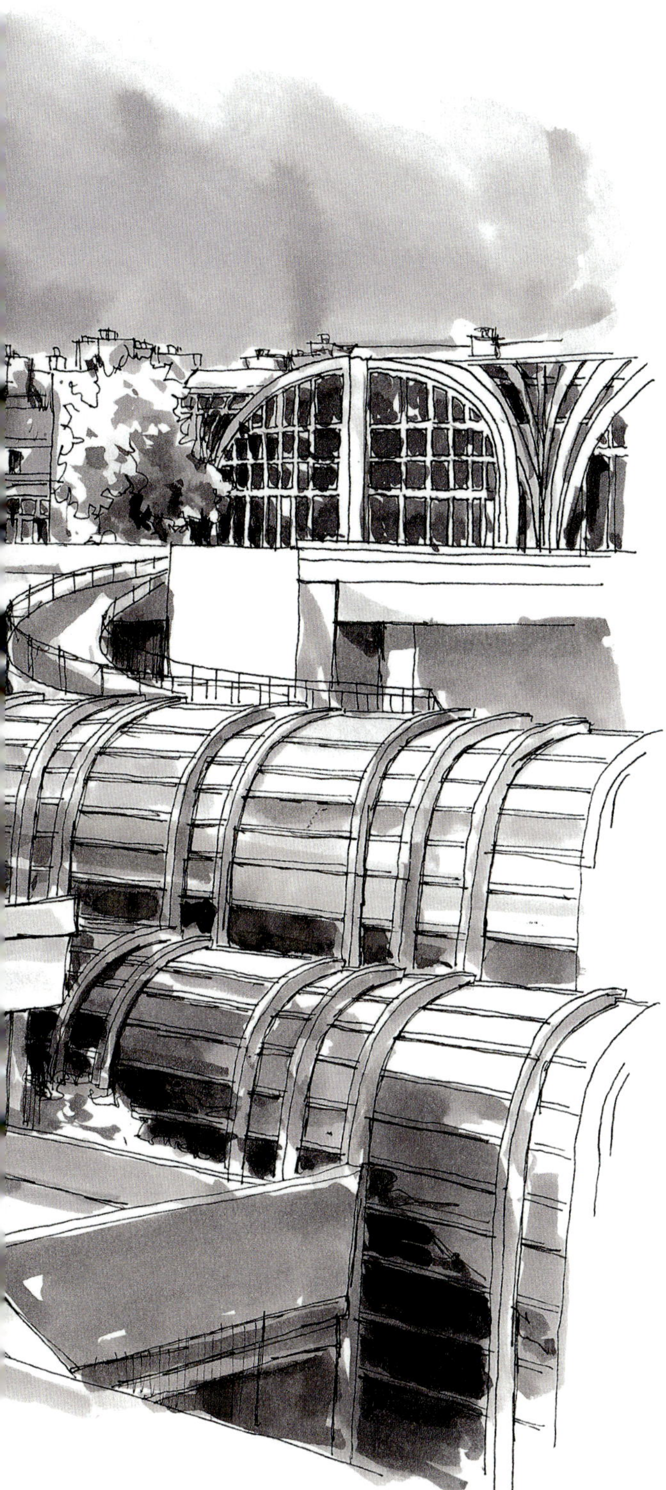

Bisher ging es in diesem Buch vor allem um konventionelle Ansichten von Gebäuden und Straßenzügen sowie darum, vor Ort das zu skizzieren, was man unmittelbar vor sich sehen kann. In diesem Schlusskapitel wollen wir nun darüber hinausgehend untersuchen, wie die Umgebung auch noch anders – größer – gesehen (und gezeichnet) werden kann.

Das menschliche Gesichtsfeld ist begrenzt. Deshalb können wir die Bildinformationen, die sich direkt vor unseren Augen befinden, nur innerhalb eines begrenzten Blickwinkels aufnehmen. Doch was geschieht, wenn wir diesen Winkel erweitern und darüber hinausschauen wollen?

In der Fotografie verwendet man in einem solchen zum Beispiel Fall ein Weitwinkelobjektiv. Oder man macht eine Panoramaaufnahme. Beides führt zu Ergebnissen, die über das konventionelle Sehen hinausreichen: Die so entstandenen Bilder zeigen mehr, als wir ohne die Kamera mit unseren eigenen Augen hätten sehen können. Wie wir ein solches »größeres« Bild auch zeichnerisch umsetzen können, welche Überlegungen etwa zu perspektivischen Konventionen dabei wichtig sind – darum geht es auf den folgenden Seiten.

Grundsätzlich gibt es dabei zwei Möglichkeiten, wie in der Fotografie: Wir können unseren Blickwinkel nicht nur links und rechts entlang einer einzigen horizontalen Linie erweitern, sondern auch noch den vertikalen Bereich oberhalb und unter dieser Linie.

Dass wir diese beiden Möglichkeiten erst am Ende des Buches behandeln, liegt daran, dass sie ein gewisses Maß an Wissen über viele der bisher untersuchten Techniken voraussetzen. Wichtiger noch ist das Vertrauen, das Sie hoffentlich mit dem Studium (und vor allem der sich daraus ergebenden Praxis) der vorangegangenen Kapitel entwickelt haben. Am Wichtigsten ist das Vertrauen, die richtigen Entscheidungen zu treffen, wie *Sie* persönlich eine Zeichnung erstellen möchten. Denn schließlich sind es *Ihre* Bilder, und *Sie* sollen die Kontrolle darüber haben, wie sie einmal aussehen werden.

Bilderpuzzle

Erinnern Sie sich noch an die Drittel-Regel, die wir Ihnen auf Seite 30 in diesem Buch vorgestellt haben? In diesem Zusammenhang sprachen wir von den Rasteransichten, die Ihnen auf den Displays moderner Smartphones und Kameras eine wertvolle Hilfestellung bei der Bildkomposition sein können. Stellen Sie sich nun ein solches Raster vor, das aus drei horizontalen und drei vertikalen Rechtecken besteht, und legen Sie dieses gedanklich etwa über ein Gebäude, vor dem Sie stehen. Vielleicht ist dieses Gebäude so groß, dass Sie aus Ihrem Blickwinkel heraus, wenn Sie geradeaus auf das Gebäude schauen, nur einen Ausschnitt des Gebäudes sehen. Um das ganze – das größere – Bild zu sehen, müssten Sie aber nicht nur den Ausschnitt sehen, der sich in der Ihrem Gesichtsfeld entsprechenden Rasterflächen befindet, sondern auch das, was in den übrigen Rasterflächen enthalten ist. Sie müssen also unter Umständen Ihren Standpunkt verändern, mindestens aber den Blick heben und senken sowie nach links und nach rechts drehen, bis Sie alle Bildausschnitte der einzelnen Rasterflächen zu einer Gesamtansicht zusammensetzen können. Wenn Sie ein solches Gebäude zeichnen wollen, aber nicht die Zeit haben, es vor Ort in aller Ausführlichkeit zu skizzieren, können Sie sich als Gedankenstütze auch mit ein paar Fotos behelfen, die Sie dann wie bei einem Bilderpuzzle zu Hause zusammensetzen werden.

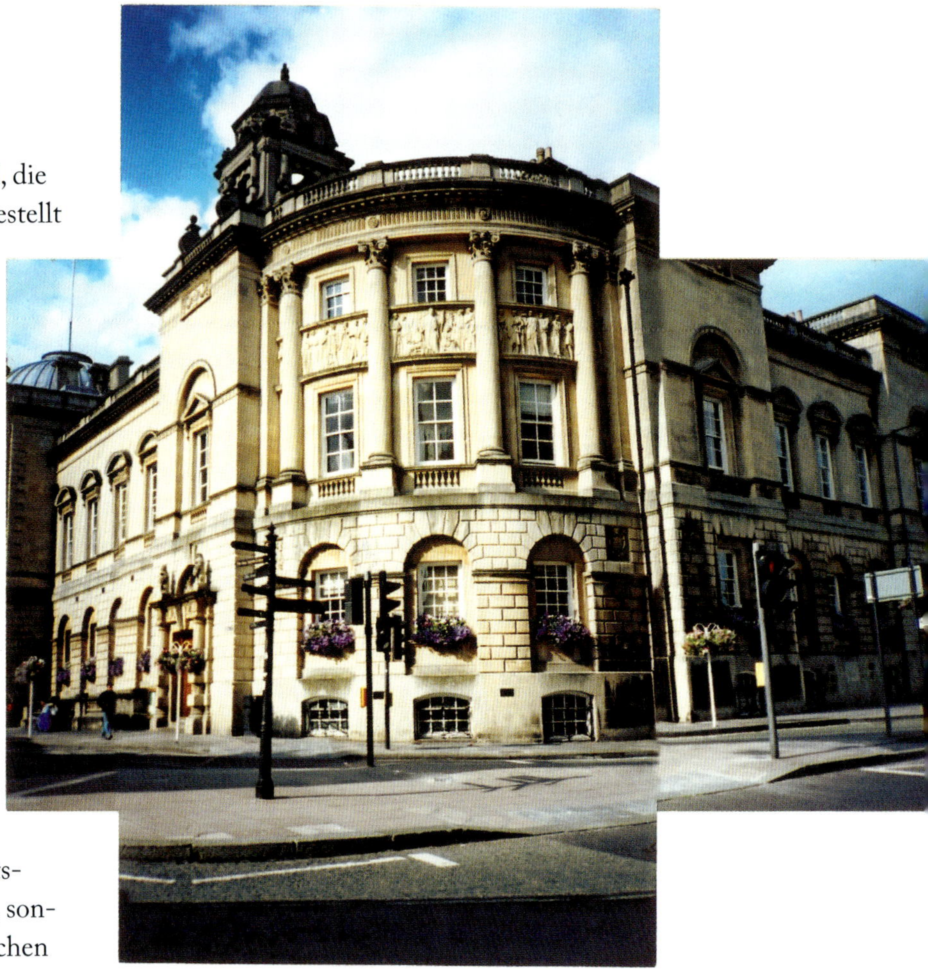

Technik

Um ein Maximum an visuellen Informationen über ein Gebäude zu erhalten, sollten Sie sowohl Quer- als auch Hochformataufnahmen von einem einzigen Punkt aus machen. Möglicherweise müssen Sie Ihre Kamera ein wenig bewegen, um Details zu fotografieren.

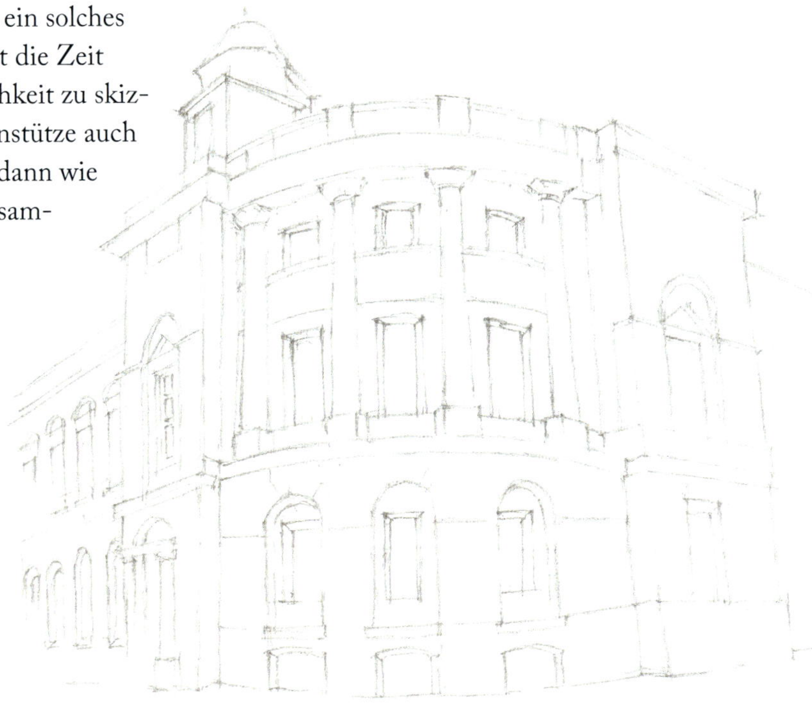

Struktur

Wenn Sie die Kamera beim Fotografieren schräg nach oben halten müssen, um das vor Ihnen stehende Gebäude zu erfassen, entstehen »stürzende Linien«. Diesen Effekt können Sie in Ihrer Zeichnung entweder ausgleichen oder bewusst als künstlerisches Darstellungsmittel einsetzen.

Klassizistisches Gebäude in Bath, Vereinigtes Königreich

Hier fallen die stürzenden vertikalen Linien, wie Sie auch durch das Objektiv einer Kamera gesehen werden, stark auf. Für das Zeichnen solcher Strukturen hilfreich ist das Verständnis von Fluchtpunkt und Perspektive (siehe S. 22–27).

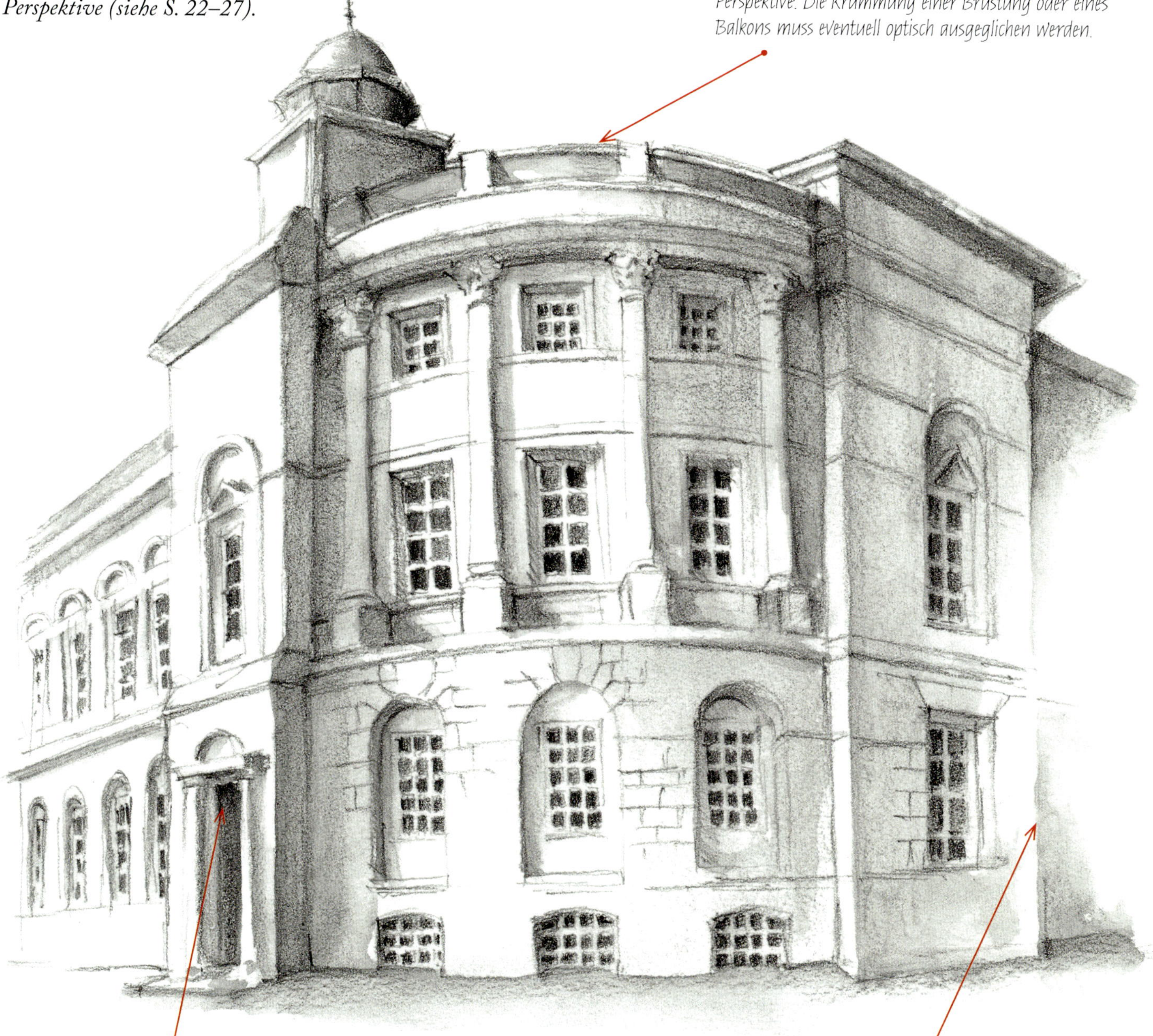

Rundungen sind ein wichtiger Bestandteil der Perspektive. Die Krümmung einer Brüstung oder eines Balkons muss eventuell optisch ausgeglichen werden.

Nicht nur der äußere Rahmen muss einen stabilen, soliden Eindruck machen. Auch die Fenster und Türen müssen visuell angeglichen werden.

Orientieren Sie sich an den äußeren Vertikalen – den das Bildzentrum rahmenden Linien des Gebäudes: Um stürzende Linien zu vermeiden, müssen diese parallel senkrecht zueinander stehen.

Weitwinkel

»So weit das Auge reicht«: Wie bereits zuvor ausgeführt, ist das menschliche Gesichtsfeld – jener Bereich, den wir sehen, wenn wir mit beiden Augen geradeaus blicken – begrenzt. Um es zu erweitern, müssten wir zunächst die Augen, dann den Kopf und zuletzt auch den Standpunkt verändern.

In der Fotografie entspricht das, was wir »normalerweise« mit zwei geradeaus gerichteten Augen sehen können, dem Normalobjektiv. Für ein erweitertes Bild gibt es zum Beispiel das Weitwinkelobjektiv. Dieses erweitert den Blick im Querformat in der Breite oder im Hochformat in der Höhe. Um dieses erweiterte Gesichtsfeld zeichnerisch umzusetzen, ohne dass es wie beim Fotografieren mit einem Weitwinkelobjektiv zu einer perspektivischen Verzerrung – den ebenfalls bereits angesprochenen stürzenden Linien – kommt, unterteilen Sie die (erweiterte) Szene in mehrere kleine Teile, skizzieren jedes für sich und setzen dann alles zu Hause zusammen.

Als Beispiel für eine im Querformat erweiterte Ansicht wählen wir hier eine Hauptstraße mit mehreren Ladengeschäften. Beginnen Sie damit, sich direkt vor das erste von Ihnen ausgewählte Gebäude zu stellen, und fertigen Sie eine kleine Skizze davon an – einfach so, wie Sie es sehen, einschließlich der parkenden Autos oder der Kunden in oder vor einem Geschäft. Gehen Sie dann zum nächsten Gebäude, stellen Sie sich direkt davor und skizzieren Sie frontal aus dem gleichen direkten Blickwinkel heraus und im gleichen Abstand zu ihrem Motiv wie zuvor. Fahren Sie auf diese Weise entlang der Straße fort, bis Sie so viele Skizzen angefertigt haben, wie Sie für Ihre erweiterte Ansicht brauchen.

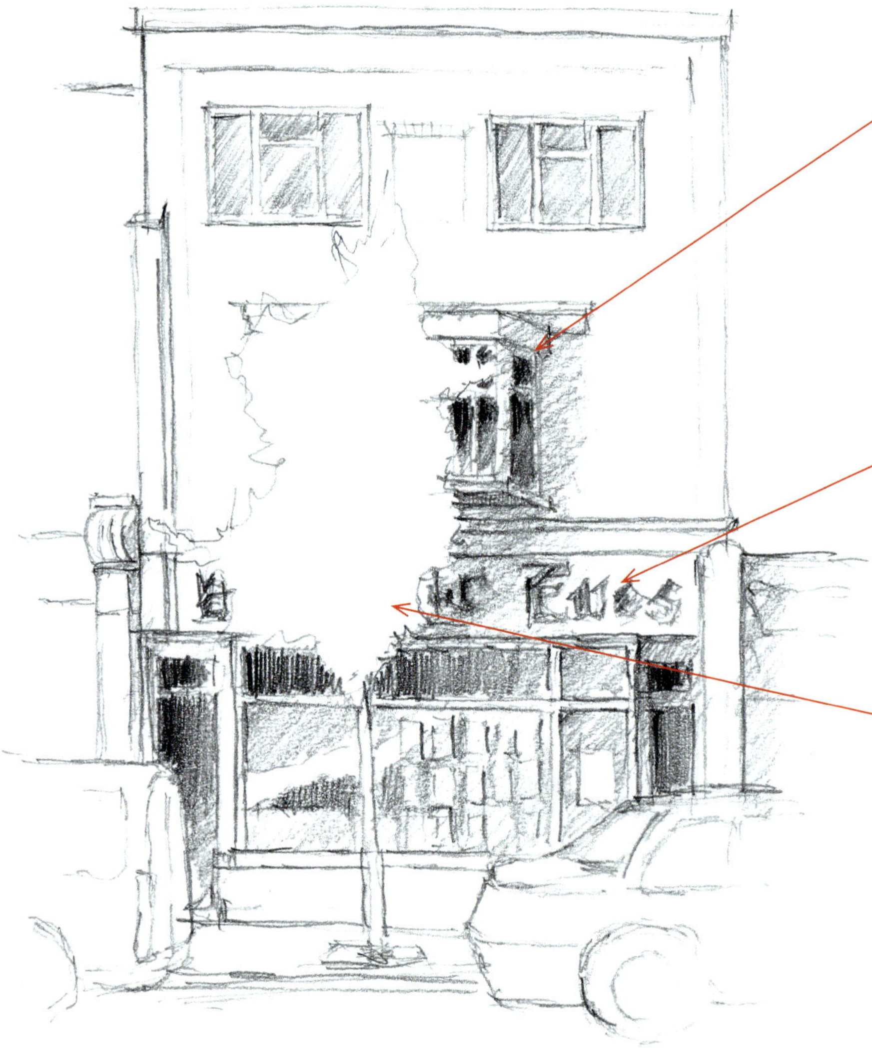

Bei einer Miniaturskizze geht es darum, das Wesentliche eines Motivs einzufangen. Machen Sie sich also keine Gedanken über die Qualität Ihrer Zeichnung – achten Sie nur darauf, dass die Struktur und die kontrastierenden Tonwerte stimmen.

Sie werden es nützlich finden, einige Studien der Reklameschilder zu machen, um sie später als Referenz verwenden zu können (siehe S. 111).

Sie können es sich leisten, Details im Vordergrund als Umriss zu belassen: Konzentrieren Sie sich stattdessen auf das Gebäude.

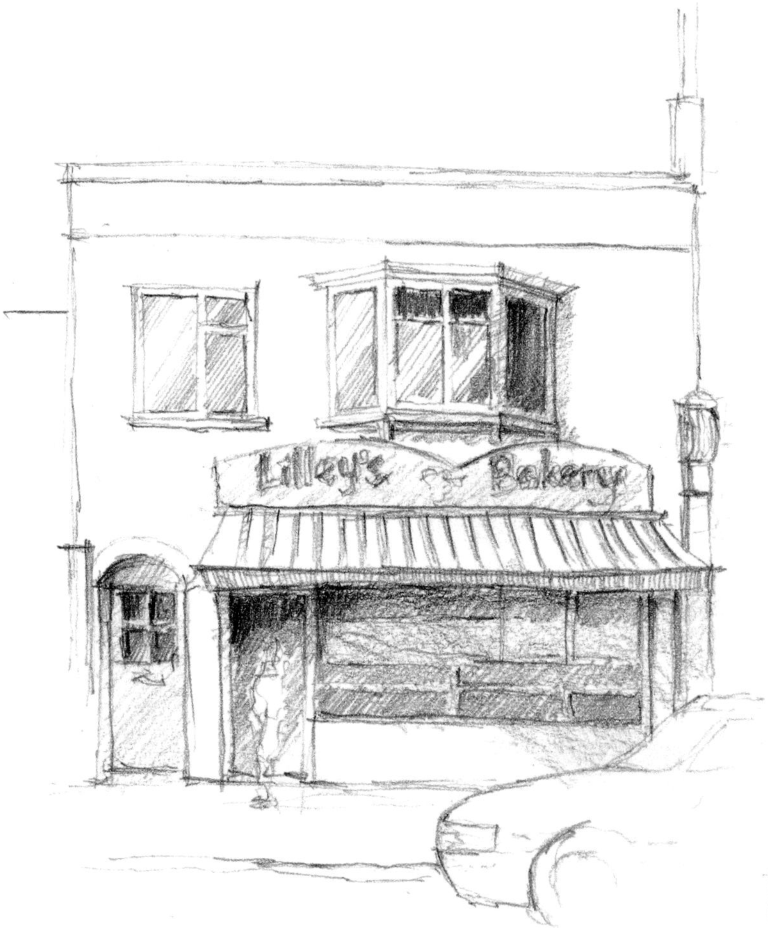

Details
Die Schatten hinter dem Hauptschaufenster sorgen für visuelles Interesse – untersuchen Sie diese sorgfältig.

Details
Menschliche Figuren können ein Gefühl für die Größenverhältnisse vermitteln. Wie bei den Bäumen sollten diese besser nur angedeutet werden, um den besten optischen Eindruck zu erzielen.

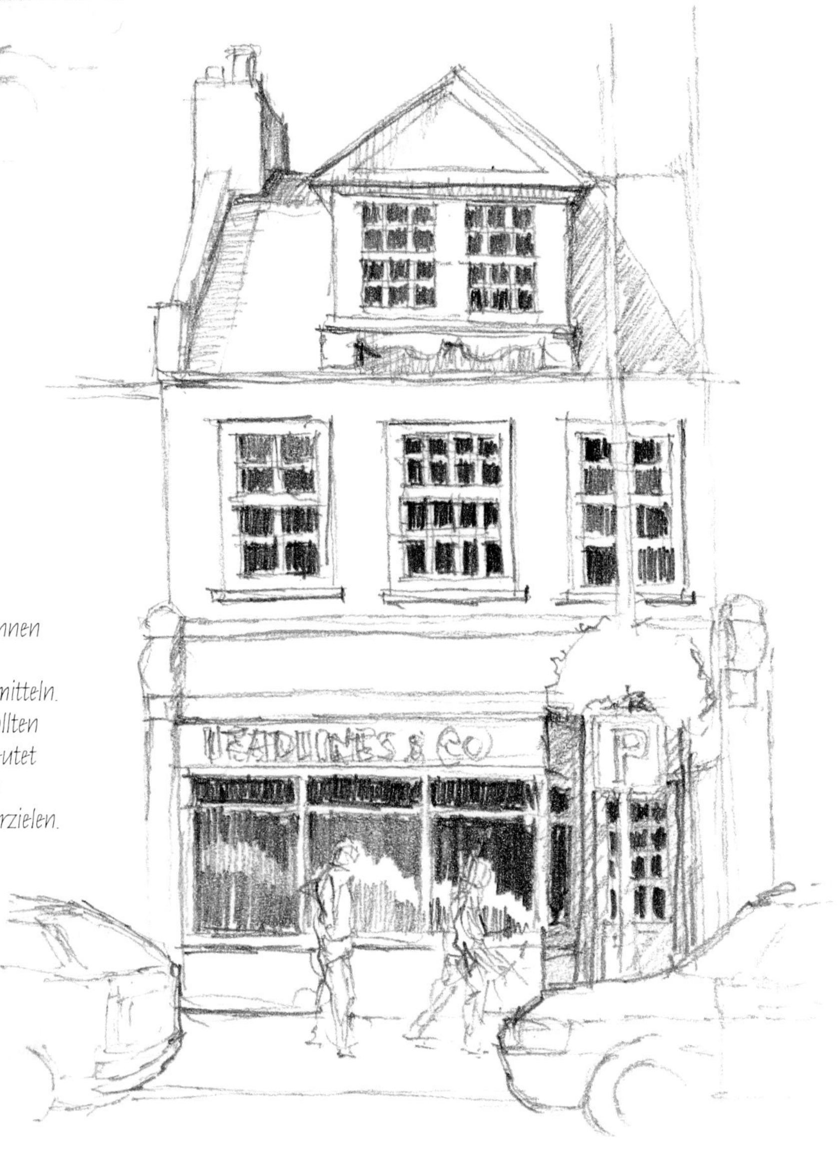

Weitwinkel *Fortsetzung*

Nun haben Sie also alle Ihre Skizzen gesammelt, breiten diese zu Hause vor sich aus und stellen fest, dass es jetzt eine Fülle an visuellen Eindrücken zu verarbeiten gibt. Sie stellen sich vor, wie diese Skizzen zusammengesetzt aussehen sollen, und schon dabei wird klar, dass das einige Anpassungen und kreatives Denken erfordern wird.

Legen Sie zunächst ein Blatt Pauspapier über jede Skizze und zeichnen Sie die wichtigsten Elemente sowie die Struktur nach, ohne sich in diesem Stadium groß um Details etwa in den Fenstern zu kümmern. Anschließend übertragen Sie die Skizzen auf ein größeres Blatt Papier und verbinden diese so miteinander, dass die gewünschte »Weitwinkelansicht« der Hauptstraße entsteht. Tatsächlich werden sich dabei viele perspektivische Auffälligkeiten ergeben, zudem werden wohl auch einzelne Elemente wie Autos, Bäume und menschliche Figuren, nicht ganz genau übereinstimmen.

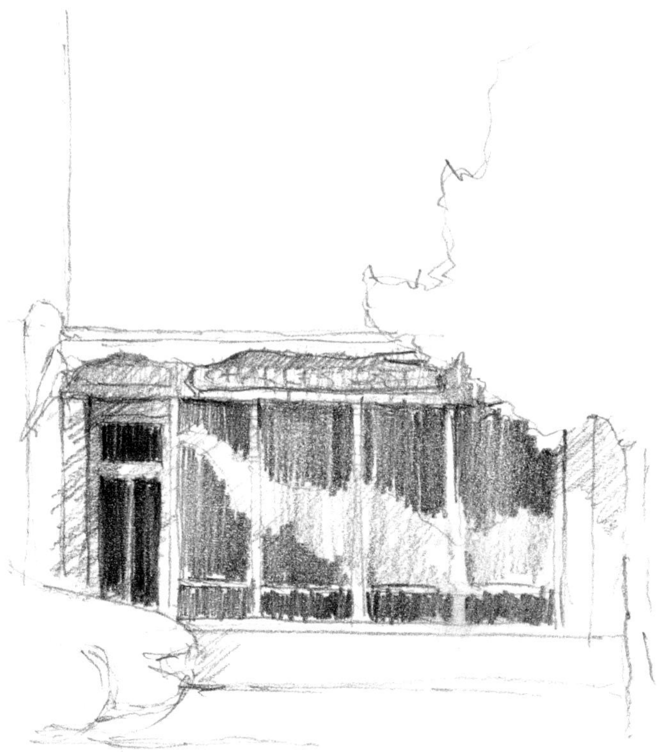

Details
Spiegelungen können interessante Formen annehmen und abstrakte Muster in einer Glasscheibe erzeugen.

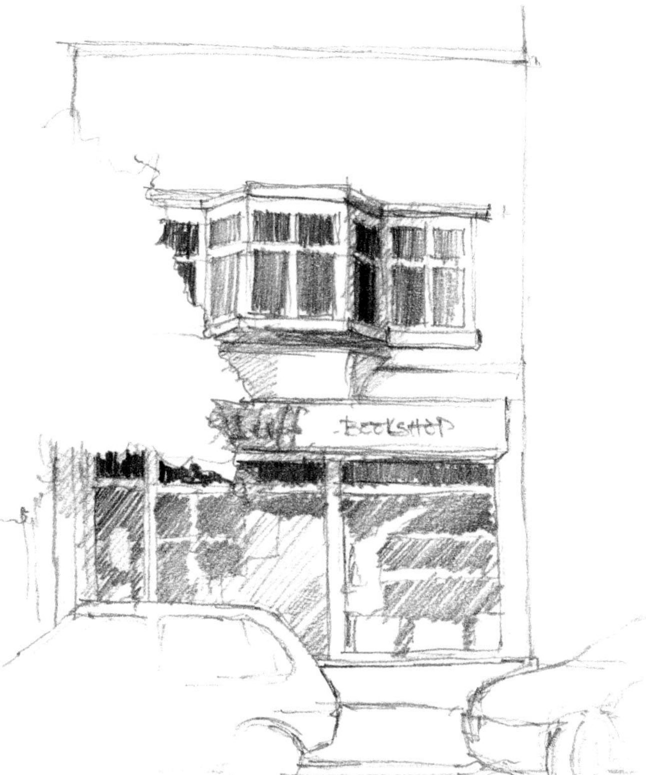

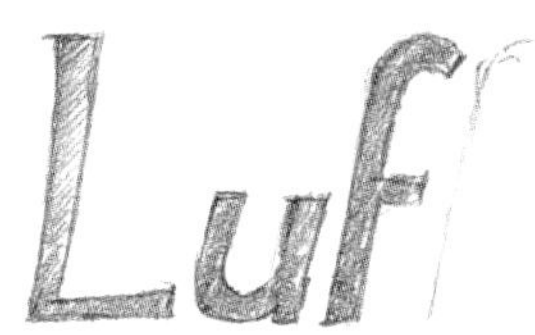

Details
Parkende Fahrzeuge sind ein charakteristisches Merkmal einer Hauptstraße. Nehmen Sie diese aber nur in Ihre Zeichnung auf, wenn diese die Sicht nicht zu sehr behindern.

Informationen sammeln

Es gibt viele Möglichkeiten, alle Informationen zu sammeln, die Sie dann zu Hause für die Fertigstellung Ihres Bildes verwerten können. Miniaturskizzen sind von unschätzbarem Wert, und das Gleiche gilt für das Studium bestimmter Details wie Schriftzeichen auf Anzeigetafeln oder Reklameschildern. Unbedingt zu empfehlen ist auch ein genaueres Studium der vor Ort zu beobachtenden Farben. Experimentieren Sie ruhig ein bisschen – Farbstudien sind einfach, schnell und effektiv zu erstellen.

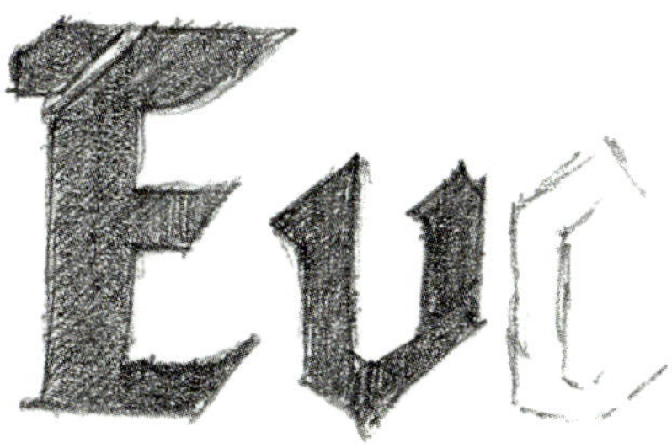

Bleistiftstudien helfen, bestimmte Details genauer zu betrachten – aber es fehlen natürlich die Farben.

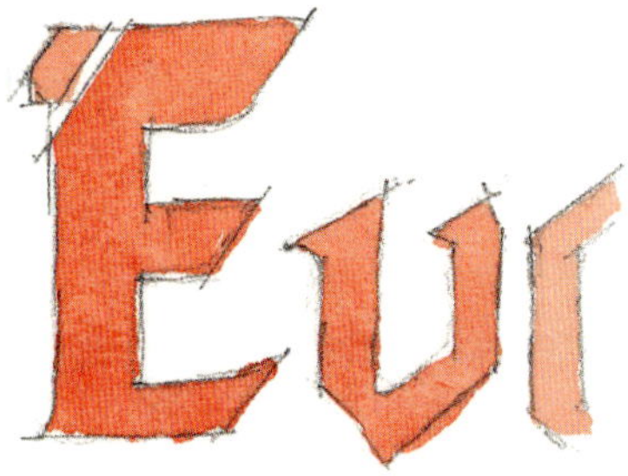

Aquarellstudien sind immer nützlich, um einen Gesamteindruck der Szene »in Farbe« zu geben;

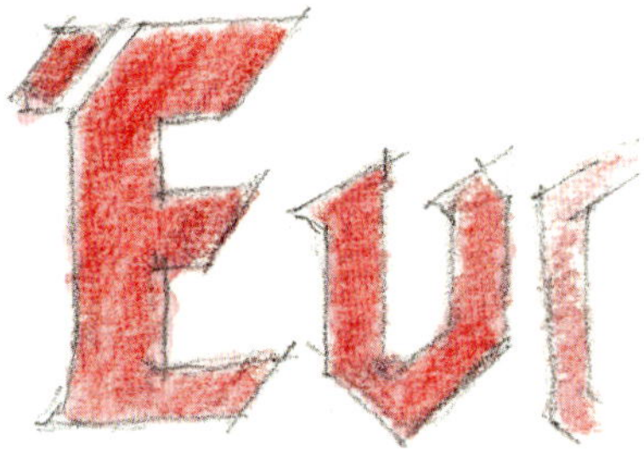

Mit Buntstifte lässt sich vor Ort allerdings oft bequemer und praktischer arbeiten.

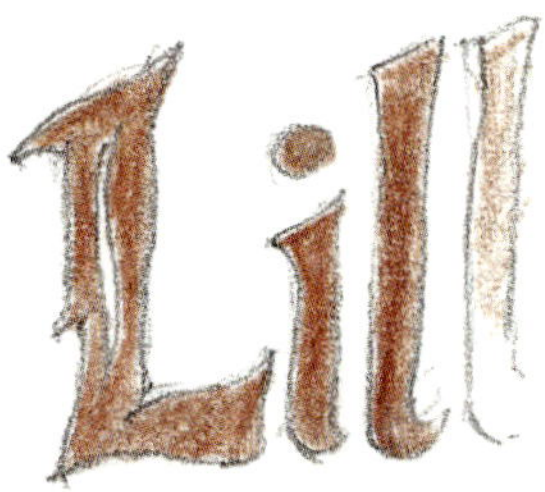

Mit Buntstiften die exakten Farben eines Motivs wiederzugeben kann schwierig sein.

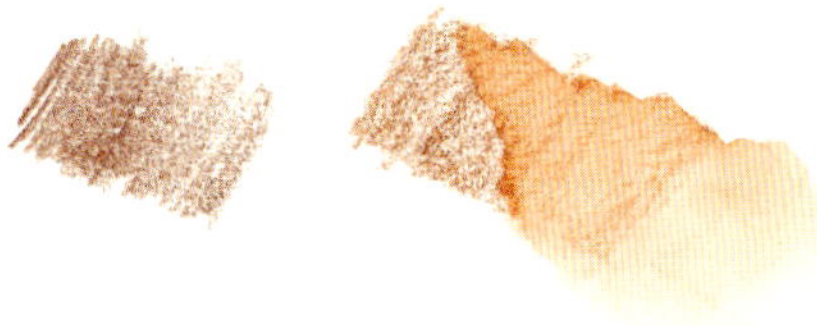

Einige Medien sehen in ihrem unbearbeiteten Zustand ähnlich aus, aber nach dem Lavieren mit wasserlöslichen Stiften kann sich das Aussehen erheblich verändern.

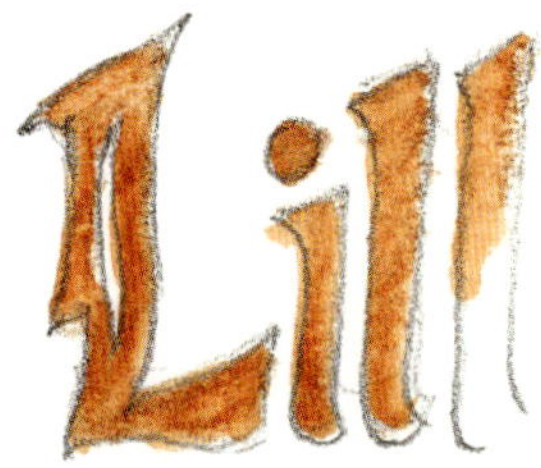

Experimentieren Sie mit ähnlichen Tönen und Farben, um zu erkunden, welches Medium sich für Ihren Zweck am besten eignet.

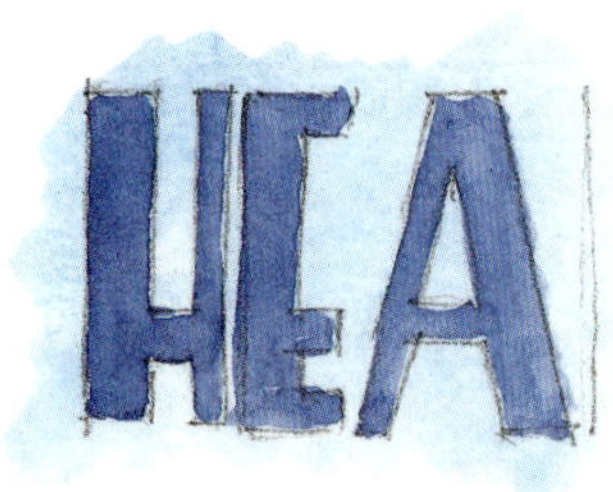

Eine blasse Hintergrundfarbe betont die vollfarbigen Buchstaben. Auch deren oft charakteristische Typografie sollte genau beachtet werden.

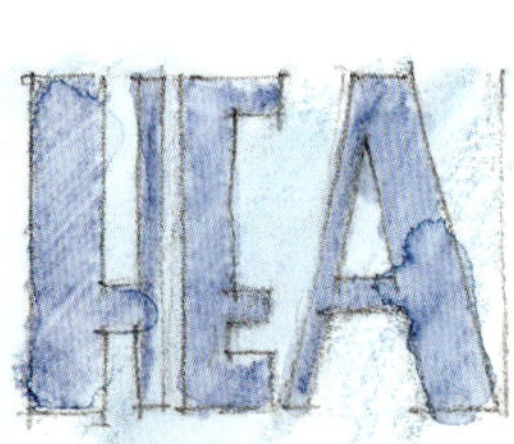

Wasserlösliche Stifte bieten »das Beste aus beiden Welten« – lineare Struktur und zart lavierte Flächen.

Weitwinkel *Fortsetzung*

Der nächste Schritt bei der Erstellung dieser Weitwinkelansicht besteht darin, an einem der beiden Enden Ihrer Häuserreihe zu beginnen und die Perspektive zu überdenken. Die einfachste Lösung für dieses Problem besteht darin, jedes Gebäude für sich gerade auszurichten.

Sie werden auch einige kompositorische Entscheidungen treffen müssen. Wie viele Autos und Figuren wollen Sie zum Beispiel aufnehmen?

Wenn Sie die Reihung vollständig festgelegt haben und damit zufrieden sind – wenn also die gesamte Szene genau so aussieht, wie Sie es sich vorgestellt haben –, können Sie zu Ihren ersten Skizzen zurückkehren, um sich mit den Details zu beschäftigen.

Beginnen Sie damit, die Unterschiede zwischen den einzelnen Gebäuden in der Reihe herauszuarbeiten. Diese sind in der Regel an der Struktur der Fenster zu erkennen, vor allem oberhalb der Ladenetage. Arbeiten Sie sich kontinuierlich voran und zeichnen Sie die Details in ihre Zeichnung ein.

Als nächstes müssen Sie eine kreative Entscheidung bezüglich der Lichtverhältnisse treffen: Die Beleuchtung kann in Ihren Skizzen (wenn auch nur geringfügig) variieren oder nicht klar definiert sein. Sie müssen entscheiden, woher das Licht kommen soll, in welchem Einfallswinkel und in welcher Intensität. Dann können Sie damit beginnen, die wichtigsten schattierten Bereiche in Türöffnungen und unter Fenstersimsen zu zeichnen. Gestalten Sie diese so dunkel oder weich wie Sie möchten.

Als Letztes erstellen Sie die Schattierungen und Spiegelungen in den Fenstern, geben den Autos und Bäumen ihre unterschiedlichen Tonwerte und fügen den Schatten im Vordergrund hinzu, indem Sie sowohl den Bürgersteig vor den Häusern als auch die Straße definieren.

Ihre fertige Zeichnung wird eine faszinierende Komposition sein, die in dieser (erweiterten) Form und (perspektivischen) Anlage sowie mit diesen vielen Details deutlich über das hinaus geht, was wir vor Ort »mit eigenen Augen sehen« könnten.

Bei einigen Gebäuden müssen Sie die Perspektive korrigieren, indem Sie alle Kanten begradigen.

Beginnen Sie mit einer einfachen Strichzeichnung – ohne Details –, und überprüfen Sie nur, ob alle Gebäude gerade ausgerichtet sind.

Möglicherweise müssen Sie Fahrzeuge vorne und hinten zusammensetzen, um eine visuelle Zäsur im Bildvordergrund zu gestalten.

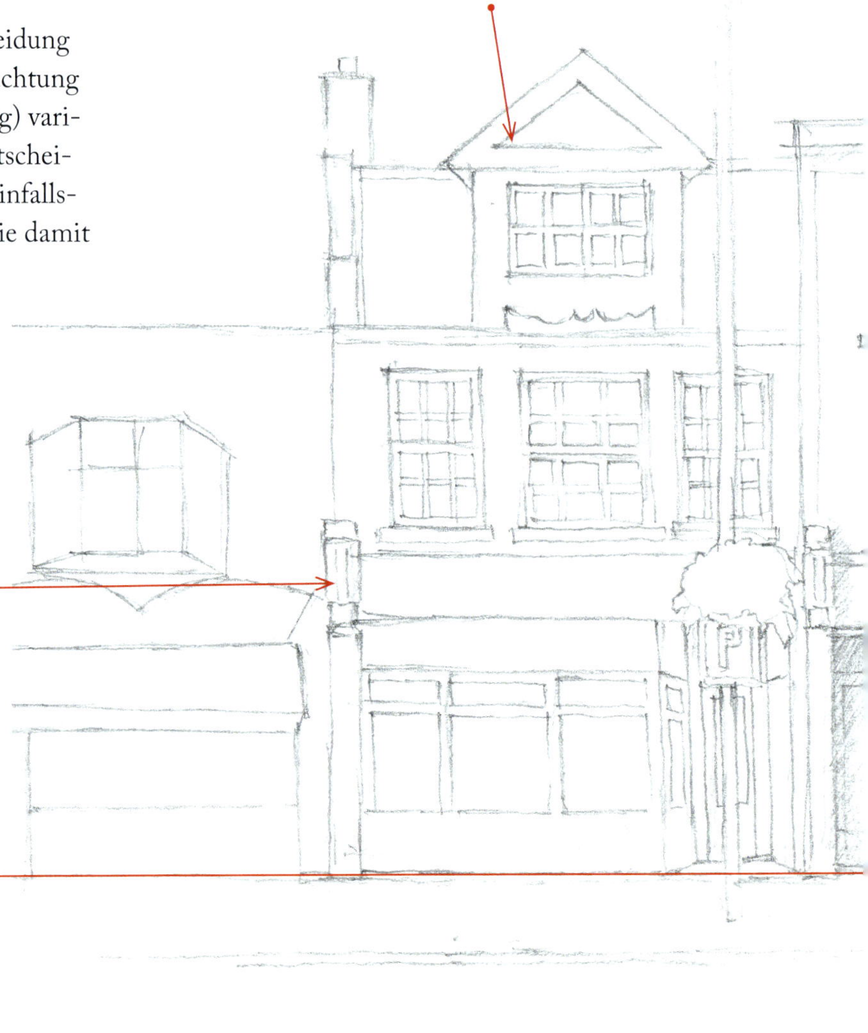

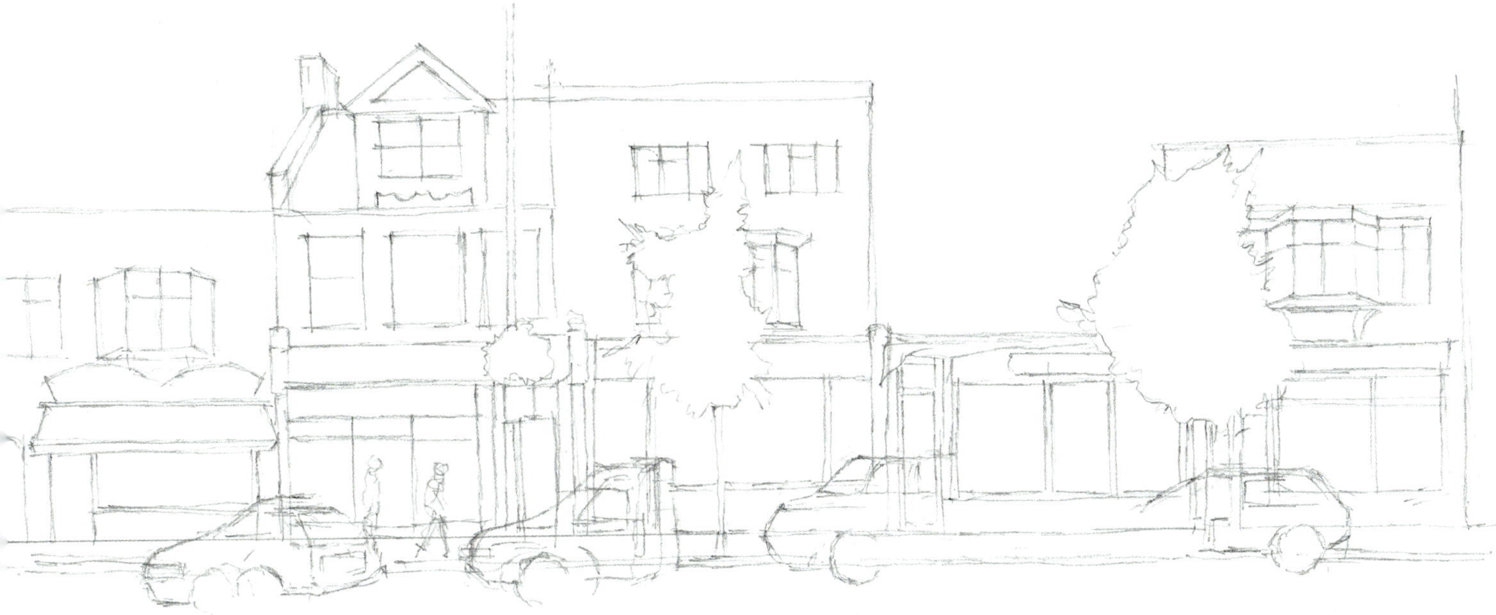

Ladenzeile in der Hauptstraße

Das Zusammensetzen einer Weitwinkel-Ansicht erfordert in der Anfangsphase viele Quervergleiche und Anpassungen. Nehmen Sie sich dafür etwas Zeit.

Wenn Sie mit der Gestaltung der Bäume beginnen, ist es wichtig, die Lichter und Schatten dahinter zu isolieren, indem Sie drei Tonstufen verwenden: mittel, dunkel und sehr dunkel.

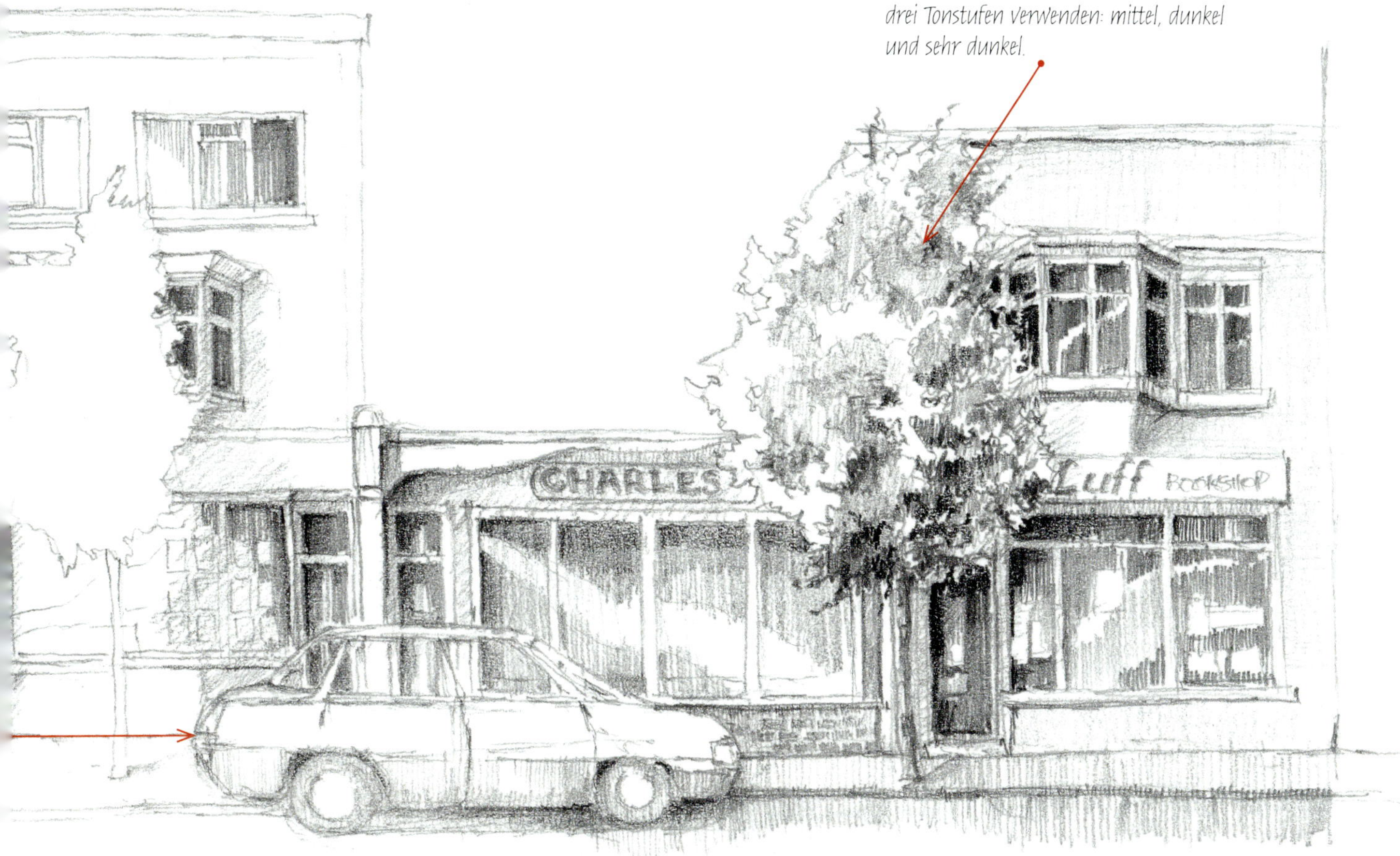

Panorama

Die meisten modernen Kameras und Smartphones haben einen Panoramamodus, mit dem sich relativ einfach Fotos aufnehmen lassen, die noch sehr weit über das, was mit einem Weitwinkelobjektiv fotografiert werden kann, hinausgehen. Damit die Aufnahmen gelingen, müssen Sie die Kamera auf gleicher Höhe halten, während Sie von links nach rechts durch die Szene schwenken. Am besten funktioniert dieses Verfahren, wenn Sie Ihren Standpunkt beibehalten und den Oberkörper leicht zur Seite drehen.

Auch ohne entsprechenden Modus lassen sich mit jeder Kamera Panoramen erstellen: Machen Sie so viele sich Fotos »nebeneinander«, wie Sie es für nötig halten, um eine Panoramaansicht zu erfassen. Später lassen sich diese Fotos dann am Computer in einem »Stitching« genannten Verfahren zusammensetzen.

Für die zeichnerische Umsetzung setzen wir ebenfalls mehrere Einzelfotos zusammen – nur nicht am Computer, sondern »von Hand«, ähnlich dem schon auf den vorherigen Seiten bei der Weitwinkelansicht geschilderten Muster. Angesichts der Fülle an Bildinformationen führt allerdings das Anfertigen einer Freihandskizze wohl zu einem befriedigenderen Ergebnis als das beim Weitwinkel praktizierte Abpausen. Betrachten Sie dabei die Dächer wie abstrakte geometrische Formen und halten Sie auch die übrige Zeichnung unter Weglassung sämtlicher Details vorerst noch so einfach wie möglich.

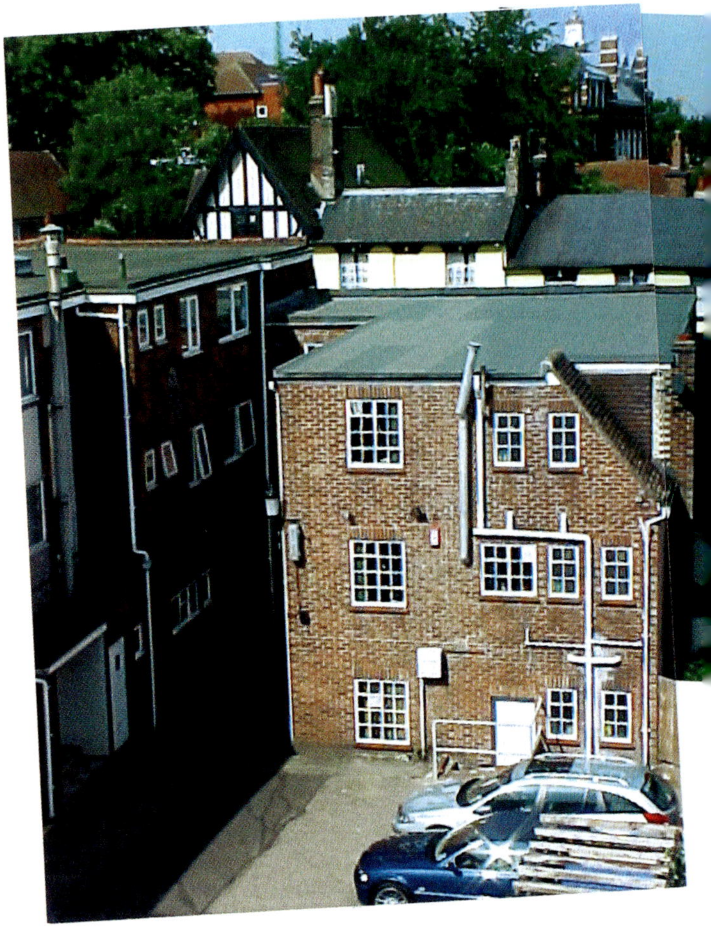

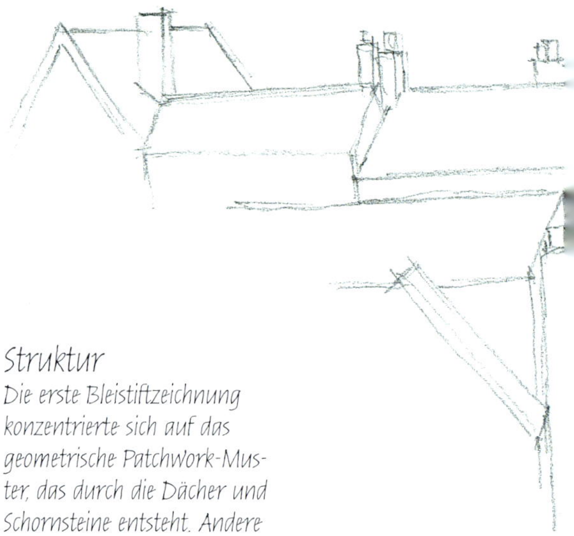

Struktur
Die erste Bleistiftzeichnung konzentrierte sich auf das geometrische Patchwork-Muster, das durch die Dächer und Schornsteine entsteht. Andere Details wurden vorerst vernachlässigt, um zuerst den groben Rahmen festzulegen.

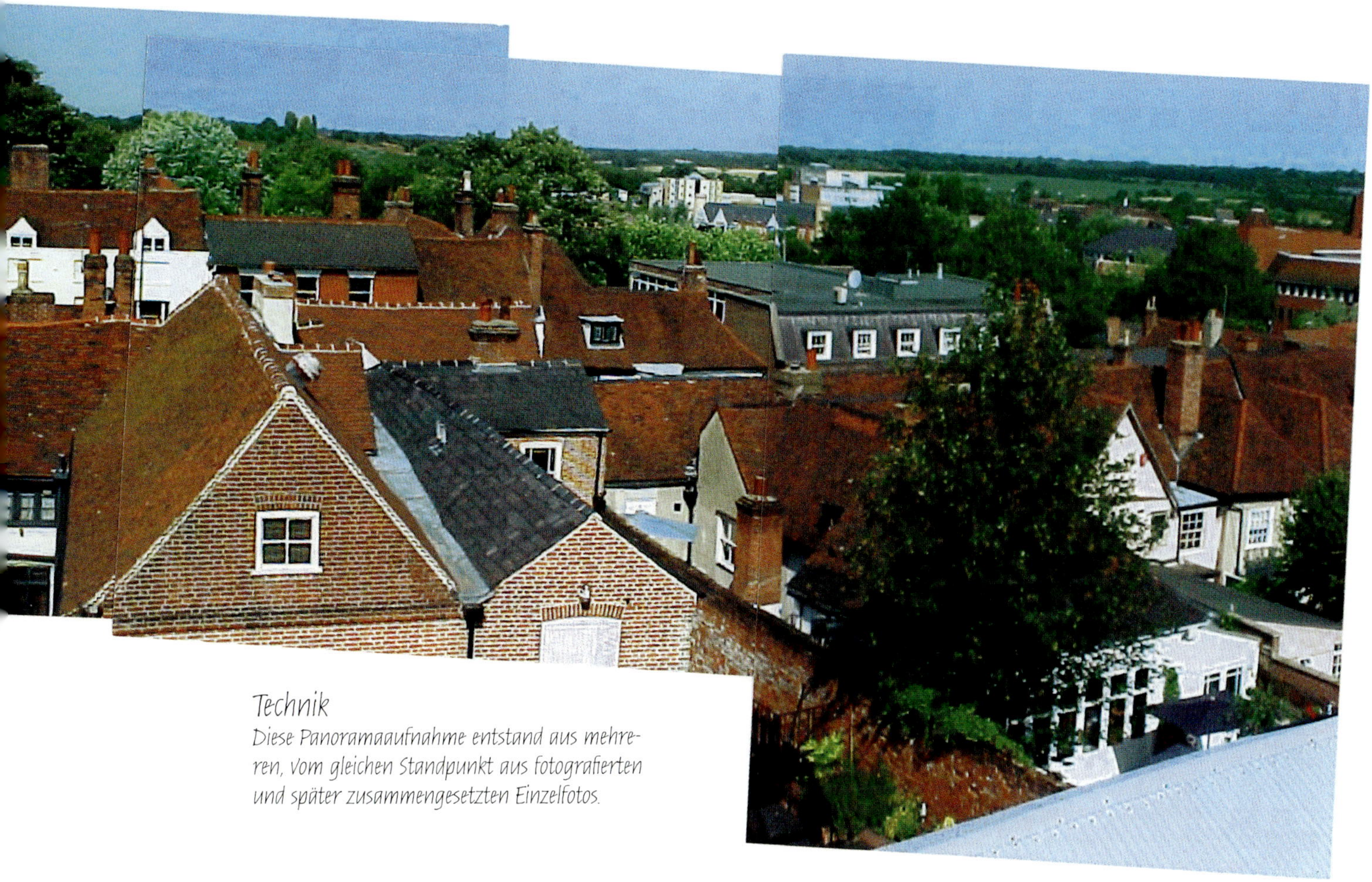

Technik
Diese Panoramaaufnahme entstand aus mehreren, vom gleichen Standpunkt aus fotografierten und später zusammengesetzten Einzelfotos.

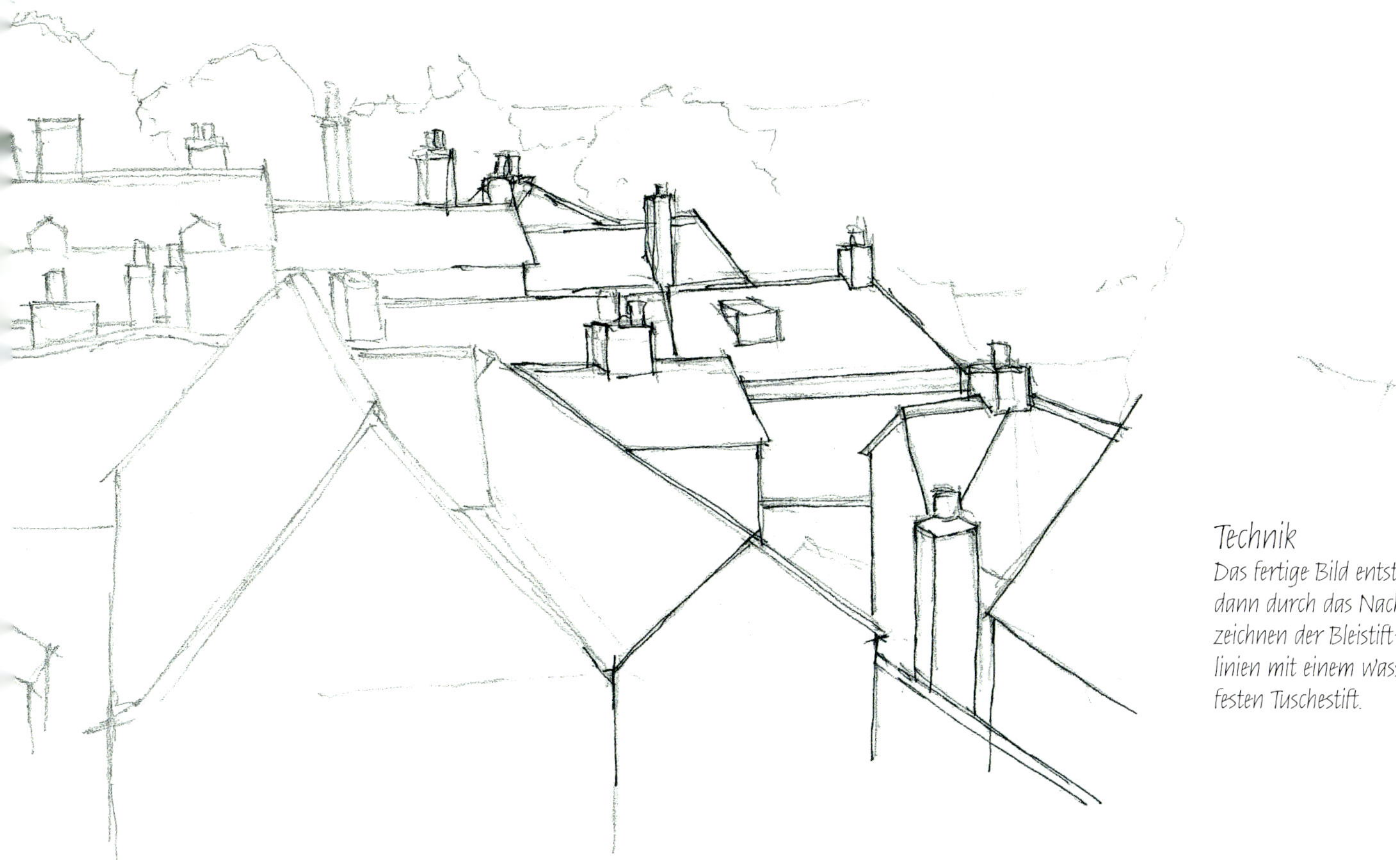

Technik
Das fertige Bild entstand dann durch das Nachzeichnen der Bleistiftlinien mit einem wasserfesten Tuschestift.

Panorama *Fortsetzung*

Um breite Panoramen wie dieses zu zeichnen, müssen Sie in der Regel sowohl die Bäume als auch die übrige Landschaft im Hintergrund und den Himmel in Ihre Darstellung mit einbeziehen. Für die Kolorierung mischen Sie zunächst eine wässrige Lösung von Kobaltblau an – das ist ideal für die Farbe des fernen Himmels. Malen Sie mit einem großen, nassen Pinsel über den Horizont – eine Andeutung des Himmels genügt völlig. Mischen Sie dann einen Hauch von Saftgrün (ein natürlich wirkendes, weiches, »saftiges« Grün) und tragen Sie es auf die Bäume auf. Bevor die Farbe trocknet, fügen Sie einen Hauch von Siena Natur zur grünen Farbe hinzu und tupfen diese auf die Bäume. Auf diese Weise wird sich eine Vielzahl zarter, weicher Farbtöne ergeben. Mehr Zeit brauchen Sie für diesen Hintergrundbereich nicht aufwenden.

Im nächsten Schritt tragen Sie die Farbe für die Dächer mit unregelmäßigen Strichen auf, wobei Sie nicht besonders darauf achten müssen, wenn die Farbe verläuft.

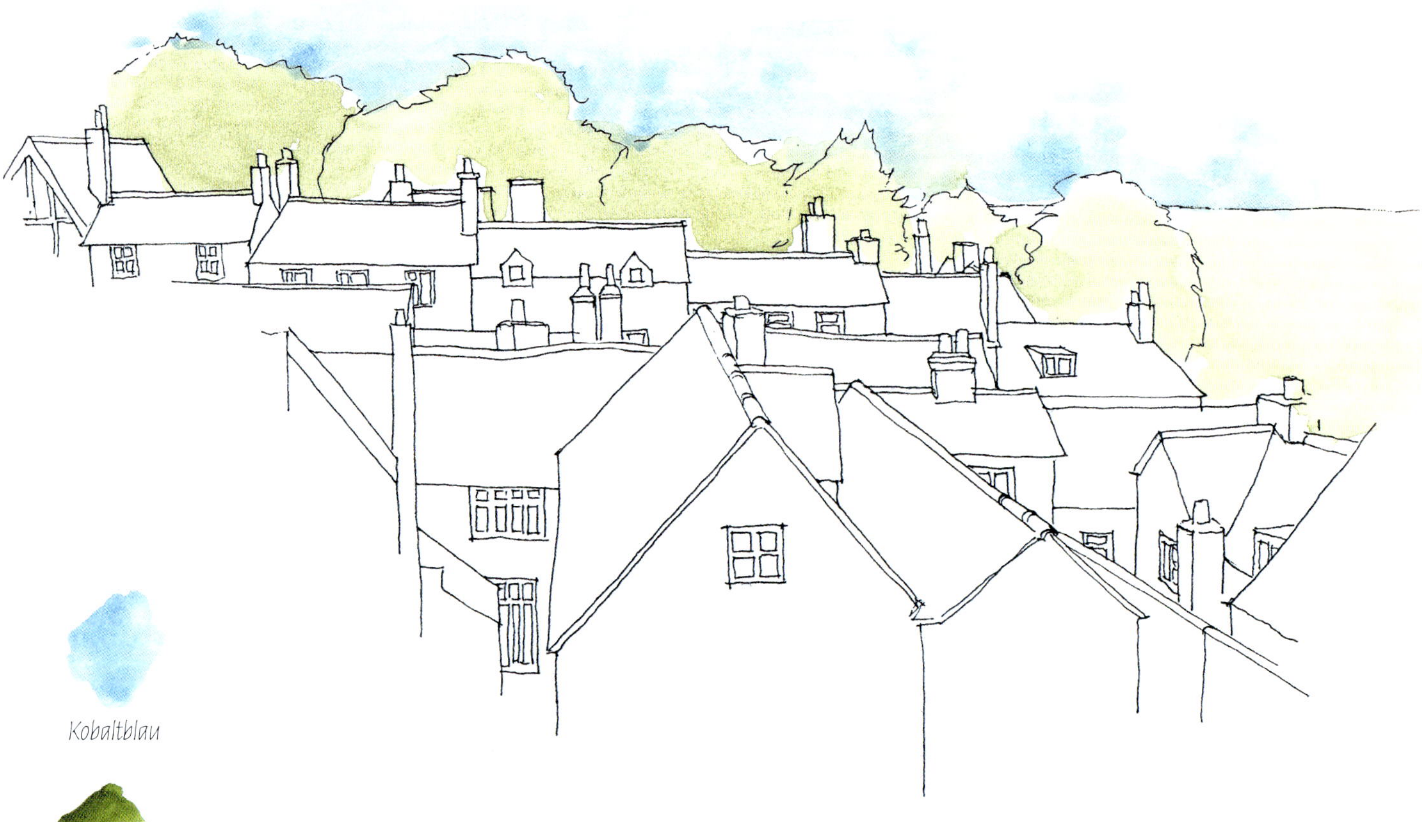

Kobaltblau

Saftgrün

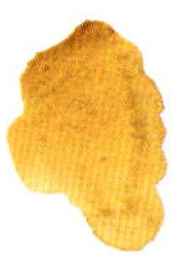

Siena natur

Farben

Kolorieren Sie den Himmel mit unregelmäßigen Pinselstrichen und lassen Sie einige papierweiße Flächen frei, um vage Wolken anzudeuten. Es macht nichts, wenn die Farben der Bäume und des Himmels ineinander übergehen – das unterstreicht nur das Gefühl von Freiheit und Spontaneität der Zeichnung.

Siena natur

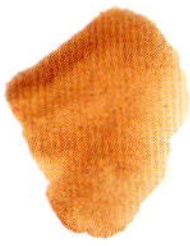

Siena gebrannt

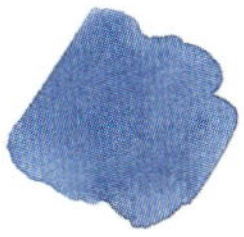

Kobaltblau

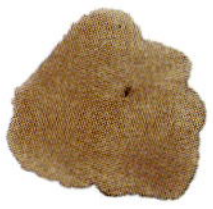

Umbra gebrannt

Farben

Beim Lavieren brauchen Sie nicht exakt jeder Linie folgen. Lassen Sie auch hier ein paar Glanzlichter frei. Die Farben dürfen ruhig ineinander übergehen – sie mischen sich gut in die gewünschten Farbtöne.

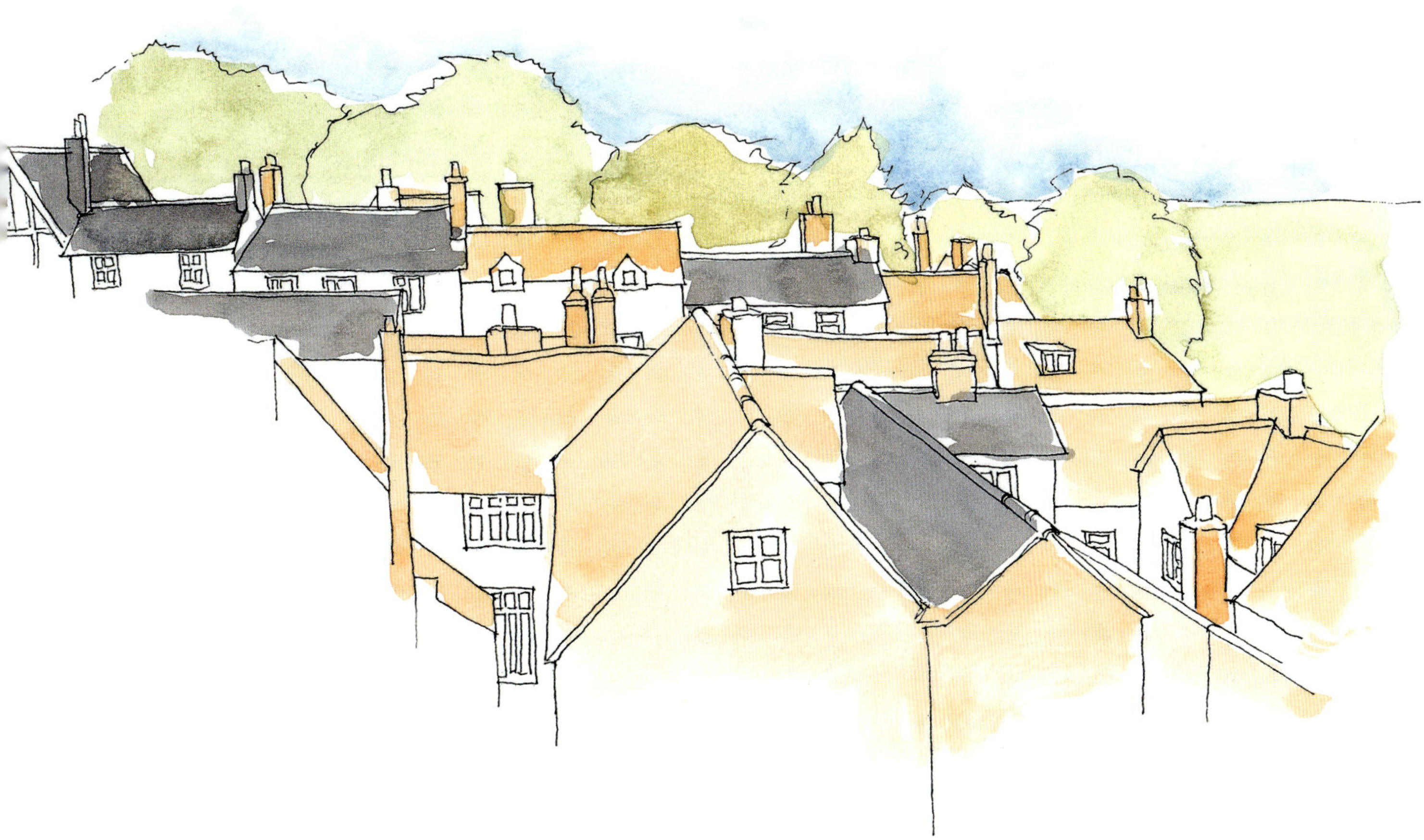

Panorama *Fortsetzung*

Sobald Sie die generellen Konturen und den Grundton festgelegt haben, können Sie mit der Ausarbeitung des Hauptteils der Zeichnung beginnen.

Um sicherzustellen, dass das räumliche Empfinden der Szene erhalten bleibt, ist es wichtig, dass Sie Ihre Zeichentechniken variieren. Halten Sie Ihre Hintergrundzeichnung minimal – ein paar knappe, kräftige Striche, die die Linien der Dachziegel andeuten, genügen. Wenn Sie zu viele Details im Hintergrund zeichnen, wird das Bild optisch überladen. Außerdem verführt Sie das dazu, auch den Vordergrund zu detailliert auszuarbeiten, um den Kontrast zwischen diesen beiden Bildkomponenten zu wahren.

Anschließend entwickeln Sie das Patchwork-Muster aus Farben und Formen, indem Sie die Schattierungen in die Zeichnung hineinlavieren. An einem klaren, sonnigen Tag sollten Sie präzise definierte, hartkantige Schatten sehen können, die nach unten auf die Wände der Gebäude geworfen werden.

Um eine überzeugende Tiefenwirkung zu erzielen, müssen Sie die meisten der in Ihrem Bild verwendeten Farben miteinander mischen, wobei das Blau am dominantesten ist. Diese Farbmischung können Sie dann mit einem mittelgroßen Pinsel auf das trockene Papier auftragen, und zwar mit einem einzigen, kräftigen Pinselstrich. Auf diese Weise erhalten Sie die gewünschten harten Kanten.

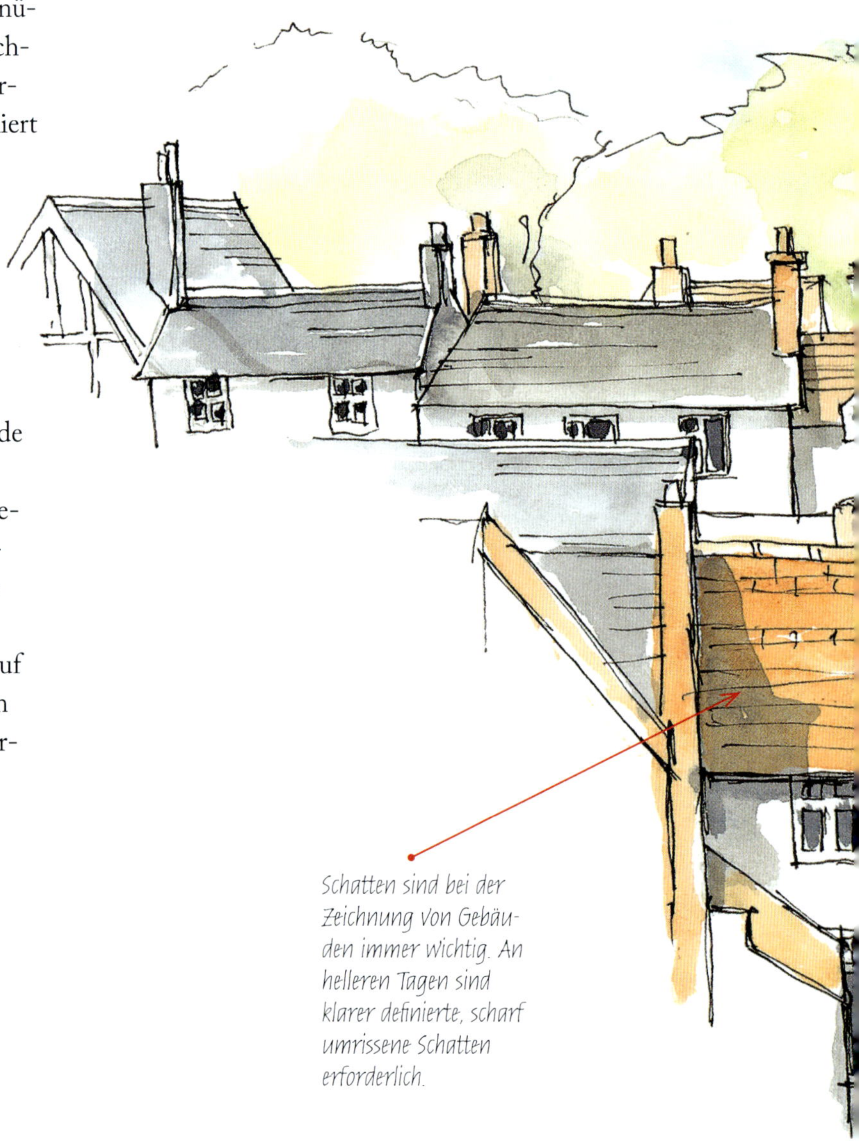

Schatten sind bei der Zeichnung von Gebäuden immer wichtig. An helleren Tagen sind klarer definierte, scharf umrissene Schatten erforderlich.

Der Schlüssel zum Erfolg …

… dieser Zeichnung liegt in der subtilen Balance zwischen der Zartheit des Aquarells und der soliden Linienführung des Stifts. Nachdem die Lavierungen getrocknet waren, konzentrierte ich mich auf den letzten Schliff, indem ich ein paar Ziegellinien auf die Dächer zeichnete und das Mauerwerk an den Wänden andeutete. Auf diese Weise entstand der so wichtige Kontrast zwischen dem deutlich definierten Vordergrund und dem etwas unschärferen Hintergrund.

Für die Gebäude im Hintergrund wurde eine etwas verwässerte Farbmischung verwendet. Versuchen Sie nicht, die Farbmischung als solche zu verändern, sondern verdünnen Sie sie nur ein wenig.

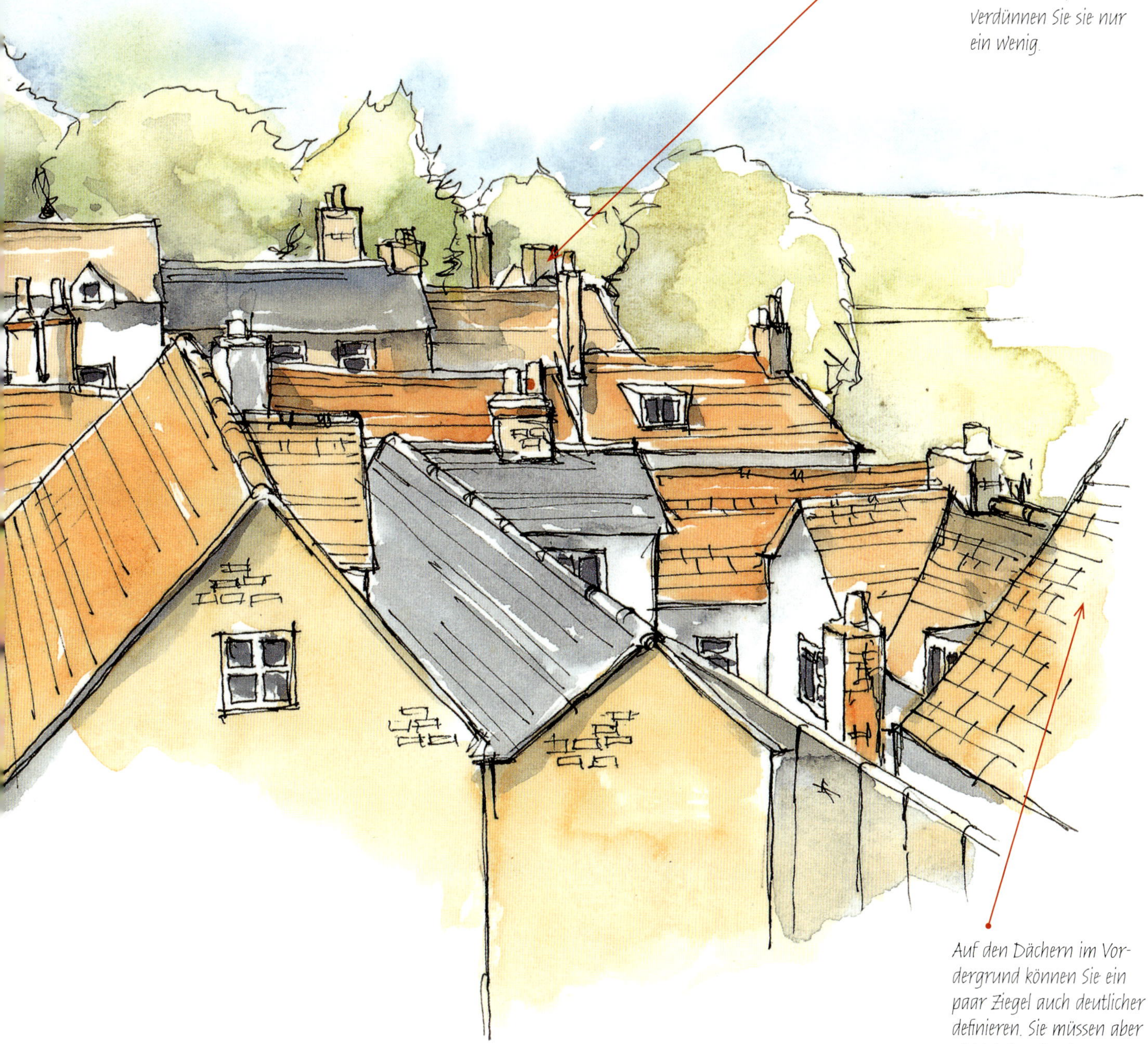

Auf den Dächern im Vordergrund können Sie ein paar Ziegel auch deutlicher definieren. Sie müssen aber nicht jeden einzelnen einbeziehen – deuten Sie die übrigen nur an.

Schlussbemerkung

Mit diesem Buch möchte ich Sie dazu anregen, den wahren Charakter der uns umgebenden Stadtbilder zu entdecken, und Ihnen eine Reihe von Techniken an die Hand geben, die Sie selbst entwickeln und anwenden können. Damit einhergehend sollten Sie sich trauen, Ihren Skizzenblock mit nach draußen zu nehmen und die Gebäude in ihrer eigenen Umgebung zu zeichnen. Sie können auch in Ihrem eigenen Garten oder auf Ihrem Balkon mit dem Skizzieren beginnen. Selbst wenn Sie Ihr eigenes Haus für kein so interessantes Motiv halten, ist Übung immer gut – und vielleicht wird Sie das Ergebnis sogar angenehm überraschen.

Wenn Sie zum ersten Mal auf der Straße sind, versuchen Sie, sich an einige der ersten Lektionen in diesem Buch zu erinnern. Denken Sie daran, dass sich die meisten Gebäude auf ein paar einfache geometrische Formen zurückführen lassen: auf einen simplen Kasten oder, im komplexeren Fall, ein paar übereinander gestellte Kästen. Was könnte einfacher sein als das?

Die Umgebung, in der Sie sich befinden, und die Gebäude, die Sie in Ihren Skizzen festhalten, sind aber weit mehr als die ihnen zugrunde liegenden Formen und Strukturen. Sie alle zeugen von einer vielfach Generationen überschreitenden Historie. Dieser Historie sollten Sie den gleichen Respekt entgegenbringen wie den jetzigen Bewohnern der Gebäude. Gut möglich, dass es jemanden irritiert, wenn er aus dem Fenster schaut und Sie beim Skizzieren bemerkt. In solchen Momenten sollten Sie immer freundlich bereit sein, sich und das, was Sie da tun, zu erklären und bereitwillig Auskunft geben

Um es noch einmal zu wiederholen: Ja, zeichnen kann man lernen. Vielleicht nicht über Nacht und auch nicht in einer Woche. Aber Beharrlichkeit wird sich auszahlen, und ich hoffe aufrichtig, dass Ihnen dieses Buch eine wertvolle Hilfe beim Zeichnen von Stadtbildern sein kann – und eine Inspiration, Ihren eigenen Weg zu gehen und Ihrer eigenen Kreativität Ausdruck zu geben.

Jetzt liegt es also an Ihnen. Ich wünsche Ihnen viel Erfolg und viel Freude beim Zeichnen.

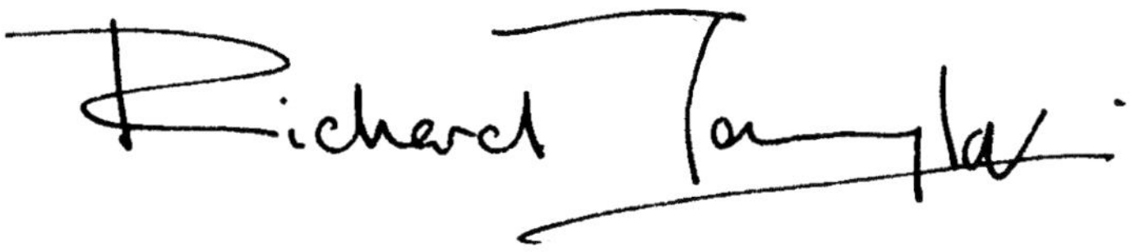